全过程工程咨询指南丛书

天 津 理 工 大 学
中 国 建 设 监 理 协 会　组织编写
一砖一瓦科技有限公司

"十三五"
国家重点出版物
出版规划项目

特色小镇建设与开发项目
全过程工程咨询
实施指南

主编：尹贻林　杨先贺　张静　张倩　乔俊杰
主编单位：天津理工大学

中国建筑工业出版社

图书在版编目 (CIP) 数据

特色小镇建设与开发项目全过程工程咨询实施指南 /
尹贻林等主编 . —北京：中国建筑工业出版社，2020.9
（全过程工程咨询指南丛书）
ISBN 978-7-112-25466-8

Ⅰ. ①特…　Ⅱ. ①尹…　Ⅲ. ①建筑工程—咨询服务—
指南　Ⅳ. ①F407.9-627

中国版本图书馆 CIP 数据核字（2020）第 177917 号

　　特色小镇是推进供给侧结构性改革和新型城镇化建设的重要抓手，对推动经济转型升级
和新旧动能转换、促进大中小城市和小镇协调发展具有重要的带动作用。现阶段在特色小镇
建设过程中存在诸如市场定位同质化、产业链整合意识不强、融资渠道不畅、咨询服务碎片
化等问题。本书系统性研究并提出了特色小镇项目建设全过程的解决方案，希望能够为工程
咨询等相关企业开展特色小镇业务提供理论依据和实践支撑，更好地促进特色小镇项目落地
实施和推动区域经济的发展。

责任编辑：朱晓瑜　宋　凯　张智芊　张礼庆
责任校对：张惠雯

全过程工程咨询指南丛书
特色小镇建设与开发项目全过程工程咨询实施指南
主编：尹贻林　杨先贺　张静　张倩　乔俊杰
主编单位：天津理工大学

*

中国建筑工业出版社出版、发行（北京海淀三里河路 9 号）
各地新华书店、建筑书店经销
逸品书装设计制版
北京建筑工业印刷厂印刷

*

开本：787 毫米 ×1092 毫米　1/16　印张：17½　字数：303 千字
2020 年 11 月第一版　　2020 年 11 月第一次印刷
定价：**56.00** 元
ISBN 978-7-112-25466-8
（36028）

中国重大工程技术"走出去"投资模式与管控智库资助

天津市高校人文社会科学重点研究基地"投资与工程造价研究中心"资助

贵州省本科高校一流师资团队建设"工程管理教学团队"资助

贵州省本科高校一流教学平台建设"数字建筑（BIM）实践教学平台"资助

本书编委会

主　编：尹贻林　杨先贺　张　静　张　倩　乔俊杰

副主编：朱成爱　李孝林　龙　亮　陈凌辉

编　委（以笔画顺序排名）：

王　翔　毛慧敏　尹　航　尹贻林　龙　亮

申　宇　朱成爱　乔俊杰　刘　贺　刘文禹

李　美　李孝林　李明洋　李佳恬　李雅静

杨子寒　杨先贺　肖婉怡　宋海波　张　倩

张　静　陆　鑫　陈凌辉　苗璧昕　林　庆

周晓杰　高明娜　董　然　程　帆　程　露

赖俊榕　解文雯　樊莹莹　薛浩然　穆照荣

中国特色工程咨询：从跟跑、并跑到领跑

一、中国项目管理的发展历程

1985 年，中国出版了两部项目管理的书，第一部是企业管理出版社的《项目管理》，美国人约翰·宾写的；另一部是中国建筑工业出版社出版的《工程项目管理》，是同济大学丁士昭教授写的。两本书各有优劣，其中《项目管理》一书的作者约翰·宾先生是美国著名的工程公司柏克德公司的项目经理，1970 年曾在中国引进八套合成氨系统的成都工厂担任 EPC 项目经理，给当时去项目视察的某国家领导人留下深刻印象。1978 年中国改革开放，与美国合作建立大连企业管理培训中心，中方领导点名要约翰·宾先生任教，美方顺水推舟任命约翰·宾先生担任美方教务长。

（一）项目管理思想在中国的传播

约翰·宾先生的《项目管理》明确告诉大家项目管理的三大目标：工期控制、成本控制、质量控制，以及三大控制工具：网络法 CPM、工作分解结构 WBS 和文件分发表。这三大控制目标和三大控制工具支撑了早期即 1985 年前后中国项目管理的普及和发展。1988 年约翰·宾先生访问天津大学，时任技术经济与系统工程系主任的徐大图教授在天南街一个饭馆宴请他，我在场作陪。1987 年中国施工企业管理协会组织编写《施工企业管理手册》，我负责撰写"项目管理"一章。

（二）建设监理制

丁士昭先生的《工程项目管理》则介绍了德国的施工项目管理，这本书比约

翰·宾先生的书厚了一倍，多介绍了项目管理组织和项目控制方法。1986年，丁先生据此向上海市和建设部建议实行"建设监理制"，先后被上海市和建设部采纳，1987年中国正式实施建设监理制，与项目法人责任制、项目合同制、招投标制并称中国建设领域的"四制"。后来随着项目法施工的兴起，中国已经形成了业主的项目管理即监理制，承包商的项目管理为项目法施工。1988年春节前，徐大图教授带领我在建设部三号楼招待所住了一周，起草监理工程师考试方案被监理司认可。年后建设部发文由天津大学、同济大学、重庆建工学院同时开展监理工程师培训，三个月一期，取得结业证即可上岗。两年后正式开考，我任其考试教材之二《建设工程合同管理》副主编，撰写"施工合同管理"一章。

（三）项目法施工在中国兴起

1986年，时任国务院副总理兼国家教委主任的李鹏同志发明码电报给直属高校，要求土木工程系学习鲁布革水电站建设项目日本承包商大成公司的项目管理经验。他把日本大成公司在鲁布革项目成功的经验归结为：项目管理、工程合同管理（含招标和索赔）和工程经济学（含造价）的成功，要求各高校在土木工程系或管理学专业开设上述课程。1987年初在郑州的一次会议上国家计委施工司下达任务给天津大学管理工程系，要求总结鲁布革经验，拨科研经费20万元。当时天津大学张乃如等教师五次前往云南鲁布革工地，采集了大量素材。为与业主方项目管理区分，定名为"项目法施工"，主要内容是：前后方分离／前方成立施工项目部，后方设立基地；内部设立两个独立核算市场／施工机械租赁市场和劳务市场；严密的合同与索赔制度；项目部为扁平组织结构；公司为矩阵或地区总部组织结构。进入1990年前后，项目法施工在中国广泛应用，尤其是在原石油部系统应用最为成功，当时吐哈油田等新建油田均采用项目法施工获得成功。我当时任天津大学技术经济与系统工程系办公室主任，组织黄东兵教授编辑了《项目法施工》一书。

（四）代建制的崛起

朱镕基同志1998年任国务院总理，力促中美贸易协定于1999年圣诞节前签署，扫清了加入WTO的最大障碍。又经一年半与欧盟谈妥通信与保险业的条约，于2011年率中国加入了WTO。但是议定书虽然同意中国暂缓加入GPA（政府采购协议），但要求中国区分政府投资工程与私人投资工程，并采取不同管理体制。为落实此项承诺，当时建设部成立以建筑业司张鲁风司长为组长的"政府投资工程管理体制改革研究"课题组，我是其中一员。经过两年美国、德国、新加坡、中国香港等国家和地区的调研；又在国内对重庆、成都、西安、合肥等地的建设系统调研，形成了基本思路。我当时归纳发达国家政府投资项目管理的理念是："为了保证公平，宁愿牺牲效率"，又高度评价重庆的"投建管用分离"的作法。根据PMC（项目管理承包）和PMA（项目管理咨询）的经验提出政府投资项目应实行"代建制"，得到国务院的肯定。从2003年起推广，在北京奥运会工程中大显身手；在深圳演变成工务署；在四川省则形成我心目中理想的"代建制"，即代业主实施项目管理。

（五）项目经济评价方法与参数

1980年，建设项目科学决策、民主决策的呼声越来越高，国家决定引入世界银行（WB）和联合国工业发展组织（UNIDO）的以等值计算和折现为基础的项目经济评价方法。由建设部标准定额研究所守法副所长牵头，天津大学等一批高校和研究机构参与。当时，中国已经引进了工程经济学等理论并且在高校开设课程。同济大学黄渝祥教授编著了《费用效益分析》影响很大，但是国家重点是对有经营性的工业项目进行财务评价，黄先生主导的政府投资项目评价问题尚未提到议事日程。1990年，国家发布《建设项目经济评价方法与参数》，中国建设项目科学决策的基础至此奠定了基础。

二、政府投资管控：从被动控制到主动控制

政府投资评审与工程造价咨询产业一样，其核心就是政府投资管控。所谓控制，必先设定控制标准。英国DBB以分项工程所需工料数据即工程量清单作标准控制投资，美国EPC则以有序的市场竞争挤出真实成本，用合同总价控制投资，中国计划经济时期使用定额为标准控制投资，近年来采用工程量清单控制投资。

纠偏是管控的主旋律，古典控制论鼻祖维纳提出了反馈的设计，信息反馈就是指控制系统把投资实施过程中的数据输送到判断器，又把判断结论返送回来的

动作。政府投资评审系统就是一种典型的古典控制系统，其本质是通过信息反馈来揭示实际与计划之间的差异，并采取纠偏措施，使政府投资稳定在预定的计划状态内。全世界的投资管控都是循着反馈纠偏控制的思路设计的控制系统。

纠错防弊的内部控制是投资管控的基本方法，项目内部控制措施通常包括项目风险控制、授权审批的内部牵制等。工程造价咨询机构应当结合风险评估结果，采用主动控制（预防）与被动控制（纠偏）相结合的控制措施，将风险控制在投资计划之内。并通过内部牵制机制，实现项目纵向审批上下牵制，项目横向复核纠偏左右制约，相互监督，实现纠错防弊的管控功能。从宏观看，国家设立财政投资评审体系就是政府对投资进行内部控制的重大举措。

（一）DBB 分工范式下的政府投资管控

目前，我国一直沿用三十年前创制的"四制"，即招投标制、项目法人制、工程合同制和建设监理制。上述制度的经济学机理就是 DBB 发承包模式，即设计 D、招标 B、施工 B 三个阶段分立的发承包方式，英国称它为传统模式。因其形成业主 / 咨询机构 / 承包商三足鼎立状，也称其为三角模式，对应最著名合同条件为 FIDIC 红皮书。中国 1983 年在鲁布革水电站项目采用，1987 年由丁士昭先生倡导引入称建设监理制，利用咨询机构消除承包商对发包人的信息优势，引入专业的顾问服务提高项目管理绩效。政府投资评审机构就是各级政府的投资管控顾问机构，近年来发挥了重要的作用。近三十年来投资评审机构总结了基于 DBB 模式的投资管控经验如下：

1. DBB 变更是失控的主因

据统计 DBB 模式 35% 的失控由变更引起。有四种变更：第一是业主的需求改变；第二种是设计错误；第三是施工困难或不利现场；第四是承包商合理化建议。DBB 前三种变更均应由业主承担价款改变的风险，第四种则应按价值工程条款评估，批准后跟承包商分成获利。顾问机构要注意承包商与设计人合谋人为制造变更获利，更应从前期入手抓设计优化。

2. 管控的重点在前期

英国的价值管理之父凯利和伍同两人不约而同地发现投资管控的重点在前期，工程造价咨询机构应该把主要精力放在前期。采用的方法有价值工程、LCC 和可施工性分析，尤其是工业项目或大型土木工程项目，采用新技术、新工艺、新材料的项目效果尤为显著。据统计，应用可施工性分析可缩短工期10%以上，减少投资5%以上，BIM是可施工性分析的利器。

3. 闭口合同意味着项目价值折损

中国香港地区在20世纪一直采用闭口总价包死合同，但是1999年发生政府房屋署公屋天颂苑"短桩"事件，承包商为避免损失，每根桩都短15m以上，直至房屋沉降不均才败露。事件导致拆除公屋，损失达2.5亿港元以上。后来中国香港地区政府成立调查组，给出报告，认为总价包干合同是帮凶之一，建议地下工程不宜闭口，应据实结算。承包商不可能自掏腰包弥补工程费用不足。

（二）其他行业的政府投资管控

投资评审机构主要针对各级政府财政投资项目进行投资管控，除自身积累了大量经验和案例外，也对其他仍实行纵向管理的各行业投资管控进行了全面借鉴。

1. 施工图预算回归

公路工程投资管控创造了零号工程量清单，即初步设计完成后招标；施工图设计完成后招标人召集设计人、咨询方、承包商会商，最终出一份各方认可的工程量清单。这份清单称零号工程量清单，支付与结算均按照清单量计算。这种方法的本质是模仿施工图预算，把设计细节做到可施工程度，出工程量清单，按中标单价制定总价，实行总价包干。

2. 三峡投资管控

1992年，三峡工程静态投资概算为900.9亿元，三峡总工期为17年，考虑到物价上涨和利息因素，最终动态投资达到1800亿元。利息执行央行的利率，物价上涨因素则由国家计委（国家发展改革委）委托咨询公司根据当年的工作内容确定物价篮子的材料品种和权重，根据统计局的物价数据测算一篮子物价指数，乘以当年静态投资计划数即为当年动态投资额，国家据此下拨投资。

3. 高铁投资管控

铁路有两个特殊环节，一个是概算检算，相当于施工图预算，检算不能超概算；另一个是概算清理，相当于竣工结算，两算责任主体均为勘察设计方。概算清理可增加部分包括变更、量差、政策性调整、新增等，如有异议提交主管部门鉴定中心处理。这种管控依赖定额，所以铁道定额所能获得巨额定额编制补助。这种管控无须咨询机构，勘设人是管控的第三方。

（三）政府投资管控的理论问题

1. 政府投资管控的柔性

为了应对未来的不确定性，缔约成本很高。为了降低缔约成本，中外均为合同注入柔性，即合同再谈判机制。最容易理解的柔性表现为：暂估价。如材料暂估价和专业工程暂估价都是为了加速缔约而设置的再谈判机制。合同的再谈判又分事件级与项目级两类。变更、调价、索赔均为事件级；和解、调解则属于项目级再谈判。政府投资评审机构掌握柔性则必执专业之牛耳。

2. 招标两难

中国的招标早期采用低价中标原则，出现了赢者诅咒现象，即由于投标人的乐观偏见和对招标人套牢产生的敲竹杠行为；后来采用综合评估法，又出现合谋与围标现象，即价格卡特尔（垄断合谋）。这就是招标两难，政府投资管控对解决两难问题提出信任解决方案。首先，政府应建立信任规制，其次招标人按信任级别确定招标竞争烈度，配合上相应柔性等级的合同条件。

3. 赢者诅咒

低价中标破坏项目价值和市场秩序，这个结论在理论上没有说服力。低价中标损害项目和市场根本利益的现象叫赢者诅咒，它破坏的机理是：招标人的逆向选择，即买方宁愿出低价选择一个反正也信不过的人，造成建筑市场劣币驱逐良币；投标人的道德风险，即卖方机会主义行为利用买方的漏洞获利。解决赢者诅咒的良方就是信任，用多次博弈克服机会主义。

4. 政府投资管控的激励

政府投资管控一般沿着监管和激励两条进路设计，监管难度大，成本高，所以1980年后重视激励进路。项目激励与公司激励不同，因无剩余索取权，所以不能使用产权激励。项目的激励有四种，第一是信任，产生柔性风险分担效应；第二是公平，产生参照点效应；第三是关系，产生声誉效应；第四是权力，产生位势差效应。上述效应均可改善项目管理绩效。

5. 政府投资管控的状态补偿

假设合同签订期是状态0，无风险执行是状态1，风险造成偏离是状态2，一般在状态0时就必须预测到状态2，并约定状态2的价格。但纠结于缔约，成本加大，则应在合同中约定再谈判：一旦出现风险导致的状态2，只需确定状态

2 与状态 1 的差异并由买方予以补偿即可。工程合同的再谈判包括变更、索赔与调价，由发包人弥补状态差异，承包人完成项目，项目成功。

（四）新形势下的政府投资管控

中国经济进入新常态后，经济增长方式由过去的投资拉动需求模式转变为供应侧改革模式。具体改革措施为在基础设施投资领域实施政府与社会资本合作即 PPP 模式，在发承包模式中实施设计采购施工一体化模式即 EPC。新的建设方式要求政府投资管控与时俱进，在观念和手段上全面创新。

1. EPC 是基于信任的集成范式

三角模式零和博弈色彩太浓，发承包双方对抗。于是出现了 EPC 设计采购施工集成模式，采用 FIDIC 银皮书。EPC 的基础是合作，合作的前提是信任，信任表现为双方不利用对方的漏洞。因此，EPC 也称交钥匙工程，付款与结算按约定总价及程序，一般不再审核。中国推行 EPC 缺乏信任基础，故用 EPC 集成之形，施严格管控之实，称为中国特色 EPC。

2. PPP 的投资管控

政府与社会资本合作模式的投资管控为我们提出了新的挑战，第一 PPP 模式中项目控制权基本交给社会资本方，社会资本方对投资管控无积极性，但对成本控制有动力；第二为吸引社会资本中央同意两标并一标，施工不招标，则对概算的精度提出更高要求；第三 PPP 一般采用 EPC，支付与结算方式改变，政府投资管控无抓手。针对上述三个难题，政府投资评审部门惟有抓住可行性研究不放，提高可研深度，建议采用初步可研和工程可行性研究两阶段可研以提高精度。另外迅速建立已完工程数据库，作为 PPP 项目投资管控的标杆。

3. 政府投资管控专业人士的格局

政府投资管控专业人士与工程造价咨询企业的领袖一样应具备三种素质，其一是企业管理能力，包括战略、内部控制与激励、经营与市场、质量与成本等；其二是投资管控能力，必须有强烈的为委托人提供投资管控顾问服务的意识；其三是为项目增值的能力，要利用 VM、LCC 等工具优化项目。具备这三种素质的咨询机构领袖就会有宏大的格局，必然带领团队走向成功。

4.PPP 项目全生命周期投资管控

PPP 项目实质上属于政府投资项目，表面上看是社会资本投资并支付工程款，实质上是政府授予特许经营权并延期多次支付的投资行为。因为政府在提供公共品中采用 PPP 方式，确实向社会资本转移了大部分风险，其代价是向社会资本让渡了项目的大部分控制权。那么 PPP 项目的投资管控就具有了非常特殊的形式和内容，即通过可用性和绩效考核两种形式进行，考核标准是物有所值。从可用性评价看，主要是评价资产是否虚化。两标并一标后的利润可以算是资产形成，但设计优化形成的节约能否形成资产争议很大，如果虚报冒领、偷工减料形成资产则绝对不能允许。政府对可用性评价的控制手段主要是投资评审和投资审计，通过扣减社会资本履约保函和扣减可用性资产额（从而扣减可用性付费）来实现目的。至于绩效考核则主要是考核以设计参数为基础制定的运营绩效考核指标实现程度进行的。

三、中国特色工程咨询的创新

从定额概预算到工程造价管理，初步引进四制（招标、合同、监理、项目法人制），建立监理和监理工程师制度、工程造价咨询和造价工程师制度属于跟跑；推行 2003 版、2008 版、2013 版清单计价规范，发布标准施工招标文件，推行代建制和全过程工程造价咨询属于并跑；取消工程咨询企业隔离墙，实行公共项目数据面板化，定额指标数据化，推行大标段招标，推行 PPP 项目两标并一标，推动全过程工程咨询属于领跑。

中国特色是中国领跑世界的关键所在，全盘西化或拒绝西方都无法领跑，只有兼收并蓄博采众长才能形成中国特色的工程咨询理论体系和实操规范。目前看，中国特色工程咨询主要有：定额与价格信息结合的计价依据、估概算审批制、信任型招投标、刚性合同与重新结算制等。这些中国工程咨询元素镶嵌在工程量清单 BOQ 和 FIDIC 合同体系、ICB 竞争性招标和单价合同之中形成崭新的具有鲜明中国特色的工程咨询管理体系。我们凭这一套理论与实操体系，在中国庞大的建设工程现场不断加以实践，就具备领跑世界的能力和可行性。

刚性合同与重新结算制具有特别鲜明的中国特色，本来《建设工程工程量清单计价规范》GB 50500—2013 吸取了《标准施工招标文件》向 FIDIC 靠拢的原则，明确规定结算工程量是历次计量支付的累积，也就是从量支付原则。但是《标准施工招标文件》和《建设工程工程量清单计价规范》GB 50500—2013 均要求承包商在竣工验收同时向业主报送竣工结算，由业主自行或委托咨询方审查，这就是重新结算制度。刚性合同就是不开口合同，对承包商损害非常大，但是承包商非但没倒闭反而日益壮大，个中原因就是重新结算制度为刚性合同注入了柔性。重新结算使承包商获得了讨价还价的机会和筹码，使承包商赢得了部分预期的施工利润。

信任型招标是东亚特有的招标，其形式是嵌入信任要件的公开竞争性招标，脱胎于国际竞争性招标ICB。这种东亚独有的信任型招标的特点是业主利用招标寻找可信任的承包商的变化形态，尤其是EPC发包时，业主必须寻找一个称心如意的承包商，方可弥补因控制权让度产生的失控风险。信任型招标部分满足了业主对中标人信任的要求，从而对项目成功起到了积极的作用。信任型招标主要表现为三个方面，第一是资格预审更多地注入业主对信任的要求，第二是评标办法中注入业主对最希望中标人的能力要求，第三是通过入库或短名单注入业主对目标中标人的影响。信任型招标的本质是发包人对中标承包人信任要求的表现；信任型招标对项目成功的影响是通过信任激励起作用的；信任型招标必须适当约束，否则会滑入腐败的陷阱。

估概算审批制也是中国特色的工程造价管理的重要组成部分，主要服从于政府投资项目投资管控和宏观调控计划平衡的需要。投资估算是可行性研究的重要组成，设计概算是初步设计的必备内容，政府投资项目两者都必须经过相应层级计划行政管理部门的审批，非政府投资项目则采用备案或核准制。经批准的项目估概算应作为后一程序的控制目标，如可研估算作为设计概算的控制目标，设计概算作为招标控制价的编制依据且为项目投资的总控目标。估概算审批制是依据一系列部门规章的规定及《政府投资条例》有关规定设立的，具有法定性。与估概算审批制关联的是财政投资评审制度，各地根据估概算审批制度又纷纷建立财政投资评审中心，负责政府投资项目各项支出的评审；审计部门也加入了对政府投资项目的财政支出审计，从而共同构建了完整的中国特色的估概算审批制。

定额与价格信息结合的计价依据是最具中国特色的工程咨询，定额源起于向苏联学习的新中国成立初期，但可追溯至美国科学管理之父泰罗的定额管理思想。改造后的定额是在一定工法的前提下把每单位分部分项工程的生产要素（人工时、机械台班、建筑材料）消耗量指标化，并由授权机构经过一定程序批准后发布。定额用于分析并确定分部分项工程的消耗量，与价格信息配合形成单价。

价格信息就是定期调查人工时、机械台班、建筑材料的市场平均价格，并经过一定程序由授权机构指定的媒体（媒介）发布。定额是国家发布，本质上是一种公共产品，全社会都可以利用，从而提高了社会经济系统的运行效率。定额现时被人诟病的根源在于三十年未重新测定消耗量，与实际消耗存在较大误差，但是中国工程咨询专业人士通过招标纠正了大部分误差。定额经过重新测定和调校可以起到科学决策的作用，也是财政投资效率审计的测度标准。至于价格信息则应通过大数据技术的应用实现高效、正确、及时和精确。

祝贺《全过程工程咨询指南丛书》顺利出版，祝福中国特色的工程咨询制度行稳致远，攀登高峰。

天津理工大学教授、国家级教学名师

公共项目与工程造价研究所所长　严玲林

中国重大工程技术"走出去"投资模式与管控智库主席

2020 年 7 月 10 日

本书前言

"特色小镇"概念持续火爆，在中华大地上特色小镇的建设方兴未艾。

2016年7月，住房和城乡建设部、国家发展改革委、财政部联合发布《关于开展特色小镇培育工作的通知》，提出到2020年前，将培育1000个各具特色、富有活力的特色小镇；同年10月中旬，住房和城乡建设部即公布了首批127个中国特色小镇；10月底，国家发展改革委发布了《关于加快美丽特色小（城）镇建设的指导意见》。2017年2月8日，国家发展改革委在官网发布了《关于开发性金融支持特色小（城）镇建设促进脱贫攻坚的意见》（发改规划〔2017〕102号）。两会期间，特色小镇首次被写入政府工作报告，成为当前产业、城市、经济升级的重要抓手。

然而，随着特色小镇持续火热：中央层面大力推广、地方政府积极响应、各项优惠政策次第出台、社会资本和金融机构纷纷涌入、咨询机构摇旗呐喊助威……热闹的表象之下，我们更应该冷静地思考，其实特色小镇还存在先天的硬伤，比如通过实地调研发现特色小镇项目在建设过程中存在市场定位同质化、产业链整合意识不强、融资渠道不畅、咨询服务碎片化等问题。传统工程咨询企业分阶段、碎片化的咨询服务模式难以满足委托人对特色小镇全过程管控、多目标发展的要求，特色小镇项目落地困难。

结合《国家发展改革委、住房城乡建设部关于推进全过程工程咨询服务发展的指导意见》（发改投资规〔2019〕515号），全过程工程咨询分为投资决策综合性咨询和工程建设全过程工程咨询，本书将项目的成功与否分为项目成功和项目管理成功，两者相互对应。一是站在咨询服务方视角，从项目成功角度出发，结合理论以及实践经验，找出影响特色小镇项目成功的影响因素，并提出解决策略；

二是项目管理思维贯穿于全过程，本书从特色小镇项目产业链构建、融资管理、决策、设计、招采、施工、竣工和运营管理阶段八种咨询模式，详细总结列出各咨询模式策划、项目管理要点，尤其是对特色小镇成功影响较大的产业链构建、融资管理、土地策划、运营管理四个方面内容进行系统阐述，旨在为工程咨询企业开展特色小镇咨询业务提供借鉴，为全过程工程咨询模式在特色小镇项目的成功应用和实施提供理论依据和实践支撑，同时能够更好地促进特色小镇项目落地实施和区域经济的发展。

由于编者水平有限，书中仍有待商榷之处，请各位读者多提宝贵意见！

目　录

CONTENTS

第3章 特色小镇项目全过程工程咨询重难点分析

4 第4章 特色小镇项目全过程风险研究

5 **第5章　特色小镇典型案例**

第 1 章　特色小镇概论

目前，我国正处在工业城镇化向后工业城镇化的转变过程中，各省市的经济发展水平和城市建设水平参差不齐，其镇域经济水平、小镇建设水平与欧洲、美国、日本、韩国等发达国家和地区相比，呈现出明显的滞后状态。发展特色小镇是推进供给侧结构性改革的重要平台，是深入推进新型城镇化的重要抓手，有利于推动经济转型升级和发展动能转换，有利于促进大中小城市和小城镇协调发展，有利于充分发挥城镇化对新农村建设的辐射带动作用。2014 年 3 月，《国家新型城镇化规划（2014—2020 年）》提出要优化城镇规模结构，增强中心城市辐射带动功能，加快发展中小城市，有重点地发展小城镇，促进大中小城市和小城镇协调发展。2016 年 7 月 1 日，住房和城乡建设部、国家发展改革委、财政部三部委联合发布《关于开展特色小镇培育工作的通知》（建村〔2016〕147 号文），通知中提到，到 2020 年，培育 1000 个左右各具特色、富有活力的休闲旅游、商贸物流、现代制造、教育科技、传统文化、美丽宜居等特色小镇，引领带动全国小城镇建设，不断提高建设水平和发展质量。之后，国内掀起特色小镇建设高潮，浙江、山东、甘肃、天津、湖北、海南、河北、福建等地依据自身发展和资源条件，分别出台了特色小镇建设的指导文件。

1.1 特色小镇项目概述

1.1.1 特色小镇的概念

特色小镇既不同于传统意义上简单的行政区划，也不同于产业园区的概念，它是独立于城市的一个地区。尽管特色小镇在我们国家的发展时间短，但它将产业、生活、文化等多种要素有效地叠加与融合在一起，从当前的发展情况来看，其表现出了较强的示范带动效应和发展潜力。特色小镇主要指聚焦特色产业和新兴产业，集聚发展要素，不同于行政建制镇和产业园区的创新创业平台。而对于目前的城镇化发展或者一些地方政府来说，特色小镇不但成为当前经济增长的新抓手，同时也代表着未来的发展趋势。

特色小镇的"镇"可能仅包含一个镇，也可能覆盖多个镇，它打破了传统行政区划概念，具体来说是某种特色产业集聚区。特色小镇实际上是指以建制镇的行政区划单元为基础，进行新型城镇化探索的一种特殊空间，一般说来，特色小镇是能代表建制镇经济特色和文化聚集力的聚集核心，其外围有一定的腹地，这个腹地可以是所在的建制镇，也可以是周围相邻的行政单元区域。特色小镇需要与周围腹地一起共同组成一个城镇与腹地在经济上相互融合、产业上相互衔接、景观上相互协调、文化上统一的共同体，能成为既能代表当地特色，又能辐射和影响当地发展的核心地区，成为"核心—腹地"双层结构。城镇化是以特色小镇为起点，逐步向外推进，最终促使整个建制镇地区实现美丽小镇的发展目标。

发展特色小镇是推进供给侧结构性改革的重要平台，是深入推进新型城镇化的重要抓手，有利于推动经济转型升级和发展动能转换，有利于促进大中小城市和小城镇协调发展，有利于充分发挥城镇化对新农村建设的辐射带动作用。牢固树立和贯彻落实创新、协调、绿色、开放、共享的发展理念，因地制宜、突出特色，充分发挥市场主体作用，创新建设理念，转变发展方式，通过培育特色鲜明、产业发展、绿色生态、美丽宜居的特色小镇，探索小镇建设健康发展之路，促进经济转型升级，推动新型城镇化和新农村建设。

1. 特色小镇建设基本原则

（1）坚持突出特色。从当地经济社会发展实际出发，发展特色产业，传承传统文化，注重生态环境保护，完善市政基础设施和公共服务设施，防止千镇一面。依据特色资源优势和发展潜力，科学确定培育对象，防止一哄而上。

（2）坚持市场主导。尊重市场规律，充分发挥市场主体作用，政府重在搭建平台、提供服务，防止大包大揽。以产业发展为重点，依据产业发展确定建设规模，防止盲目造镇。

（3）坚持深化改革。加大体制机制改革力度，创新发展理念，创新发展模式，创新规划建设管理，创新社会服务管理。推动传统产业改造升级，培育壮大新兴产业，打造创业创新平台，发展新经济。

2. 特色小镇培育要求

（1）特色鲜明的产业形态

产业定位精准，特色鲜明，战略新兴产业、传统产业、现代农业等发展良好、前景可观。产业向做特、做精、做强发展，新兴产业成长快，传统产业改造升级效果明显，充分利用"互联网＋"等新兴手段，推动产业链向研发、营销延伸。产业发展环境良好，产业、投资、人才、服务等要素集聚度较高。通过产业发展，小镇吸纳周边农村剩余劳动力就业的能力明显增强，带动农村发展效果明显。

（2）和谐宜居的美丽环境

空间布局与周边自然环境相协调，整体格局和风貌具有典型特征，路网合理，建设高度和密度适宜。居住区开放融合，提倡街坊式布局，住房舒适美观。建筑彰显传统文化和地域特色。公园绿地贴近生活、贴近工作。店铺布局有管控。镇区环境优美，干净整洁。土地利用集约节约，小镇建设与产业发展同步协调。美丽乡村建设成效突出。

（3）彰显特色的传统文化

传统文化得到充分挖掘、整理、记录，历史文化遗存得到良好保护和利用，非物质文化遗产活态传承。形成独特的文化标识，与产业融合发展。优秀传统文化在经济发展和社会管理中得到充分弘扬。公共文化传播方式方法丰富有效。居民思想道德和文化素质较高。

（4）便捷完善的设施服务

基础设施完善，自来水符合卫生标准，生活污水全面收集并达标排放，垃圾无害化处理，道路交通停车设施完善便捷，绿化覆盖率较高，防洪、排涝、消防等各类防灾设施符合标准。公共服务设施完善、服务质量较高，教育、医疗、文化、商业等服务覆盖农村地区。

（5）充满活力的体制机制

发展理念有创新，经济发展模式有创新。规划建设管理有创新，鼓励多规协调，建设规划与土地利用规划合一，社会管理服务有创新。省、市、县支持政策有创新。镇村融合发展有创新。体制机制建设促进小镇健康发展，激发内生动力。

1.1.2 特色小镇与相关概念比较

从国家层面和各地出台的政策来看，均将特色小镇与新农村、工业园区、产业新城概念作了明确区分。

1. 特色小镇与新农村概念比较

城乡一体化的主要障碍就是农业、农村、农民问题，只有持续推进新农村建设，才能平衡城乡结构，实现构建和谐社会的目标。特色小镇的资源禀赋、产业结构独特，发展机制成熟，发展载体先进，发展理念具有创新性，而以此推进其建设发展，在城镇与乡村的结合处打造一个新的经济发展平台，既能够有效地带动农村人口向城镇转移，也能充分解决就业问题。因此，建设一批产业特色鲜明、经济发达、环境优美，宜居、宜业、宜游的小镇，重点突出其特色，有利于推动新农村建设。

2. 特色小镇与工业园区概念相比较

工业园区以工业和制造业为主要支持力量，其在规划阶段居民社区、文旅休闲区域就相对较少，不太适宜居住和旅游。特色小镇与工业园区相比，产业聚集程度不同，发挥的功能较为广泛，影响着生活的方方面面，其中居住条件、文化、休闲、旅游等都包含其中。特色小镇的特色较多，不只限于工业，产业只是特色小镇的一项载体而已，而这项载体并不局限于工业产业，更多的则是以新兴战略性产业与第三产业为主。

3. 特色小镇与产业新城的概念相比较

刨除建制镇的区划限制因素，对小城镇发展方式进行创新，不断协调多方合作，适应了环保主题，形成开放、共享的局面，从这个概念上看特色小镇属于新型精品镇。特色小镇的区位优势明显，自然资源充足，以产业发展为根本基准点，逐渐形成大趋势融合，服务配套水平能跟上发展节奏，管理模式逐渐达到先进水平。从目前特色小镇的相关指导文件，以及已获得国家批准的特色小镇来看，产业新城发展模式存在着一些共性的特征，如表1-1、表1-2所示。

1.1.3 特色小镇的内涵

特色小镇是"小"与"特"的完美结合。理解特色小镇概念，重点是要准确把握"小"和"特"。"小"主要体现的是一种空间上的限制，特色小镇的空间范

特色小镇与产业新城的共性特征 表 1-1

共性	分析
运行机制相同	按照现有的模式及政策导向,产业新城和特色小镇都按照"政府引导、企业主体、市场化运作"的原则,双方明确各自责任,项目公司作为投资及开发主体,主要负责设计、投资、建设、运营、维护一体化市场运作,充分发挥市场机制的主导作用;政府负责履行政府职能,负责宏观调控、制定规范标准,提供政策支持等职能工作。双方制定收益回报机制,收益与风险共担
政府政策配套	都有一系列政策出台鼓励产业新城和特色小镇的发展。优惠政策有:税收政策、土地政策、收益政策、财政支持政策、金融支持政策等。这些优惠政策不仅涉及项目开发关联主体,入驻企业同样可以获得政策支持
交通便利	产业新城的产业结构复杂多样、配套完备,新城与中心城市之间要有便捷的连接渠道,新城的建设要充分考虑各种交通系统连接城市的合理性和便捷性,而具体旅游功能的特色小镇虽然稍远离城市中心地段,但是因为叠加了旅游功能要发展成为景区,道路交通等基础设施也都服从于合理性和便捷性

特色小镇与其他相关概念对比 表 1-2

类别	属性	运作主体	规划面积	发展类型
特色小镇	"非镇非区"的创新创业发展平台	政府引导,企业为主	规划面积 3km² 左右;建筑面积 1km² 左右	高新技术产业、科技信息技术产业、金融产业、现代制造产业、商贸物流产业、节能环保产业、文化艺术产业、创新创业产业、健康养生产业、休闲娱乐产业以及旅游产业
特色小城镇	行政区	政府	有一定人口和规模的整个镇区	商贸流通、工业、农业、旅游业、历史文化以及民族聚居型产业
建制镇	行政区	政府	面积较大	生活、农业及工业生产为主
产业园集群	非行政区	企业	面积较大	战略新兴产业、现代农业
工业园区	行政区	管委会	规划面积较为灵活	工业制造业为主
经济开发区	半行政区	管委会、投资公司	面积较大	高新技术产业为主
旅游区	非行政区	旅游公司、地方政府	规划面积较为灵活	旅游、休闲产业为主

围较小,一般规划面积在 1 万 km² 以内,聚集人口 1 万~3 万人,且原有行政区划边界不限制其发展的"小"地方。"特"主要是产业、文化、历史、生态等一些因素融合而成的特色之处,这为特色小镇增添了某种文化特质,凸显出某种价值追求,进而成为某种产业集中、吸引劳动力聚集的"特色"工作生活区域。特色小镇培育发展的主要产业目标是国家新兴战略产业,其中包括新能源、物联网、

互联网、金融、文化、设计、教育等，或者是传统经典产业中的某一行业乃至其中的某一环节，主要侧重于核心产业的集聚。

1.2 特色小镇项目发展背景与历程

1.2.1 特色小镇的发展脉络

城市化是社会发展的必然结果，特色小镇是社会经济发展到一定程度的一种选择。今天看来，学术界和实务界对于特色小镇已经有了明确性的定义。特色小镇是指依赖某一特色产业和特色环境因素打造的具有明确产业定位、文化内涵、旅游特征和一定社区功能的综合开发项目。特色小镇是旅行游玩景区、产业消费区、居住功能区三区合一，"非镇非区"，既不是传统意义上的行政镇，也不是工业、产业园区的一个区，是产城一体化的新型城镇化建设发展模式。

在中国，特色小镇是小城镇的一部分，是由小城镇演化而来的，也是城镇化成熟阶段后的产物。特色产业的发展是特色小镇发展的动力源泉，特色小镇是产业发展所演化而来的城镇化的新型形态。本书将特色小镇的发展阶段分为"初创期、恢复期、快速发展期、调整发展期、转型发展期"五个阶段，如图1-1所示。

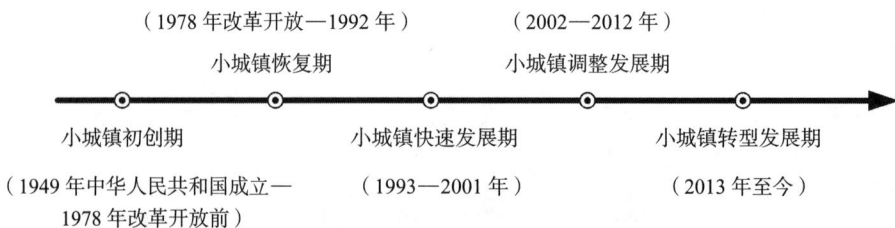

（1978年改革开放—1992年）　　　　　　（2002—2012年）

小城镇恢复期　　　　　　　　　小城镇调整发展期

小城镇初创期　　　　　　小城镇快速发展期　　　　　小城镇转型发展期

（1949年中华人民共和国成立—　　（1993—2001年）　　　　（2013年至今）
1978年改革开放前）

图1-1　特色小镇发展脉络

1. 小城镇初创期（1949年中华人民共和国成立—1978年改革开放前）

据统计，1949年我国建制镇只有1900个左右，1954年发展到5000余个。因国务院于1955年和1956年分别通过了《关于设置市建制镇的决定》和《关于城乡划分标准的规定》，建制镇数量下降到3500余个。

自1958年公社化后，实行"政社合一"，挫伤了农民的生产积极性，造成了农村经济的长期停滞。同时，"大跃进"运动导致城镇出现工业建设高潮，吸收大量农业劳动力进城，工农业比例失调。1964年，国务院又提升了建镇条件。

至 1978 年，全国建制镇数量仅有 2600 余个，城镇化率 18%。这一时期村镇经济单一，以农业为主的管理体制导致小城镇发展受限。

2. 小城镇恢复期（1978 年改革开放—1992 年）

1978 年改革开放以后，随着家庭联产承包责任制的实施，乡村地区在短期内解决了温饱问题。在短缺经济和相对宽松的乡村制度环境下，乡镇企业、个体经济得到恢复，以工业为主和以市场为主的两类乡镇企业快速发展。在乡镇政权得以恢复建立的过程中，一批行政镇逐步兴起，行政镇的发展建设进入了一个崭新的局面。1978—1983 年期间，我国的乡镇企业就业人数增加了 1.14 倍，建制镇总人口增加了 920 多万人，镇的平均规模由 1.8 万人增加到 2.2 万人，建制镇数量由 2100 个增加到 3000 个。随着农村改革的深入，乡镇企业如雨后春笋般蓬勃发展。一方面农村的剩余劳动力进入乡镇企业获得就业机会，另一方面，随着我国经济的全面发展，大量农村剩余劳动力前往城市从事第二产业制造业和第三产业服务业。1985—1991 年，国家在既定的城镇发展战略的框架下以发展新型城镇化为主，大量现代化小城镇应运而生。据统计，到 1992 年底，我国建制镇的数量超过 1.5 万个。

3. 小城镇快速发展期（1993—2001 年）

1998 年，《中共中央关于农业和农村工作若干重大问题的决定》中首次提出"小城镇，大战略"问题，确立了小城镇建设在我国城市化发展过程中起到的巨大作用。《国民经济和社会发展第十个五年计划纲要》中提出要"有重点地发展小城镇"，并明确提出了我国城镇化建设发展的必要途径是发展小城镇。2000年，国务院下发了《促进小城镇健康发展的若干意见》。到 2001 年年底，我国共有建制镇 20000 余个，城镇化率达到 38%。这一时期，小城镇增长的主要动力来自于农村工业化的迅速发展，带动国民经济结构的整体变迁。

4. 小城镇调整发展期（2002—2012 年）

小城镇经过快速增长时期后，自身出现布局、规划不合理的问题。从 2002年党的十六大召开完毕，国家在城镇化发展方向上基本确立了"大中小城市及小城镇协调发展"的政策方针，逐步改变现有的城乡二元结构。这个时期，小城镇的数量比较稳定，国家发展重点放在大城市及城市集群上，小城镇则有选择性地发展重点镇，小城镇发展出现不均衡，东部地区逐渐形成了密集小城镇区，如 2012 年全国百强镇排名第一的广东虎门镇，经济、人口规模都已达到城市规模。

到 2012 年年底，我国共有建制镇 19881 个，城镇化率达到 52.57%。均衡的局面需要改善。

5. 小城镇转型发展期（2013 年至今）

2013 年，住房和城乡建设部等部委对重点镇名单进行增补，提出重点镇要发挥推进新型城镇化战略、承接城市产业转移、缓解城市压力等作用。2014 年《国家新型城镇化规划（2014—2020）》公布，提出推动大城市与中小城市、小城镇协调发展，产城融合发展。而后各省市也出台了一系列政策文件支持和推动小城镇建设。"特色小镇"的概念最早由浙江省提出，旨在搭建新型产业发展平台，培育特色小镇，促进新型城镇化建设和产业发展。

浙江省培育特色小镇的探索得到国家层面高度关注和肯定。2015 年 12 月，习近平总书记对浙江省"特色小镇"建设作出重要指示，2016—2018 年国家及各部委层面共发布 20 余部特色小镇相关政策文件，指导特色小镇落地实施，大力推动特色小镇建设。

由特色小镇 2014—2019 年百度搜索指数趋势可见（图 1-2）：2016 年人们开始在网络上搜索特色小镇，也就是特色小镇逐渐走进公众视野；2017 年 5 月特色小镇的搜索热度达到顶峰，之后热度有所下降。

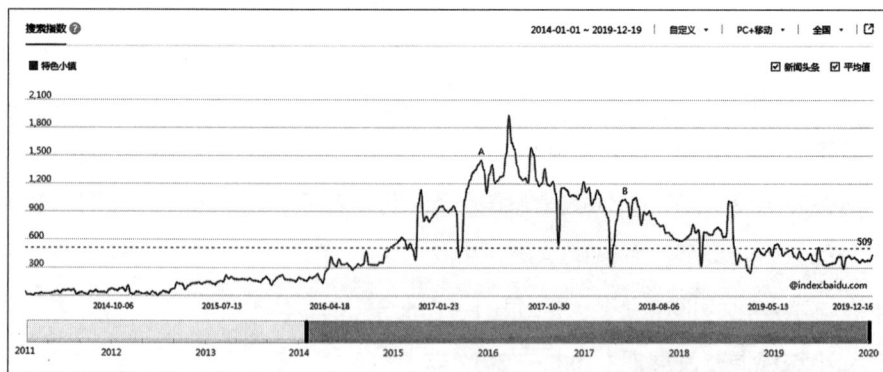

图 1-2 特色小镇 2014—2019 年百度搜索指数

对比图 1-3、图 1-4 数据分布可知：特色小镇在百度指数"媒体指数"和"曝光量"中的数据分布都可以反映出特色小镇从 2016 年开始成为全国范围内热议话题，2017 年特色小镇建设达到顶峰。

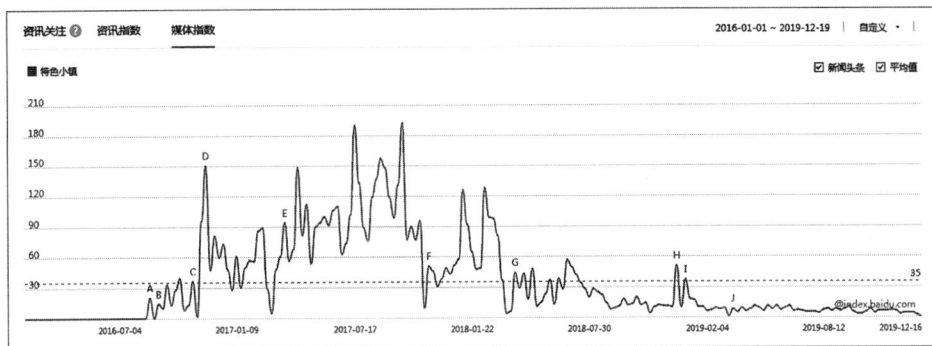

图 1-3　特色小镇 2016—2019 年百度媒体指数

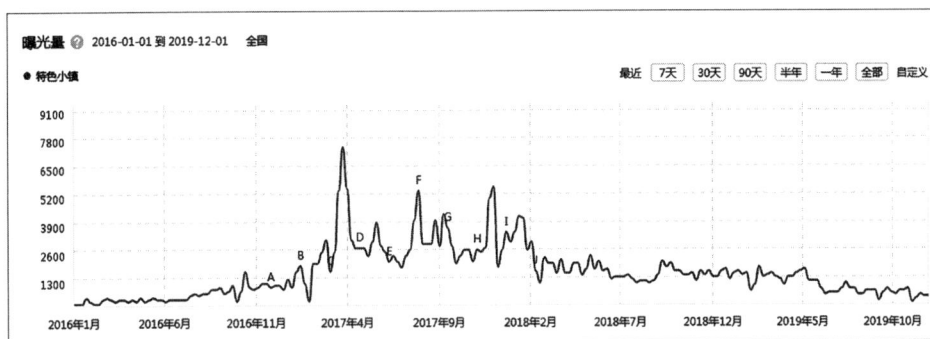

图 1-4　特色小镇 2016—2019 年曝光量

1.2.2 特色小镇的发展背景

1. 流动人口规模显著增加，城镇化建设水平明显提高

中华人民共和国成立 70 年以来，我国人口总量平稳增长，人口素质显著提升，特别是改革开放以来，不断扩大的流动人口规模，持续提高的人口城镇化水平，为经济社会持续健康发展注入了强大活力，为建设中国特色社会主义现代化强国作出了突出贡献。中国人口形势中最引人注目的特点之一就是人口空间分布的剧烈变动，人们在不同地区之间频繁移动，形成了规模庞大，由乡村向城镇、由欠发达地区向发达地区流动的人口大潮。流动人口加快了城镇化进程，为城市经济发展提供了有利的基础条件，成为影响我国经济社会发展的一个重要因素。

城镇化是现代化的必由之路，也是乡村振兴和区域协调发展的有力支撑。改革开放前，由于人口就业压力巨大、大城市基础设施建设严重不足，以及城乡二元结构等方面的现实国情，城镇化进程较缓慢。据国家统计局调查统计数据显示，1949—1978 年，我国城镇人口占总人口比重从 10.64% 增加到 17.92%，平均每年提高不到 0.3 个百分点。改革开放 40 年间，我国的城镇化水平快速提升，成为中国发展中的一大奇迹。1978—2018 年，全国总人口增长 1.5 倍，而城镇人口增长 4.8 倍；城镇人口占总人口比重由 17.92% 增加到 59.58%，平均每年提高 1.04 个百分点。

十八大以来，党和国家高度重视城镇化建设，明确提出实施以人的城镇化为核心，以提高城镇化质量为导向的新型城镇化战略，短短几年间，涉及十几亿人的新型城镇化建设取得了重大进展，人口管理向自愿落户和自由流动迈出了一大步。据国家统计局调查统计数据显示，户籍和常住人口城镇化率分别从 2012 年的 35.33%、52.57% 提高到 2018 年的 43.37%、59.58%，户籍和常住人口城镇化率差距缩小 1.03 个百分点。城市功能和宜居性稳步提升，城市产业就业支撑能力不断增强，城市居住水平大幅改善。

2. 特色小镇建设成为推动经济增长的新动力

特色小镇首创于浙江，它是在几平方公里土地上集聚特色产业、生产生活生态空间相融合、不同于行政建制镇和产业园区的创新创业平台，是一个项目综合体或产业社区综合体。2015 年 12 月，习近平总书记在中央财办报送的《浙江特色小镇调研报告》上做出重要批示："抓特色小镇、小城镇建设大有可为，对经济转型升级、新型城镇化建设，都大有重要意义。浙江着眼供给侧培育小镇经济的思路，对做好新常态下的经济工作也有启发。"据国家发展改革委抽样调查统计数据显示，目前参与调查的全国 225 个特色小镇共入驻企业约 3 万家，吸纳就业人口约 130 万人，创造税收约 200 亿元，完成特色产业投资 2000 亿元左右，平均每个小镇入驻企业 140 家，吸纳就业 5000 余人，缴纳税收 7000 万元。经 2016 年住房和城乡建设部、国家发展改革委、财政部三部委力推的特色小镇，近年来如雨后春笋般在全国各地迅速发展。

截至 2019 年 12 月，全国共统计 1000 多个已经建设成功的特色小镇。从分布地域来看，经济较为发达、人口较为集中、居民收入水平较高的东部沿海等省份特色小镇数量居多，西部地区相对较少，东西部分布不平衡。云南、海南、四川等省份也有较多分布，则在一定程度上说明了特色小镇的建设依赖于当地丰富的自然旅游资源。

特色小镇在乡村振兴战略中可以发挥两方面的功能：其一是园中镇、特色资源镇可为附近农业转移人口提供非农产业岗位，从而有助于提高农户土地经营规模，振兴农村产业，提高务农收入；其二是近郊镇、远郊镇、镇中镇除了为农业转移人口提供非农就业岗位外，还可为附近农村人口提供教育、医疗、文化等基本公共服务和金融、科技、商贸、时尚、交通物流、文旅休闲、健康养老等商业服务；有条件的话可以发展成特色小城镇，融入城镇化体系。

特色小镇等城镇化项目是当地政府用资源补偿实现自我造血、可持续发展的好项目。特色小镇是以产业为核心，项目为载体，生产、生活、生态互相融合的创新创业发展平台，其培育和建设事关国家经济和社会发展的战略部署。特色小镇是推进供给侧结构性改革的重要平台，是深入推进新型城镇化的重要抓手，有利于推动经济转型和发展动能转换，有利于促进大中小城市和小城镇协调发展，有利于发挥城镇化对新农村建设的辐射带动作用。

3. 全过程工程咨询迎东风，特色小镇咨询服务面难题

毋庸置疑，自 2014 年浙江省开始实践特色小镇以来，蓬勃发展，已然成为"风口"。而自 2017 年《国务院办公厅关于促进建筑业持续健康发展的意见》（国办发〔2017〕19 号）中首次提出培育全过程工程咨询以来，极大地激发了咨询人和工程咨询企业的工作热情。2019 年 3 月 15 日，国家发展改革委、住房和城乡建设部联合发布《关于推进全过程工程咨询服务发展的指导意见》（发改投资规〔2019〕515 号），工程咨询行业掀起了开展全过程工程咨询的热潮，全过程工程咨询尘埃落定。

通过实地参观考察特色小镇发现，特色小镇在推广及建设过程中存在泥沙俱下的情况，概念不清、定位不准、千镇一面等问题突出，在我国部分省份，特色小镇咨询行业内部更是有"十镇九败"的说法。特色小镇建设如火如荼的背后是一哄而上、盲目跟风，对特色小镇一知半解，把特色小镇想得过于简单，前期定位不清、规划设计不明、融资渠道不畅、项目管控失灵等问题层出不穷。当前，特色小镇的发展应注意规避五个方面的问题，即市场定位同质化、民俗历史概念化、经营资源碎片化、场馆打造静态化、场景体验表象化，推动特色小镇的创新升级。

目前对于特色小镇项目的学术研究主要集中在发展模式、规划设计、特色小镇具体案例分析三个方面，尚未开展针对特色小镇项目全过程各咨询阶段集成研究。特色小镇项目咨询采用全过程工程咨询模式，可以有效增强建设工程内在联系，强化全产业链整体把控，减少管理成本，优化业务流程，提高工作效率。当前对于特色小镇项目全过程工程咨询的研究，学术界尚在探讨阶段，各地工程咨询公司相应的业务开展还处于摸索阶段。由此可见，虽然国家从政策层面上引导特色小镇建设，但是对于什么是特色小镇、怎么建设特色小镇，如何厘清前期定位、明确规划设计、保障融资渠道、加强项目管控、前置招商运营，进而保证特色小镇成功等一系列问题尚待解决。

1.2.3 特色小镇建设意义

1. 特色小镇建设成为推动经济增长的新动力

在中国经济新常态背景下，经济结构正在经历着重要的转折点，经济增长更多依靠内需、要素生产的提升。特色小镇充分发挥低成本、体制活等优势，成为新型产业发展和各类创新创业发展平台，实现产城融合发展。特色小镇建设首先要做到的就是改善所在地区的基础设施和公共服务，服务农村、带动周边发展。特色小镇可以形成落实新理念、加快推进绿色发展和生态文明建设的新空间。

2. 特色小镇建设成为承接社会投资的热点

宽松的货币政策下，市场需要寻找新的领域、机会点和蓝海。随着国家培育、支持、鼓励特色小镇发展，一些特色产业转移到小镇，人才及消费也随之移动，特色小镇的风头一时无两。通过财政资金引导，吸引社会资金进入特色小镇，服务于特色小镇建设，基金、债券支持蜂拥而至，允许以农村土地的法人财产权作为抵押，撬动资本杠杆。

3. 特色小镇建设成为缩小城乡差距的利器

如何使农民收入增加、改善农村发展现状、缩小城乡差距，不仅是亿万农民的迫切需求，也是举国上下共同面临的难题，关系到社会和谐与全面建设小康社会建设的实现。发展特色小镇是统筹城乡发展、破解"三农"问题、建设美丽乡村的助推器和抓手，有利于提升县域经济辐射力度，促进公共资源在城乡间的有效配置，拓宽农村发展空间。大部分特色小镇分布在农村区域，可以有效推动农村产业链和价值链建设，培育融合主体、创新发展方式，拓宽农民增收渠道，推进农业与休闲旅游、教育文化、健康养生等深度融合，增加农民财产性收入，真正实现"农民不再苦、农村不再穷"。

综合来看，发展特色小镇是贯彻党中央关于新型城镇化建设战略部署的最佳实践，是破解发展瓶颈、改善人居环境的有力抓手，是新旧发展动能转换时期经济发展的重要举措，有利于提高广大人民群众物质文化水平，持续推进社会文明进步。

1.2.4 特色小镇建设发展现状

1. 产业特色不足，特色小镇不"特"

除一些特色小镇产业发展强劲、产业特色鲜明外，部分特色小镇特别是以自然历史文化为特色基底的特色小镇，特色产业、城镇特色在短时间内还没有形成，个别特色小镇还停留在当地政府的规划层面，运营尚未起步。即使是产业特色鲜明的特色小镇，也不同程度存在着产业特色与城镇整体功能融合不够，重产业发展、轻功能融合等现象。打造各具特色的差异化发展路径，是特色小镇能够在区域发展大格局中脱颖而出的必然选择。

特色小镇，顾名思义，其点睛之笔就在于一个"特"字。中央、省、市各级政府对创建特色小镇的最本质要求也是如何打造出"特色"，例如山东省淄川区昆仑镇陶瓷小镇在发展之初就高度重视特色产业的培育，在打造陶瓷特色产业的基础上，深度做好文化传承传播，一是推动国瓷馆、陶瓷历史博物馆建设，形成文化保存和展示的文博馆群，打造陶艺教育和旅游基地；二是将大师工作室、孵化器、工业设计中心发展成为融传统陶瓷技艺和现代陶瓷设计于一体的传习基地；三是逐步扩大陶瓷学院的招生规模，有效传承陶瓷技艺。

而在我国特色小镇项目开展过程中存在诸多产业方面的问题。首先，在对特色的认识上，以产业基础特色为基底的偏重于产业文化，以自然历史文化为基底的偏重于自然历史文化，对挖掘运用已有特色塑造小镇整体特色的认知定位不足，对特色的认识停留在特色产业塑造、特色景观塑造上，对以特色引导实现小城镇建设发展动能转换的重要性认识不足；其次，在特色培育上，文化挖掘深度不足，文化渗透的广度不足，特色品牌运营乏力，以规划代替策划、以空间功能分割代替功能融合提升、以产业或文化品牌运营代替小镇品牌运营，导致社会和市场的接受度不足，特色品牌影响力不强，还有，在特色作用发挥上，特色与主导产业发展结合度不足，在产业链延伸、价值链提升中的运用不够，生产、生活、生态"三生"功能融合度不足，以特色引导形成小镇经济转型升级的新动能、引导形成功能融合发展的主体动能不强。

2. 规划设计不够科学性、可行性不足

目前对于特色小镇建设是否需要进行"规划"，少数人持有否定的意见。如住房和城乡建设部原副部长仇保兴认为：浙江的特色小镇发端于20世纪末21世纪初。当时有600多个建制镇演变成特色小镇，没有一个是正式规划出来的，将来也不可能规划。作为新型城镇化产物的特色小镇，是一个庞大的经济体。"这么大的一个经济体是没有人能规划出来的，更没有人能做一个长期的、明确的规划。要知道，城市的规划是可以部分预测的，但是小镇的产业是不可预测的。"但多数人是持有肯定态度的。本书也认为特色小镇建设需要有比较科学的规划才能顺利推进。但现有规划设计的科学性和可行性，却值得商榷。

首先，以浙江省特色小镇项目为例：如迄今为止，浙江已有七家金融类小镇，它们是杭州上城玉皇南山基金小镇、嘉兴南湖基金小镇、宁波梅山海洋金融小镇、鄞州四明金融小镇、义乌丝路金融小镇、杭州湘湖金融小镇、宁波海曙月湖金融小镇。从城市分布看，其中杭州两家，宁波三家，嘉兴一家，金华一家。宁波虽然经济发达，且为副省级计划单列市，三家金融小镇功能不完全一样，但作为一个市拥有三家类似的金融小镇，也难免引起人们的非议。其次，特色小镇规划没有与当地生态、产业、文化相结合，形式单一，地方历史文化特色不鲜明，导致小镇核心区块缺乏特色内容。最后，小镇规划缺乏系统性、完整性。特色小镇的规划要有系统性、完整性，既要考虑小镇的发展定位、产业发展重点、空间功能区分、项目组合，又要考虑小镇后续的开发阶段时序、盈利模式、投融资模式以及招商运营模式等多方面的问题，才能使规划顺利、有效地实施。但在现实中，由于种种原因，有些地方的小镇规划变动频繁，侧重点各不相同，拼凑迹象明显，从而使规划缺乏整体性、系统性和可操作性。

3. 房地产化倾向严重，扰乱市场秩序

近年来，不少地方都上马了特色小镇项目。近两年来，建设成效不小，但问题也存在。最大的问题是特色小镇建设的"房地产化"倾向。

个别地产商有打着"特色小镇"旗号拿地的冲动。目前，在京沪等一线城市，土地供应量被严格控制。在三四线城市，既有的库存尚未完全去除。而中国的城镇化仍在进行，这些地方对住宅有刚需。同时，地方政府为了发展特色小镇，在土地保障、财政支持和优化融资层面都有一定的优惠。个别地产商可能借机以相对低廉的价格获得土地，以建设特色小镇之名行开发房地产之实。

2017 年国家发展改革委印发的《关于规范推进特色小镇和特色小城镇建设的指导意见》、2018 年印发的《关于建立特色小镇和特色小城镇高质量发展机制的通知》等，就提出严控房地产化等倾向。各地区要综合考虑特色小镇和小城镇吸纳就业和常住人口规模，从严控制房地产开发。

2018 年 8 月 12 日，河南省发展改革委、省国土资源厅、省环保厅、省住房和城乡建设厅联合下发《关于规范推进特色小镇和特色小城镇建设的若干意见》，要求各地根据地域人文和产业基础建设特色小镇，严控特色小城镇房地产化倾向，避免"建成即荒废"的尴尬。

各地区要综合考虑特色小镇和小城镇吸纳就业和常住人口规模，从严控制房地产开发，合理确定住宅用地比例，并结合所在市县商品住房库存消化周期确定供应时序。适度提高产业及商业用地比例，鼓励优先发展产业。科学论证企业创建特色小镇规划，对产业内容、盈利模式和后期运营方案进行重点把关，防范"假小镇真地产"项目。

4. 特色小镇定位不准，功能叠加不足

特色小镇总体的外部特征是：①产业特——承载的高端产业、现代服务业或历史经典产业乃至其中的某一环节；②功能特——特色小镇以推进供给侧改革为基本功能定位；③位置特——特色小镇主要位于城镇周边、景区周边、高铁站周边及交通枢纽沿线适宜集聚产业和人口的地域，突破城乡结合和连片开发的特性；④人群特——从业人员以高智商、高技能者为主。特色小镇的一个核心要素就是产业载体，然后辅以相应的文旅、景观，推动产业升级，盘活区域经济活力。

因此，特色小镇首先是产业必须具有特色。而这个产业主要是高端产业。否则特色小镇就难以承担起观念、技术、体制创新以及由此而决定的推进供给侧改革的历史重任。而浙江正在创建的特色小镇，以文旅为主导的特色小镇，其比重在整体中所占的比重还是比较大的，基于产业集聚以高端产业为主的小镇，如教育、IT、物联网、科研、金融、智能创新、生物医药、新能源、新材料等高端人才集聚的产业小镇，所占比重还有待提高。

特色小镇就是位于大中城市之外或独立于市区的具有明确产业定位、文化内涵、旅游功能、社区特征的特定空间，它是集生产、城市、人文、文化于一体的重要功能平台。特色小镇的这种功能定位，要求其整体功能应该是聚而合，而不能软而散。由于不同功能所要求的条件不完全相同，所以在特色小镇创建过程中，有些地方对产业、旅游、文化、社区功能如何融合考虑不到位，仍以传统的产业聚集区、工业园区、旅游度假村等来谋划特色小镇，从而导致项目分散，多种功能有机融合不足。这表现在以下几个方面：

一是小镇的产业和旅游功能融合不足。旅游功能之所以成为特色小镇建设评价的重要指标，主要是因为拥有该项功能的特色小镇一般能够表现出更为突出的市场竞争力和可持续发展能力。当前，一些工业小镇由于产业定位的特殊性，如金融小镇、智创小镇，产业工作区具有一定的保密性，加上空间范围有限，难以开发丰富多彩的旅游项目和产品，这是其客观原因。主观上未能充分挖掘应有潜力，只注重"单打一"，也是一重要原因。二是小镇的产业和文化功能融合不足。文化是生活归属和区域认同之间的重要桥梁。特色小镇创建中的文化建设必须重视起来。当前，许多特色小镇本来就有着深厚的传统文化，如何让这些传统文化与现代时尚文化相结合是摆在我们面前的一个重要挑战。三是小镇的产业与社区功能融合不足。但是目前，大多数的特色小镇的社区承载功能还相当薄弱，许多小镇还基本停留在创业者暂居地、临时栖息地的层面上，居民对于小镇的身份认同度、心灵归属感等普遍不高。

5."新"城市建设理念运用不够

部分特色小镇还是按照以往的发展路径，对城市设计、生态建设、智慧城市建设及海绵城市、地下管廊建设等新的城市建设理念重视和运用不够，绿色节能建筑等新技术新产品应用少，基础设施和公共服务设施在功能性、便民性上都与现代城市要求有较大差距。特色小镇是连接城市与乡村的重要枢纽，是实现就地就近城镇化的重要产业和人口集聚地，今天的特色小镇应当是明天的宜居宜业生态型新型小城市，在小城镇向新型小城市发展转型之初，就要注重最新城市建设理念的应用，避免"穿新鞋走老路"，而在特色小镇建设初期，往往会出现新城市建设理念运用不够的现象，急于发展特色产业，追求产业项目的上马，忽视了城镇相关功能设施的建设和发展。

特色小镇应根据规划，着眼创新转型，集聚资源，组合项目，补齐基础设施和公共服务的短板，积极引进培育新业态项目。但是，罗庄区褚墩镇静脉小镇在基础设施建设上的投资明显较少，大部分项目都是科技研发、文化旅游等具备经济带动或者吸引游客的产业项目。在特色小镇建设发展过程中，大部分的投资商对产业、文化、科技、旅游功能的项目很感兴趣，表达出了充分的投资意愿。但是对于垃圾处理、地下管廊等基础设施的投资，因其投资回报率低，投资商往往兴趣不大，基本上只能由政府主导，尤其是对于不发达地市，财政收入不高，上级补贴对于庞大的基础设施投资来说也是有限的，"工资财政"在小镇没有根本性的改观。特色小镇项目规划虽然属于县级政府把总，但真正管理属于基层政府，基层政府千头万绪的工作汇集一处，稳定、环保、扶贫、产业发展等重点工作压力大，对特色小镇的功能建设缺乏足够研究和筹划。

6. 行政干预过多，市场机制尚待完善

在经济转型升级以及新型城镇化的加速推进过程中，特色小镇已被公认为是推动农村经济发展的重要平台之一，同时也是社会资金关注的热点和焦点之一。然而，很多地方的特色小镇建设还停留在政府唱独角戏的水平，大都未按照市场要求建立小镇建设运营平台，未有明确的中长期建设运营项目目录，没有明确的招商引资项目和政策，导致社会资金对小镇建设"有热情、没着落"。部分特色小镇建设主要依靠当地民营企业，一旦民营企业资金链出现问题就导致特色小镇创建工作停滞；部分特色小镇没有实力足够大的市场投资主体，创建工作出现"碎片化"现象。"政府引导、企业主体、市场化运作"的原则还停留在文件中和口号中，尚未落到实处。

在特色小镇建设过程中，一方面是政府与市场的责任范围尚未明确划分，特色小镇规划管控目标不明确、不具体，引导政策不切实际，未充分考虑市场投资主体的利益空间，越位替代市场专业团队进行市场策划和运营等。其次是特色小镇的市场平台建设不完善，市场不了解特色小镇项目和资金、技术需求，特色小镇不了解市场投资运营规律，特色小镇和策划、规划、投资、运营、设计、建设等单位自弹自唱，缺少有效、固定的特色小镇建设工作的信息沟通平台。

7. 政府的政策引导缺乏精准度

从特色小镇层面看，仅靠自身财力进行试点和创建工作多是力不从心，多是在依赖市场投资主体的作为，多是在等靠上级配套支持政策到位；从县市区层面讲，对县域经济发展有全局谋划，重点在县城和县域副中心，对纳入国家级和省级特色小镇的131个特色小镇普遍缺乏有针对性的研究和配套支持政策。从政府引导层面看，提升特色小镇建设水平，单靠所在建制镇自身力量是很难胜任的。

基层政府只是政府引导政策的具体执行者，需要从省、市、县层层借力，其中县（市、区）政府配套扶持政策最为直接，也最为关键。

因此，在全省层面要加大规范引导工作力度，建立特色小镇建设监测统计平台，定期调度特色小镇规划、人口、经济运行状况等数据，定期对这些数据进行梳理分析和评估，精准掌握每个小镇的试点和创建工作情况，精准掌握每个小镇的政策扶持需求，精准制定可落实、能到位的扶持政策。

8. 体制机制障碍比较突出

特色小镇建设在多数省份是由住房和城乡建设厅主导，市、县两级也是在住房和城乡建设系统牵头，但是特色小镇创建工作涉及发展改革、规划、财政、国土等多个部门。镇政府作为基层政府部门，在实际推进小镇规划建设时，需要协调多个部门，很多时候部门之间关系的好坏就直接影响项目推进速度，这给推进特色小镇的建设造成了很大的障碍。

土地问题显著性地出现在大部分特色小镇当中，集体土地和国有土地并存，使得拆迁工作及土地征收过程遇到诸多问题。笔者了解到，由于国家层面和省级层面的各种"意见""方案""通知"，在效力上要低于法律法规，因此，特色小镇快速推进的要求与法律法规的要求出现冲突时，开发和建设主体就会无所适从。举例来说，省、市、县三级的特色小镇牵头部门是住房和城乡建设部门，住房和城乡建设部门要求特色小镇在某个确定的时间节点之前开工，但是规划部门和土地管理部门却由于规划修编和土地用途转换的程序尚未完成，不允许对现有的用地现状做任何改变。无奈之下，特色小镇开发主体和土地管理部门只好各让一步，土地管理部门为开工仪式开绿灯，但是开工仪式结束之后，土地必须恢复原状。如此折腾，不但严重影响效率和进度，更深刻反映了目前特色小镇建设面临的体制机制窘境。

在开发体制上，部分地市的特色小镇基本上完全以政府背景的城投公司为主体，过分依赖政策性资金。目前是政策、资金竞争非常激烈，若上级政策难以持续扶持，特色小镇又不具备持续的自增长能力，就难以避免部分烂尾工程以及半截子工程的形成。在政策的支持下，此类开发商建造特色小镇铺的摊子很大，部分小镇仅有 1 万～2 万人口数量，但其建造的展览馆、游泳馆以及体育馆等琳琅满目，扬言常住人口数量在 3～5 年的时间里能达到 10 万人，吸引游客数量能达到数百万，然而对特色产业如何培育壮大、如何吸引游客、如何接待游客等问题却缺乏起码的思路。

1.2.5 特色小镇政策文件

我国特色小镇概念的提出，是在建设有特色的小城镇时期发展而来的。我国的小城镇一般是指建制镇，是空间规模最小和行政级别最低的非农业聚集区。小城镇是最接近乡村的地区，其兴衰与乡村发展关系比与城市经济关系更密切。由于我国农村改革是以 1978 年为界，之前的农村经济完全受计划体制束缚，乡镇经济几乎停滞甚至萎缩，小城镇建设也不例外地处于停滞状态；改革开放初期，由于国家政策的调整，农村经济得到空前的发展，这一时期也是小城镇建设发展的黄金时期；但之后由于大城市对人口的强大吸引力，快速城镇化的人口流动主要流向了大城市，小城镇又处于缓慢发展阶段。

为破解小城镇发展缓慢的困境，十八大提出，要深入推进新农村建设，将新型城镇化作为重大战略举措。一系列的政策文件开始陆续出台，主要内容包括：建设美丽、宜居乡村或魅力村庄；加快培育中小城市和特色小城镇，发展具有特色优势的魅力小镇等，这些系列文件拉开了发展特色小镇的序幕。2014 年 10 月，浙江省时任省长李强在杭州西湖云栖小镇举行的首场阿里云开发者大会上首次正式提出"特色小镇"的概念。之后浙江省的专家、学者们开始了对特色小镇的集中研究，2015 年 4 月 22 日浙江省政府陆续发布了一系列的政策文件，明确特色小镇的定位和要求，启动了特色小镇的创建和培育工作，从而使浙江成为我国首个发起和实施特色小镇的省份。

2016 年，国家发布文件对推荐第一批国家级特色小镇提出了数量要求，总体计划到 2020 年，在全国范围内要培育出 1000 个具有独特魅力的特色小镇，以此带动全国小城镇建设，不断提高其建设水平和发展质量。2016 年 10 月 13 日，住房和城乡建设部公布了第一批国家级特色小镇的名单。与此同时，2016 年，各地相继将特色小镇建设作为新型城镇化的主要工作，纷纷推出重大举措，推动特色小镇建设。北京为推动特色小镇建设，决定成立 100 亿元的小城镇发展基金，力争 10 年把 42 个重点小城镇打造成旅游休闲、商务会议、园区经济等五类特色小镇。山东省推出创建特色小镇实施方案，计划到 2020 年创建 100 个左右产业上"特而强"、机制上"新而活"、功能上"聚而合"、形态上"精而美"的特色小镇。期间，河北、安徽、福建、甘肃、广东、贵州、四川、等省、市陆续出台了关于特色小镇创建和培育的相关文件。由此可见，特色小镇已经成为各级政府关注和建设的重点，也成为新的经济增长点和新型城镇化实验基地。国家各部委层面出台特色小镇的相关文件如表 1-3 所示。

国家层面出台特色小镇的相关文件 表 1-3

编号	发布时间	发布单位	文件名称	主要内容
1	2016 年 2 月	国务院	《关于深化推进新型城镇化建设的若干意见》(国发〔2016〕8 号)	统筹规划、总体布局，促进大中小城市和小城镇协调发展，着力解决好"三个 1 亿人"的城镇化问题，全面提高城镇化质量。加强部门间政策制定和实施的协调配合，推动户籍、土地、财政、住房等相关政策和改革举措形成合力。加快实施"一融双新"工程，以促进农民工融入城镇为核心，以加快新生中小城市培育发展和新型城市建设为重点，瞄准短板，加快突破，优化政策组合，弥补供需缺口，促进新型城镇化健康有序发展
2	2016 年 7 月	住房和城乡建设部	《关于开展特色小镇培育工作的通知》(建村〔2016〕147 号)	到 2020 年，培育 1000 个左右各具特色、富有活力的休闲旅游、商贸物流、现代制造、教育科技、传统文化、美丽宜居等特色小镇，引领带动全国小城镇建设，不断提高建设水平和发展质量
3	2016 年 8 月	住房和城乡建设部	《关于做好 2016 年特色小镇推荐工作的通知》(建村建函〔2016〕71 号)	文件规定了推荐特色小镇时需要提交的资料以及推荐程序，从全国各省市自治区推荐名单中确定了 159 个特色小镇名额
4	2016 年 10 月	国家发展改革委	《关于加快美丽特色小(城)镇建设的指导意见》(发改规划〔2016〕2125 号)	文件对特色小镇和特色小城镇从概念上进行定义，提出特色小镇建设总体要求，做到五个"坚持"。号召各级政府积极探索特色小镇发展新路径，积极向浙江等地优秀特色小镇学习，立足本地资源优势，建设一批产业"特而强"、功能"聚而合"、形态"小而美"、机制"新而活"的特色小镇
5	2016 年 10 月	住房和城乡建设部	《关于推进政策性金融支持小城镇建设的通知》(建村〔2016〕220 号)	从金融角度明确指出，要求各地政府充分认识特色小镇培育和推动建设工作的政策性信贷资金对特色小镇建设发展起到的非常重要的作用，要求各级做好中长期政策性贷款的申请和使用，切实加大特色小镇建设发展的信贷支持力度，充分利用政策性金融支持，全面推动小城镇建设发展
6	2016 年 10 月	住房和城乡建设部	《关于公布第一批中国特色小镇名单的通知》(建村〔2016〕221 号)	充分考虑在各地推荐的特色小镇项目名单基础上，经有关专家再次复核，会签国家发展改革委、财政部两部委，最终认定北京市房山区长沟镇等 127 个镇为第一批中国特色小镇

编号	发布时间	发布单位	文件名称	主要内容
7	2016年12月	国家发展改革委	《关于实施"千企千镇工程"推进美丽特色小（城）镇建设的通知》（发改规划〔2016〕2604号）	指出将"政府引导、企业主体、市场化运作"作为"千企千镇工程"的创建模式，在小城镇与企业间搭建有效对接平台，以带动企业投资参与特色小镇建设来促进镇企融合发展。并且为推广典型经验，每年推出一批企业等社会资本与特色小（城）镇成功合作的典型案例
8	2016年10月	国家发展改革委	《关于开发性金融支持特色小（城）镇建设促进脱贫攻坚的意见》（发改规划〔2017〕102号）	主要从加强规划引导、支持发展特色产业、补齐特色小（城）镇发展短板、积极开展试点示范、加大金融支持力度、强化人才支撑、建立长效合作机制七个方面提出关于开发性金融支持特色小（城）镇建设的指导意见
9	2017年1月	住房和城乡建设部	《共同推进小城镇建设战略合作框架协议》	国开行与住房和城乡建设部在新型城镇化诸多领域展开了密切合作，提供大量资金与服务支持特色小镇发展
10	2017年1月	住房和城乡建设部	《关于推进开发性金融支持小城镇建设的通知》（建村〔2017〕27号）	落实之前发布的文件；着力推进大别山等集中连片贫困地区的脱贫攻坚，优先支持贫困地区基本人居卫生条件改善和建档立卡贫困户的危房改造；建立项目储备制度
11	2017年3月	农业农村部、财政部	《关于开展国家现代农业产业园创建工作的通知》（农计发〔2017〕40号）	提出特色小镇建设四年计划，按照"一年有起色、两年见成效、四年成体系"的总体安排，建成一批产业特色鲜明、要素高度聚集、设施装备先进的现代农业产业园
12	2017年4月	住房和城乡建设部	《关于推进商业金融支持小城、镇建设的通知》（建村〔2017〕81号）	提出各级住房城乡建设部门、建设银行各分行要充分认识商业金融支持小城镇建设的重要意义，坚持用新发展理念统筹指导小城镇建设，加强组织协作，创新投融资体制，加大金融支持力度，确保项目资金落地，全面提升小城镇建设水平和发展质量
13	2017年5月	财政部	《关于开展田园综合体建设试点工作的通知》（财办〔2017〕29号）	提出实现农村生产生活生态"三生同步"、一二三产业"三产融合"、农业文化旅游"三位一体"，积极探索推进农村经济社会全面发展的新模式、新业态、新路径，逐步建成以农民合作社为主要载体，让农民充分参与和受益，集循环农业、创意农业、农事体验于一体的田园综合体
14	2017年5月	住房和城乡建设部	《关于做好第二批全国特色小镇推荐工作的通知》（建办村函〔2017〕357号）	从地区发展、产业项目、编制规划、制定政策等六方面提出具体推荐标准

第一章 特色小镇概论

编号	发布时间	发布单位	文件名称	主要内容
15	2017年6月	农业农村部	《关于组织开展农业特色互联网小镇建设试点工作的通知》(农市便函〔2017〕114号)	文件提出要在2020年特色小镇建设试点工作结束以前,以县(市、区)为单位,在全国范围内建设并成功运营100个以农业特色带动产业发展的农业特色互联网小镇
16	2017年6月	体育总局	《关于推动运动休闲特色小镇建设工作的通知》(体群字〔2017〕73号)	体育总局主要以组织开展运动休闲特色小镇示范试点工作。明确报送程序,要京津冀三省(市)各推荐3个,其他省(区、市)各推荐1～2个
17	2017年7月	住房和城乡建设部	《关于保持和彰显特色小镇特色若干问题的通知》(建村〔2017〕144号)	指出特色小镇建设工作尚处于起步阶段,但是在建设过程中存在前期定位不明、自身优势缺乏、融资渠道不畅、盲目上马追求建设速度、重建设轻运营等一系列问题,并提出三点改进要求,为特色小镇建设理清思路
18	2017年7月	住房和城乡建设部	《关于公布第二批中国特色小镇名单的通知》(建村〔2017〕178号)	继第一批全国特色小镇名单确定公布后,按照既定推荐原则,在各地择优推荐的基础上,经组织项目现场答辩、相关专家评审和公示等一系列程序,最终认定北京市怀柔区雁栖镇等276个镇为第二批全国特色小镇
19	2017年12月	四部委联合发布	《关于规范推进特色小镇和特色小城镇建设的若干意见》	提出三点要求,首先各小镇应对当地劳动力以及岗位的承接规模进行统筹管理;其次对房地产型特色小镇的开发应采取谨慎态度,严格限制打着建设特色小镇的幌子开发房地产的行为;最后指出应当高度关注建企任务,积极鼓动成规模的大型民企及有实力的国企、央企投资建设特色小镇,以此缓解政府的财政赤字,缓和负债压力
20	2018年8月	国家发展改革委	《关于建立特色小镇和特色小城镇高质量发展机制的通知》(发改办规划〔2018〕1041号)	文件提出要总结提炼特色产业发展、产镇人文融合和机制政策创新等典型经验,明确典型特色小镇、小城镇条件,建立典型经验推广机制

1.3 特色小镇项目开发建设模式

关于特色小镇的类型,官方并没有给出明确的分类标准和体系。根据特定研究和实际工作的需要,学术界和业界对特色小镇的分类不一而论,根据不同的分类标准,对特色小镇有不同的分类结果。

学术界对于特色小镇分类的研究最终也没有达成一致的意见。赵静经研究后，将旅游型特色小镇分为三类：旅游资源主导型、旅游接待型、特殊行业依托型，并根据不同的类型提出产业发展的具体方向与规划布局等。钟娟芳在综合研究特色小镇与全域旅游的融合发展后，提出两者融合的观点：用全域旅游理念把传统镇提升为特色小镇；将特色小镇建设布局融入旅游、整体布局中去，并提出融合过程中应注意的问题。

另外还有一些学者把特色小镇分为"文艺范"小镇（包括历史文化、城郊休闲、新型产业、特色产业等亚类）、"便利化"小镇（包括交通区域、资源禀赋型等亚类）和"高端范"小镇（生态旅游、高端制造、金融创新、时尚创意等亚类）三大类九小类。

产业界根据其具体特色小镇项目的开展依据不同的标准将特色小镇划分为不同的类别。和君咨询根据和君产业园区规划与区域产业规划研究中心的研究，特色小镇分类的核心在于两点：一是发展的动力源，即主要的收入来源和盈利模式是什么；二是居民来源，即大部分居民是原有的镇域居民还是外来城市人口。按照这样的分类标准，特色小镇其实就分为三种基本类型，即产业类、社区类和旅游类。任何一种特色小镇基本都是属于这三种类型或三种类型的复合版（三大类十六小类）（表1-4）。

和君咨询特色小镇分类 表 1-4

类型			居民主要构成	主要盈利模式	核心要素
大类	小类	代表			
产业类	特色产业型	平阳宠物小镇	镇域居民＋产业人口	地产收入＋产业收入（投资收入）	产城融合＋产业生态打造
	新兴产业型	西湖云栖小镇			
	高端制造型	宁海智能汽车小镇			
	金融创新型	玉皇山南基金小镇			
	时尚创意型	余杭尚艺小镇			
	交通区位型	萧山空港小镇			
	资源禀赋型	定海远洋渔业小镇			
	边境口岸型	云南畹町镇			
社区类	农业型	嵊州越剧小镇	镇域居民＋迁入城市居民	地产收入＋产业收入	社区打造＋高端品牌产业
	养老型	乌镇雅园			
	教育型	天使小镇			

类型			居民主要构成	主要盈利模式	核心要素
大类	小类	代表			
旅游类	历史文化型	龙泉青瓷小镇	镇域居民	旅游收入	游客人流
	生态旅游型	丽江玫瑰小镇			
	城郊休闲型	旧州美食小镇			
	特色风情型	西藏桑耶镇			
	红色旅游型	福建古田镇			

1. 产业类特色小镇

产业类特色小镇本质上是产业园区的升级版。无论是特色产业型、文化创意型还是金融创新型、高端制造型，其核心仍然是通过招商引资，吸引企业进入，推动产业发展。它与产业园区的区别在于产业特色更加突出，产城融合度更高，产业生态和配套更符合现代产业发展的需要，环境更加优美。

产业类特色小镇的常住居民，主要由原有的镇区居民和产业人口构成。其中，产业人口主要从事小镇的主导产业和相关服务业。

产业类特色小镇的盈利模式和产业园区没有任何区别。基础性收入就是物业租售和物业管理收入，增值性收入就是产业服务收入，产业生态型小镇可以有投资性收入。大多数产业类特色小镇的旅游收入可以忽略不计。

特别需要指出的是，产业类特色小镇的基础设施、配套设施、景观打造，最主要的功能是为入驻企业和人员创造良好的环境，而不是为游客服务，因此不宜一律按照景区标准建设，而应该按照宜居城市标准建设。很多高端产业型企业，比如金融企业、研发企业，更需要安静的工作环境，而不是游客混杂的环境。

2. 旅游类特色小镇

旅游类特色小镇本质上就是景区或者是景区的变形版。无论是历史文化型、休闲旅游型还是特色风情型，其实质都是通过文化、历史、自然资源的挖掘和景观的打造，吸引游客，获得旅游收入。

旅游类特色小镇往往受历史文化保护和环境评价限制，很难和大型社区相结合。因此，常住居民以镇区原有居民和旅游从业者为主。

旅游类特色小镇规划的要点在于通过选址、景观和品牌打造，以获得最大的客流。

如果旅游类特色小镇不能与养老、教育等产业结合，仅仅靠客流、靠"吃住行游娱购"来平衡收入，投资回收压力会非常大。因此，在规划建设旅游型特色小镇时需要格外慎重。

3. 社区类特色小镇

（1）社区类特色小镇的功能以居住为主，兼顾产业培育和文化、景观的打造。核心是通过大型社区建设为城市居民创造更加良好的居住环境，平衡收入；通过产业发展树立产业地位；通过文化挖掘、景观营造增强社区吸引力。

（2）社区类特色小镇的居民，由镇区原有居民和城市迁入人口构成。其中，城市迁入居民的绝大多数与小镇的主导产业没有关联，这是社区类特色小镇区别于其他两种类型特色小镇的最大特点。

（3）还有人从产业发展吸引核的差异出发，将特色小镇分为产业磁极型（茶、青蛙、温泉、精工、手工艺、户外、医养、科创、金融、影视、禅修）、景观磁极型（摄影、色彩、风貌、异域）、IP磁极型（传说、历史、民族）和文化磁极型（名人、名画、戏剧）四大类型。

（4）再如所谓特色小镇的"十大类型"，以浙江省为例，其将特色小镇划分了10种类型：生态旅游型、特色产业型、资源禀赋型、新型产业型、高端制造型、历史文化型、城郊休闲型、交通区域型、金融创新型、时尚创意型。

这些分类大多基于一些案例的归纳总结，分类过程中并没有严格的排他性和严密的体系性，并不能被学界广泛接受，但在实际工作中也有其积极的意义。

特色小镇的分类，决定了如何对特色小镇进行定位、如何确定经济可行性、如何进行规划建设。由于特色小镇还在探索阶段，目前有很多分类方法。本书认为，特色小镇分类的核心在于两点：一是发展的动力源，即主要的收入来源和盈利模式；另外一个考虑因素是居民来源，即大部分居民是原有的镇域居民还是外来城市人口。

本书基于浙江省特色小镇分类标准，将特色小镇分为10个类别，对每一类型特色小镇的基本特点、必备元素、典型案例、基本数据指标等方面进行分析（表1-5）。

特色小镇类型

表 1-5

序号	设计理念	开发类型	特色小镇特点	必备软元素	必备硬元素	具体案例	基本数据指标
1	全域旅游型	生态旅游型	1. 小镇生态环境良好，宜居宜养，具备生态养生度假条件； 2. 优势产业定位绿色、低碳，可持续性较强的生态产业； 3. 功能定位以生态观光、健康养生、休闲度假为主	（1）特色旅游资源，当地特色旅游特产； （2）旅游开发公司，旅行社； （3）交通运输便利	（1）特色旅游区、生态体验区； （2）人口服务区、游客中心、特色住宿区、特色餐饮区； （3）配套基础设施工程（停车场）等	仙居神仙氧吧小镇、杭州湾花田小镇、宁海森林温泉小镇、乐清雁荡山月光小镇、万宁水乡小镇、景宁畲乡小镇、龙江碧野小镇、廊下田园小镇、连麻乡情小镇等	规划用地面积：2000+亩； 项目总投资估算：10亿元+； 建安工程费占比：80%+； 配套工程费占比：10%+； 前期工程费占比：5%+
2		历史文化型	1. 小镇历史文脉清晰可循，规划建设过程中延续历史文脉，尊重历史与传统； 2. 文化内涵突出，可添入市场，市场前景广阔	（1）独特的当地历史传统文化资源； （2）历史文化产品品牌； （3）旅游开发公司； （4）有一定的游客基础； （5）交通运输便利（邻近高速公路）	（1）历史文化博物馆、文化广场、游客中心； （2）配套基础设施工程；	邻国文化旅游特色小镇、汾阳古北口镇、宜兴市杏花村镇、平遥古城、越城黄酒小镇、龙泉青瓷小镇、湖州丝绸小镇、仁怀市茅台镇等	项目总投资估算：10亿元+； 工程费用占比：50%+； 绿化率：35%； 博物馆：占地面积40000m²； 子景点：10+，单个建筑面积500m²
3		城郊休闲型	1. 小镇距离城市较近，位于都市旅游圈之内，最少在1小时经济圈之内； 2. 规划建设根据城市群体针对性开发，能满足城市人休闲度假、慢生活体验等需求	（1）邻近经济发展城市； （2）有一定的游客基础； （3）交通便利（邻近高速公路）	（1）综合服务区、游客中心、停车场、田园观光区、体验区； （2）配套基础设施工程	北京市房山区长沟镇、昌平区小汤山温泉小镇、旧城美食小镇、大路农耕文明小镇等	

续表

序号	设计理念	开发类型	特色小镇特点	必备软元素	必备硬元素	具体案例	基本数据指标
4	产城融合型	特色产业型	1.产业特点以新、奇、特等产业为主，特色产业唯一性；2.规模不宜过大，应是小而美、小而精、小而特	(1)本地特色产业（曹县民族毛纺产业特色小镇）；(2)交通运输便利（邻近高速公路）；(3)政策指导（省市县三级政策）	(1)综合办公楼、电商大楼、制造厂房、直销直营功能区；(2)配套基础设施工程	大唐袜艺小镇、吴兴美妆小镇、平阳宠物小镇、亭林巧克力小镇、吕巷水果小镇、王庆坨自行车小镇、桐乡毛衫时尚小镇、文港笔都工贸小镇等	项目总投资估算：5亿元+；工程费用占比：80%+；综合办公楼（1万m²）：2100元/m²；停车场：200元/m²；给水管网：70元/m；排水管网：120元/m；供热管网：170元/m；供电管网：90元/m；绿化：160元/m²
5		资源禀赋型	1.资源优势突出，具备核心吸引性特性；2.资源可深入挖掘，市场前景广阔	(1)本地特色资源；(2)本资源在国内市场占有一席之地；(3)交通运输便利（邻近高速公路）；(4)具有一定的资源储备量	(1)博物馆；(2)会展中心（包括登录区、会议区）、录厅、展厅、电子商务区）；(3)配套基础设施工程	樟树市阁山中医药特色小镇、安庆市岳西县温泉镇、宜春市明月山温泉风景名胜区温汤镇、西湖龙坞茶小镇、定海远洋渔业小镇、青田石雕小镇、庆元香菇小镇、仙居杨梅小镇、桐乡蚕桑小镇、泾阳茯茶小镇等	项目总投资估算：10亿元+；工程费用占比：70%+；博物馆：占地面积40000m²，建筑面积16000m²，综合单价0.66万元/m²；电气工程：110元/m²；给水排水工程：90元/m²

续表

序号	设计理念	开发类型	特色小镇特点	必备软元素	必备硬元素	具体案例	基本数据指标
6	产城融合型	新型产业型	1. 地处经济发展程度较高的区域，人才、资金资源丰富；2. 产业以科技智能等新兴产业为主，科技和互联网产业尤其突出	(1) 产业聚集性强，主导产业突出；(2) 地处经济发展程度较高的区域，市场需求大；(3) 招商引资力度大；(4) 交通运输便利（邻近高速公路、省市县四级政策）；(5) 政策指导（国家级、省市县四级政策）	(1) 大、中、小型厂房；(2) 配套基础设施工程	智能装备产业园、余杭梦想小镇、西湖云栖小镇、临安云制造小镇、乌镇互联网小镇、秀洲智慧物流小镇等	规划用地面积：200+亩；土地属于一类工业用地；容积率：2；建筑密度：40%；绿化率：10%；项目总投资估算：20亿元+；建安工程费占比：80%+；大型标准厂房建筑面积：50000m²；中小型标准厂房建筑面积：80000m²
7		高端制造型	1. 产业以高精尖为主，重在智能化开发；2. 高端人才聚集，注重高级人才资源引进	(1) 新型智慧产业突出；(2) 交通运输便利（邻近高速公路）；(3) 政策指导（省市县三级政策）；(4) 周边区域创新资源丰富条件丰富	(1) 大、中、小型厂房；(2) 配套基础设施工程	萧山机器人小镇、宁海智能汽车小镇、新昌智能装备小镇、江山光谷小镇、长兴新能源小镇等	

序号	设计理念	开发类型	特色小镇特点	必备软元素	必备硬元素	具体案例	基本数据指标
8		交通区域型	1.交通便利，一般属于区域重要的交通枢纽或者中转地区；2.小镇建设能依托交通优势，联动周边城市资源与资源，成为该区域网络节点，实现资源合理有效的利用	(1) 物流产业集中；(2) 有一定的游客基础；(3) 交通便利（邻近高速公路）	(1) 综合服务区（游客中心、停车场）、田园观光区；(2) 配套基础设施工程	九龙山航空运动小镇、安吉航空小镇、萧山空港小镇、宁海滨海航空小镇等	
9	产城融合型	金融创新型	1.地处经济发达地区的核心区域，区位优势、人才优势、资源优势、创新优势、政策优势得天独厚；2.具备一定的财富积累，投融资空间巨大	(1) 城市经济发达；(2) 区位、人才、政策优势明显；(3) 交通便利	(1) 综合服务区（游客中心、停车场）、田园观光区；(2) 配套基础设施工程	上城玉皇山南基金小镇、房山基金小镇、义乌新塘基金小镇、西溪丝路金融小镇、拱墅运河财富小镇、互联网金融财富小镇等	
10		时尚创意型	1.以时尚产业为主导，与国际接轨；2.规划建设具有文化内涵的时尚平台，促进国内与国际的互动交流	(1) 临近经济发展城市；(2) 有一定的游客基础；(3) 交通便利（邻近高速公路）	(1) 艺术工作坊、小型艺术工厂；(2) 展厅、会议区、电子商务区；(3) 配套基础设施工程	余杭艺尚小镇、西湖艺创小镇、宋庄艺术小镇、狮岭时尚产业小镇等	

1.4 特色小镇项目规划设计规范

关于特色小镇项目规划设计规范目前只有河北省提出，2018 年 8 月印发了《河北省特色小镇规划设计编制导则（试行）》。河北省为规范全省特色小镇规划编制工作，增强规划的科学性和前瞻性，有效指导全省特色小镇规划建设管理，根据《中共河北省委　河北省人民政府关于建设特色小镇的指导意见》，以及相关法律、法规，制定了本导则。

1.4.1 特色小镇概念性规划

1. 背景研究

（1）落实城乡规划、经济社会发展规划、土地利用规划、生态环境保护规划、风景名胜区规划、历史文化名城名镇名村保护规划以及相关专项规划的要求。

（2）根据自然条件、社会条件、发展基础、现状建设条件及规划要求，论证特色小镇选址的可行性，提出小镇规划范围和建设用地边界。

2. 规划定位与目标

（1）分析小镇发展优势与劣势、机遇与挑战，分析目标客户群与产品功能，明确小镇特色发展主题，提出小镇的功能定位和发展愿景。

（2）明确小镇产业发展、经济社会、资源与生态环境保护等方面的指标体系，明确定量发展目标。

（3）科学预测常住人口数量、就业人口数量、人口构成及分布状况，科学确定小镇各类建设用地规模。

3. 产业发展方向

（1）根据现状产业特色、发展基础、资源禀赋、国家产业政策，围绕产业转型升级、产业业态的衍生和创新孵化，延伸产业链，并提出产业发展策略，明确主导产业。

（2）根据小镇产业类型和要素特点，确定产业空间布局要求，满足产业功能的空间需要。

4. 空间布局

（1）坚持慎挖山、不填湖、少砍树的原则，保护和利用山水、田园格局，综合考虑地形地貌、河湖水系、自然生态、地质灾害防御、重大设施廊道控制、空间布局演进特征等因素，确定小镇空间结构和形态。

（2）按照产业、文化、旅游、社区功能"四位一体"的原则，提出特色小镇的功能分区，避免机械功能分区，保证功能适度混合，有机组织小镇的整体空间布局。

（3）根据小镇功能定位、产业发展目标，提出规划范围内生产、生活、生态等用地规模和边界，满足不同类型小镇功能需要。

5. 配套设施

明确规划范围内供水、排水、电力、燃气、热力、电信、环卫等基础设施的配置要求，论证水源、能源等供应的可行性，预测各类设施的规模。

提出教育、医疗、文化、娱乐、体育、社会福利等公共服务设施配置标准和规模。

6. 特色风貌控制

（1）根据小镇的功能定位、业态等，结合小镇自然地貌、历史文化、空间布局等特点，明确小镇整体风貌定位。

（2）确定主要景观视廊的位置，提出控制引导要求；明确建筑高度分区控制要求和标志性建（构）筑物布局要求，塑造优美的小镇天际线。对重要的公共开敞空间和公共活动场所提出引导要求。

7. 实施计划

（1）提出小镇年度建设计划，明确投资主体、投资规模，以及项目年度投资和供地计划。

（2）提出项目开发模式，明确资金筹措渠道，积极引导社会资本参与小镇建设。

1.4.2 特色小镇总体规划

1. 在城市、镇区规划建设用地范围内建设的特色小镇

在城市、镇区规划建设用地范围内选址的特色小镇，提出小镇建设用地范围内的城市、镇总体规划优化意见，严格落实上位规划强制性内容，重点对用地性质、用地布局、道路交通、各类基础设施和公共服务设施进行优化调整，编制特色小镇总体规划。

（1）现状分析

建设环境分析。对规划建设用地范围内地形地貌、建设用地条件、交通条件进行分析，全面梳理自然、人文、景观等特色资源，研究分析小镇环境和资源承载力。

土地利用分析。对规划建设用地范围内工商业厂房、基础设施和公共服务设施现状建设情况进行分析，统计各类用地规模和分布，与上位规划、相关专项规划相衔接。

（2）用地布局

1）根据小镇功能定位和产业布局，统筹考虑新建区与已建区、生活区与产业区、建设空间与生态空间的关系，明确各类用地规模和范围。

2）确定城市、镇总体规划优化方案，与城乡总体规划用地布局进行比对，明确各类用地调整规模，说明调整理由，提出修改城市、镇总体规划的反馈意见。

3）道路交通：

①结合特色小镇功能要求，提出小镇对外交通系统、道路交通、停车场、公共交通、慢行系统优化意见。

②规划建设布局合理、等级明确、城乡衔接的路网系统，梳理小镇内部交通网络，提倡"窄马路、密路网"，营造人性化的街区尺度，创造绿色慢行系统。

③确定交通网络及各类场站点设施的规模、布局与设置形式。停车设施规划以配建为主、公共停车场为辅，鼓励社会停车资源共享使用，停车场应考虑新能源汽车配套设施建设。

4）公共服务设施：

①根据小镇功能类型，在原有公共服务设施规模基础上，提出需增加的优化方案，合理构建完善的公共服务体系，高标准配建教育、医疗、文化、娱乐、体育、社会福利等公共服务设施。

②小镇公共服务设施布局，要与周边区域统筹考虑，避免重复建设。

5）基础设施：

①小镇基础设施规划优化方案。提出对给水、排水、供电、燃气、供热、环卫、电信等工程优化方案。

②各类设施鼓励采取新能源、新技术、新材料，实现特色小镇绿色、低碳、高质量建设。

6）安全设施：

按照上位规划要求，落实消防、抗震、人防、防洪等重大城市安全设施的用地。结合小镇特点，合理确定消防、防洪、抗震防灾和人防等城镇安全设施的布局、数量、用地规模及规划控制要求。

7）近期建设：

明确近期建设用地规模、建设用地范围和布局，明确建设项目和建设时序。确定主要对外交通设施和道路交通设施布局，以及各项基础设施、公共服务设施建设规模和选址。

2. 依托美丽乡村建设的特色小镇

（1）依托村庄建设特色小镇，应符合村庄规划要求。若现行村庄规划不符合特色小镇建设要求，应按规定修改村庄规划，再编制特色小镇总体规划，内容达到控制性详细规划深度。

（2）主要内容

1）分析特色小镇建设用地范围内土地使用、设施建设、道路交通、建构物等情况。

2）按照小镇功能定位，以及特色产业发展对空间需求，统筹新建区与原有村庄、产业区与生活区的关系，合理确定各类用地布局，明确主要技术经济指标。

3）明确各类基础设施和公共服务设施建设规模、标准和具体位置。

4）科学把握小镇整体风貌，尊重民族、地方、农村特色，提出新建区建筑风貌控制要求，原有村庄建构筑物整治措施，明确环境设计导引。

5）合理确定小镇规划布局方案，合理有效组织小镇的空间，设计及布置场地内建筑，提出绿化与景观设计、道路交通及人流活动空间组织的方案等。

1.4.3 特色小镇控制性详细规划

在城市、镇区建设用地范围内选址的特色小镇，应编制特色小镇控制性详细规划。

编制特色小镇控制性详细规划，以上位城乡总体规划为基本依据，与特色小镇总体规划相衔接，严格遵循国家有关技术管理规定，将《河北省城市控制性详细规划编制导则（试行）》作为编制的基本遵循。

特色小镇控制性详细规划编制以街区作为基本单元，街区规模原则上控制在 $5 \sim 10 \mathrm{hm}^2$。

1. 现状调研

采用现状数据和图纸，对小镇规划建设用地范围内土地权属和使用情况、建筑使用情况、人口分布、基础设施、公共服务设施和公共安全设施以及自然人文资源等现状进行统计分析与评价。对规划建设用地范围内已拆未建、已发选址、已批未建、已批在建及近期可开发用地等情况，进行核查统计分析。

2. 主导功能和土地使用

（1）依据特色小镇总体规划，明确建设用地范围内主导功能和用地布局，土地使用性质以小类为主，中类为辅。

（2）根据主导功能发展需要，确定主导功能用地、近期保留和可开发用地的规模和建筑总量，明确可容纳的人口规模。

（3）按照对不同区段提出开发控制要求。

以保护为主的地段，划定历史文化街区和历史建筑的紫线保护范围，提出紫线保护控制要求；以改善为主的地段应提出配套设施补建要求；以改建为主的地段应按照提升环境品质的要求，明确开发建设的具体控制要求；以新建为主的地段，应明确开发用地的主要用途、开发强度、配套设施以及空间环境等具体控制要求。

（4）应明确江、河、湖、库、渠和湿地等城市地表水体保护和控制的地域界线，提出蓝线的保护和控制要求。

3. 道路交通设施规划

明确特色小镇规划建设用地范围内各级道路红线、断面及控制点坐标和标高，建设用地范围内应以开放式街坊住区为主，合理确定道路间距，确定社会停车场、公交交通设施、加油（加气）站、充电桩等位置和规模等。

4. 市政设施

落实给水、排水、雨水、电力、电信、燃气、热力、垃圾处理、地下空间等市政工程设施具体位置、建设规模和用地规模，明确工程管线的管径，重大市政设施廊道走向及其安全防护距离，对各类危险源的安全防护要求。

5. 绿地控制

明确各类公园绿地的位置和规模，划定绿线范围，标定用地界线的具体坐标，明确绿线控制要求，明确居住用地人均公园绿地面积和绿地率等指标要求。

6. 公共服务设施

（1）确定教育、医疗、文化、体育、社会福利、行政办公等各类公共服务设施的位置和规模，对现状保留与规划新建的各类公共服务设施提出规划建设控制要求。

（2）小镇内居住小区配套服务设施，要按合理服务范围综合配置，明确数量、位置和规模。

7. 公共安全设施

提出小镇消防、防洪、抗震、人防、避难场所等安全设施的用地规模、服务半径、服务人口规模和布点要求。提出各类危险源的安全防护要求。规划和改扩建的公园、学校、体育场等可作为应急避难场所，应依据应急避难场所规划和有关规范，明确类型、有效面积和需要配置的应急设施。

8. 开发建设用地和开发强度控制

（1）倡导土地混合利用，对土地兼容性进行控制引导。

（2）合理确定小镇内住宅、商业、工业等可开发建设用地的开发强度，明确建筑容积率、建筑密度、绿地率等主要控制指标。居住用地和公共设施用地，确定上限控制指标；工业用地和仓储用地，确定下限控制指标。

（3）根据小镇功能要求，合理确定布局形态，控制小镇建筑高度与体量，新建建筑以低层、多层为主。

9. 城市风貌控制

（1）明确开敞空间、景观廊道、景观节点、标识系统、建筑高度和标志性建筑的位置和控制要求。

（2）突出对地域文化符号提炼和风貌特色控制，对建筑群体组合的形态、建筑造型、位置、尺度、体量、层次等提出控制与引导要求，对不同功能的建构筑物提出形式、风格、外部材质等要求。

10. 地下空间

统筹考虑地下空间利用和人防设施建设，明确地下空间资源利用的功能和规划布局，提出地下通道、商业街、停车场等设施和地下人防设施的控制要求。

11. 五线控制

落实基础设施用地的控制界线（黄线）、各类绿地范围的控制性（绿线）、历史文化街区和历史建筑的保护范围界线（紫线）、地表水体保护和控制的地域界线（蓝线）、主次干道路幅的边界控制线（红线）等"五线"控制要求，在特色小镇规划建设用地范围内划定五线，进行严格管控。

第2章 全过程工程咨询概述

2.1 全过程工程咨询是传统工程咨询企业必走之路

从国外的实践来看，不论是美国的设计—招标—建造模式和CM管理模式，英国的设计—建造模式，或是日本的设计—建造模式和设计—建造运营模式及PFI模式，新加坡的建筑管制专员管理模式，其共同点是所提供的都是综合性的、全过程的项目咨询服务。这些模式理念先进，管理科学，不仅有严格的法律法规体系做后盾，还有健全的诚信自律机制做保障，以及复合型的优秀人才队伍做支撑，实现业主投资效益的最大化。随着"一带一路"倡议的持续推进，全球化市场竞争环境不断变化，建设单位需要能提供从前期咨询到后期运维一体化服务的专业化咨询队伍，这是国际工程咨询通行的一种工程管理服务模式。

全过程工程咨询涉及建设工程全生命周期内的策划咨询、前期可研、工程设计、招标代理、造价咨询、工程监理、施工前期准备、施工过程管理、竣工验收及运营保修等各个阶段的管理服务。近年来，工程咨询服务业发展很快，市场对咨询服务的需求范围越来越广，涵盖了与工程建设相关的政策建议、机构改革、项目管理、工程服务、施工监理、财务、采购、社会和环境研究各个方面。全过程工程咨询的优点是有利于增强建设工程内在联系，强化全产业链整体把控，减少管理成本，优化业务流程，提高工作效率，让业主得到完整的建筑产品和服务。

本书梳理自2017年以来国务院、各部委及地方省份发布的全过程工程咨询政策文件（表2-1），为全过程工程咨询理论研究及落地推广提供参考。

全过程工程咨询相关政策文件研究

表 2-1

类别	序号	发布时间	政策发布机构及文号	政策文件名称	目的
国务院	1	2017-02-21	国务院办公厅（国办发〔2017〕19号）	《关于促进建筑业持续健康发展的意见》	鼓励投资咨询、勘察、设计、监理、招标代理、造价等企业采取联合经营，并购重组等方式发展全过程工程咨询，培育一批具有国际水平的全过程工程咨询企业
	2	2019-03-15	国家发展改革委 住房和城乡建设部（发改投资规〔2019〕515号）	《关于推进全过程工程咨询服务发展的指导意见》	深化工程领域咨询服务供给侧结构性改革，破解工程咨询市场供需矛盾，重点培育发展投资决策综合性咨询和工程建设全过程咨询
	3	2018-03-15	住房和城乡建设部建筑市场监管司（建市监函〔2018〕9号）	《关于征求推进全过程工程咨询服务发展的指导意见（征求意见稿）和建设工程咨询服务合同示范文本（征求意见稿）意见的函》	培育全过程工程咨询市场。鼓励有能力的工程咨询企业积极参与全过程工程咨询服务，政府和国有投资项目带头推行全过程工程咨询服务。鼓励非政府和国有投资项目委托推行全过程工程咨询服务
部委文件	4	2017-11-06	国家发展和改革委员会（2017年第9号令）	《工程咨询行业管理办法》	全过程工程咨询：采用多种服务方式组合，为项目决策、实施和运营持续提供整体解决方案以及管理服务
	5	2017-07-07	住房和城乡建设部（建市〔2017〕145号）	《关于促进工程监理行业转型升级创新发展的意见》	提升工程监理行业服务水平，优化行业组织结构，形成以主要从事施工现场监理服务的企业为主体，以提供全过程工程咨询服务的综合性企业，增强监理行业核心竞争力
	6	2017-05-02	住房和城乡建设部（建设〔2017〕101号）	《关于开展全过程工程咨询试点工作的通知》	通过选择有条件的地区和企业开展全过程工程咨询试点，健全全过程工程咨询管理制度，完善工程建设组织模式，培养有国际竞争力的企业，提高全过程工程咨询服务能力和水平，为全面开展全过程工程咨询积累经验
江苏	7	2019-05-06	江苏省住房和城乡建设厅（苏建建管〔2019〕200号）	印发《2019年全省建筑业工作要点》通知	加大工程总承包推行力度，积极培育全过程工程咨询服务市场，促进工程咨询融合发展，全过程工程咨询在纳入集中建设的省级政府投资工程中先行先试

类别	序号	发布时间	政策发布机构及文号	政策文件名称	目的
江苏	8	2019-04-24	南京市人民政府（宁政发〔2019〕75号）	《市政府关于促进我市建筑业高质量发展的实施意见》	着力培育全过程工程咨询服务企业。鼓励建设单位进行全过程咨询发包，政府投资的项目优先实行全过程工程咨询（不含地铁），装配式建筑及应用建筑信息模型的项目优先实行全过程工程咨询，并将实施全过程工程咨询的项目列入重点服务对象
	9	2018-12-14	江苏省住房和城乡建设厅（苏建科〔2018〕940号）	关于印发《江苏省全过程工程咨询服务合同示范文本（试行）》和《江苏省全过程工程咨询服务导则（试行）》的通知	为完善江苏省工程建设组织模式，推进全过程工程咨询服务发展，提高工程建设水平
	10	2018-02-14	江苏省住房和城乡建设厅（苏建科〔2018〕79号）	《关于公布全过程工程咨询试点企业和试点项目的通知》	各试点项目的建设单位及全过程工程咨询实施单位提高思想认识，强化责任担当，把握发展机遇，拓展服务领域，积极探索实践，提高服务水平；突出动态考核，确保试点质量
	11	2017-12-25	江苏省人民政府（苏政发〔2017〕151号）	《关于促进建筑业改革发展的意见》	整合工程建设所需的投资咨询、工程设计、招标代理、造价咨询、工程监理、项目管理等业务，促进咨询企业提供全过程、一体化服务。引导和支持建设单位将全过程工程咨询服务委托给具有全部资质、综合实力强的一家企业或一个联合体
	12	2017-10-27	江苏省住房和城乡建设厅（苏建科〔2017〕526号）	《江苏省开展全过程工程咨询试点工作方案》	探索建设项目组织方式改革，推动工程咨询企业转型发展，逐步建立全过程工程咨询管理制度，不断提高工程建设水平和建设品质
浙江	13	2019-07-09	浙江省发展和改革委员会、浙江省住房和城乡建设厅（浙发改基综〔2019〕324号）	《关于推进全过程工程咨询服务发展的指导意见》的实施意见	提升投资决策科学化水平，发挥投资决策环节的统领作用，以全过程工程咨询为主轴，将原碎片化的工程咨询服务深度融合，加快提升投资决策水平，打造浙江省全过程工程咨询领域的核心竞争力

续表

类别	序号	发布时间	政策发布机构及文号	政策文件名称	目的
浙江	14	2018-11-23	浙江省住房和城乡建设厅 浙江省市场监督管理局（浙建〔2018〕24号）	《浙江省建设工程咨询服务合同示范文本》的通知	适用于建设工程中由工程咨询人向委托人提供阶段性或全过程工程咨询服务的合同签订
	15	2017-06-13	浙江省住房和城乡建设厅（建建发〔2017〕208号）	《浙江省全过程工程咨询试点工作方案》	通过全过程工程咨询试点，完善工程建设管理，提高投资效率，提升工程质量安全水平；加快工程咨询服务企业供给结构侧改革，增强综合实力和核心竞争力；为浙江省工程咨询服务企业转型发展、积极参与"一带一路"项目建设创造有利条件
广东	16	2017-08-07	广东省住房和城乡建设厅（粤建市〔2017〕167号）	《广东省全过程工程咨询试点工作方案》	深化工程建设项目组织实施方式改革，有序推进全过程工程咨询试点的各项工作。探索工程项目建设组织方式的改革路径，完善工程建设管理，提高投资效率，提升工程质量安全水平
湖南	17	2018-02-02	湖南省住房和城乡建设厅（湘建设〔2018〕17号）	《关于印发全过程工程咨询工作试行文本的通知》	为推动建筑业供给结构侧改革，探索全过程工程咨询服务模式，制定相关工作方案，开展全过程工程咨询实践
	18	2017-12-21	湖南省住房和城乡建设厅（湘建设涵〔2017〕446号）	《关于印发湖南省全过程工程咨询试点工作方案和第一批试点名单的通知》	全过程工程咨询模式得到推广普及，建立适应全过程工程咨询的政策标准体系，形成开放、高效、规范的工程咨询市场，培育一支全过程工程咨询复合型人才队伍，造就一批品牌优势突出、具有国际竞争力的全过程工程咨询企业
广西	19	2018-02-01	广西壮族自治区住房和城乡建设厅（桂建发〔2018〕2号）	《广西全过程工程咨询试点工作方案》	组织开展建设工程全过程工程咨询服务试点，探索全过程工程咨询服务模式，形成建设工程全过程工程咨询服务的技术标准、行为标准以及招标文件等示范文本。加快推进规划、勘察、设计、监理、招标代理、造价咨询等企业向全过程工程咨询企业转型升级

类别	序号	发布时间	政策发布机构及文号	政策文件名称	目的
广西	20	2018-01-01	广西壮族自治区住房和城乡建设厅（桂建函〔2018〕1号）	《广西壮族自治区住房和城乡建设厅关于公布广西全过程工程咨询第一批试点企业的通知》	推进我区全过程工程咨询服务试点工作，各试点企业要积极探索，完善各项工作，及时总结经验并上报工作信息，有效推进试点的各项工作，为全面推行全过程工程咨询打下坚实基础。积极开展全过程工程咨询业务
陕西	21	2019-10-30	陕西省住房和城乡建设厅（陕建发〔2018〕388号）	《关于开展全过程工程咨询试点的通知》	深化工程建设项目组织实施方式改革，有序推进全过程工程咨询试点的各项工作。通过开展全过程工程咨询试点，探索工程项目建设管理组织方式的改革路径
	22	2019-01-09	陕西省住房和城乡建设厅（陕建发〔2019〕1007号）	《陕西省全过程工程咨询服务导则（试行）》《陕西省全过程工程咨询服务合同示范文本（试行）》	在政府投资建设项目中采用全过程工程咨询组织模式，努力推动全过程工程咨询组织模式"落地生根"；要科学指导试点工作，积极实践探索，大胆创新，扎实推进全过程工程咨询试点，为我省优化营商环境做出创新贡献
山东	23	2019-10-14	山东省住房和城乡建设厅、山东省发展和改革委员会（鲁建管字〔2019〕19号）	《关于在房屋建筑和市政工程领域加快推行全过程工程咨询服务的指导意见》	深化房屋建筑和市政工程投融资体制改革，进一步完善工程建设组织模式，提升固定资产投资效益，提高投资效率，工程建设质量和运营管理水平，推动建筑业改革发展
	24	2019-06-17	山东省工程建设标准定额站（鲁标定函〔2019〕9号）	《关于布置工程造价咨询企业参与全过程工程咨询服务工作任务的通知》	通过开展全过程工程咨询服务，了解和掌握全过程工程咨询服务模式、工作流程、服务标准、收费模式和所采取的先进技术等情况，提高造价咨询企业全过程工程咨询服务能力和服务水平，为工程造价管理机构制定相关技术标准、出台相关政策提供依据
黑龙江	25	2017-12-12	黑龙江省住房和城乡建设厅（黑建函〔2017〕376号）	《关于开展全过程工程咨询试点工作的通知》	通过开展全过程工程咨询试点，建立健全全过程工程咨询管理制度，研究探索开展全过程工程咨询的体制机制、建设组织模式，为我省全面开展全过程工程咨询积累经验

类别	序号	发布时间	政策发布机构及文号	政策文件名称	目的
河南	26	2018-07-25	河南省住房和城乡建设厅（豫建设标〔2018〕44号）	关于印发《河南省全过程工程咨询试点工作方案（试行）》的通知	通过全过程工程咨询试点，探索新常态下工程项目建设管理组织方式的新路径；增强企业核心竞争力；为河南省工程咨询服务企业转型发展，积极参与"一带一路"项目建设创造有利条件
吉林	27	2018-07-02	吉林省住房和城乡建设厅（吉建办〔2018〕28号）	关于印发《关于推进全过程工程咨询服务发展的指导意见》的通知	推进我省全过程工程咨询服务发展，深化工程咨询试点的各项工作，提升工程建设质量和效益，促进经济高质量发展
	28	2018-04-13	吉林省人民政府办公厅（吉政办发〔2018〕12号）	《关于促进建筑业改革发展的若干意见》	鼓励监理、设计单位联合投资咨询、勘察、招标代理、造价等企业，采取联合经营，并购重组等方式发展全过程工程咨询。制定全过程工程咨询服务技术标准和合同范本。政府投资工程应带头推行全过程工程咨询
山西	29	2018-04-04	山西省住房和城乡建设厅（晋建市字〔2019〕73号）	《关于加快培育我省全过程工程咨询工程建设的通知》	推动山西省全过程工程咨询行业快速发展，促进工程建设组织管理模式改革，提升工程建设项目投资决策水平和工程质量效益
	30	2017-10-25	山西省人民政府办公厅（晋政办发〔2017〕135号）	《关于促进建筑业持续健康发展的实施意见》	加快山西省建筑业改革步伐，促进建筑业转型升级，做大做优，推动行业持续、快速发展，积极发展全过程工程咨询企业
重庆	31	2018-07-05	重庆市人民政府办公厅（渝府办〔2018〕95号）	《关于进一步促进建筑业改革与持续健康发展的实施意见》	培育全过程工程咨询服务，实现服务集成化。促进工程咨询行业的业务融合，构建科学合理的管理协调机制，推进项目管理服务集成化发展，提高服务质量。鼓励发展全过程工程咨询服务
云南	32	2017-07-25	云南省人民政府办公厅（云政办发〔2017〕85号）	《关于促进建筑业持续健康发展的实施意见》	培育全过程工程咨询服务。探索在民用建筑项目中推行建筑师负责制，提供全过程工程咨询服务

类别	序号	发布时间	政策发布机构及文号	政策文件名称	目的
宁夏	33	2018-04-09	宁夏回族自治区住房和城乡建设厅（宁建（建）发〔2018〕31号）	关于印发《全过程工程咨询试点工作方案》的通知	探索研究实施全过程工程咨询创新模式，建立全过程工程咨询管理制度，促进建筑业企业转型升级，通过试点示范，提高社会对全过程工程咨询的认识，培育一批全过程工程咨询服务的骨干企业
湖北	34	2018-04-10	湖北省人民政府（鄂政发〔2018〕14号）	《关于促进全省建筑业改革发展二十条意见》	充分发挥湖北工程咨询行业能力强的优势，积极培育全过程工程咨询，鼓励投资咨询、勘察设计、监理、招标代理、造价咨询等企业采取联合经营，并购重组等方式发展全过程工程咨询
贵州	35	2019-03-15	贵州省人民政府办公厅（黔府办函〔2019〕112号）	《关于加快建筑业转型升级高质量发展的若干意见》	鼓励有条件的企业采取联合经营，并购重组等方式开展全过程工程咨询服务
福建	36	2017-08-30	福建省住房和城乡建设厅福建省发展和改革委员会福建省财政厅（闽建科〔2017〕36号）	关于印发《福建省全过程工程咨询试点工作方案》的通知	组织开展全过程工程咨询试点，研究建立全过程工程咨询管理制度，完善工程建设组织模式，推进全过程工程咨询与施工的融合，提高建设工程质量和投资效益
四川	37	2017-07-17	四川省住房和城乡建设厅（川建发〔2017〕11号）	关于印发《四川省全过程工程咨询试点工作方案》的通知	通过全过程工程咨询试点，探索总结全过程工程咨询的服务模式，高端人才进入全过程工程咨询领域，推进参与全过程工程咨询试点企业的转型升级，培育一批示范引领作用的全过程工程咨询企业
内蒙古	38	2018-10-12	内蒙古自治区住房和城乡建设厅（内建工〔2018〕544号）	《关于开展全过程工程咨询试点工作的通知》	通过试点示范，引导工程咨询服务企业拓宽业务领域，培育一批有能力的企业，建成一批具有示范意义的优质工程项目，形成可借鉴可推广的示范经验

第2章　全过程工程咨询概述

自住房和城乡建设部开展全过程工程咨询试点以来，16家试点监理企业率先改革，全国各地的造价咨询企业也都在积极行动，全过程工程咨询试点工作在稳步推进。为促进全过程工程咨询工作的开展，浙江省相关协会还更名为"浙江省全过程工程咨询与监理管理协会"。试点地区为促进试点工作稳步推进，出台了上表所列相关支持文件，这些文件的出台有力地推进了地方全过程工程咨询的发展。目前，《江苏省房屋建筑和市政基础设施项目全过程工程咨询服务招标投标规则（试行）》《广东省建设项目全过程工程咨询服务合同范本》正在编制过程中。

2.2 全过程工程咨询组织管理

1. 组织及组织管理

有关组织（Organization）概念的问题，现阶段主要有两类观点：一种观点认为组织是指机构，按一定的领导体制、职能划分、规章制度等，把人力、物力和智力整合起来为实现共同的目标、任务或利益进而有秩序有成效地开展活动，它是有意形成的职务结构。第二类指的是通过完美的资源配置计划来实现既定目标方式，而资源的配置及目标实现的方式则是通过部门职能划分及劳动分工的配置，协调各方面组织工作。本书认为组织即是在某一战略目标之下将所有拥有的资源进行有效配置组合和利用，实现目标的具体配置方式和行为方式。

而所谓的组织管理理论是基于一定的目标而做的组织结构的架设，规定各参与方具体职责或职务，明确权责关系，使组织中各参与方通过相互配合、不断整合改进进而实现组织目标的过程。组织管理的对象主要包括组织目标、组织结构、组织职能和组织工作流程等与实现目标密切相关的组织的行为活动。

因此，组织管理的工作按照组织管理的对象可分为：①设立组织目标。并按照专业化分工的原则，设立相应的岗位并明确岗位职责。②建立组织结构。按照组织特点、内外部环境划分设计组织结构。③规定组织职能。明确岗位职务职责，并授予相应的权利。④规范工作流程。建立相关制度，明确组织中横纵向的关系。

建设工程项目中的组织众多，包括建设单位、施工单位、政府机构、供应商、投资机构、造价咨询单位、招标代理单位、项目管理单位、施工监理单位、勘察设计单位等，各单位根据其任务分工划分，各司其职，实现特定的项目目标。由此来看，基于工程造价咨询企业的全过程工程咨询组织管理即为在造价咨询单位的基础上，作为牵头单位或者整合可研咨询单位、勘察设计单位等机构，为了完成特色小镇全过程工程咨询项目，各单位根据其任务分工划分，以其核心业务能力，各司其职，共同完成特色小镇项目的全过程工程咨询。

2. 传统工程咨询组织模式

工程咨询企业组织结构成员主要由前期咨询顾问单位、勘察设计单位、招标代理单位、工程造价咨询单位、施工监理单位等组成。一般情况下，业主会采用与上述单位分别签订咨询合同的方式来进行工程咨询。

我们知道，工程造价咨询通过组织、经济、技术、合同等多方面投资管理的方法和手段，确保项目投资规划指标的实现；招标代理单位承担设计、施工、监理、材料设备采购等招标工作，并按规定要求进行其他招标；工程监理对施工单位的建设行为进行监管，有效控制、变更、调价、索赔及进度款支付。传统工程咨询模式组织结构如图 2-1 所示。

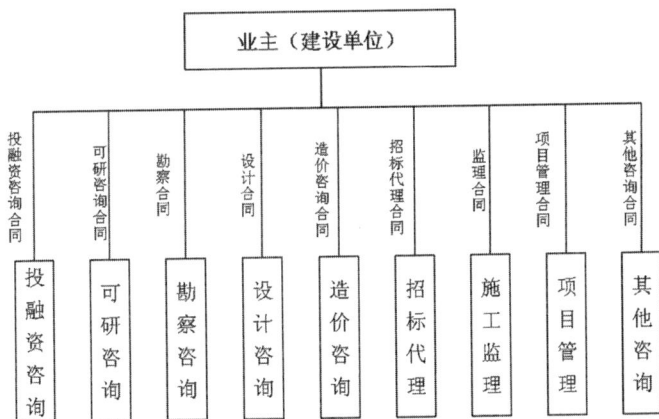

图 2-1 传统咨询组织模式及合同关系

通过实践我们也同样认识到，传统工程咨询组织模式下存在诸多问题：

（1）在工程咨询传统组织模式下，因项目工程造价、招标代理、施工监理、勘察设计管理、前期咨询等业务是由不同的单位承担，各单位以自己所掌握的信息开展工作，各项工作之间缺乏联系。因此，容易导致信息孤岛现象，造成资源的浪费，增加建设成本，没有做到为项目增值等。

（2）在传统工程咨询组织模式下，业主需要对接并处理来自各项目参与方的工作成果以及协调各方关系，工作相当复杂且不高效，业主负担较重。

（3）各参建咨询单位部分内容重复，管理深度及界限不清晰，管理流程复杂。各专业咨询单位的专业技术人员，站在维护自身利益的角度去处理项目上的事件，容易形成各行其是的局面，造成质量不可控制、责任不明乃至投资失控等问题，从而影响到项目的整体推进。

（4）与国际工程咨询企业有非常明显的差距。诸如凯谛思咨询、利比咨询、AECOM 咨询等国际工程咨询公司都具有建筑或结构设计能力，业务范围基本都包括投资咨询、可行性研究、规划、设计咨询、项目管理、施工管理等多学科、全过程的专业服务。相比之下传统咨询企业应率先修炼内功，才有能力响应"一带一路"号召。

《国务院办公厅关于促进建筑业持续健康发展的意见》（国办发〔2017〕19号）在国内首次提出全过程工程咨询的概念，旨在打破和解决国内传统工程咨询企业的管理零散化、碎片化等问题和局面。对于具体的实施路径，19号文提出通过并购重组、联合（合作）经营等方式，其主旨是要培育全过程工程咨询服务牵头单位。由于传统体制的束缚和碎片化管理、条块分割、部门壁垒以及多头管理等弊端，造成我国大多数咨询企业资质单一，专业种类和咨询业务范围狭窄，综合型、复合型咨询管理人员匮乏，而真正咨询资质、业务种类齐全，全过程项目管理经验、业绩丰富、综合组织协调能力强的单位少之又少，可谓凤毛麟角。

3. 全过程工程咨询组织模式

推行全过程工程咨询是建设项目集约管理的迫切需求，全过程工程咨询将集约思想融入建设项目中，充分有效地发挥全过程工程咨询的作用，有利于提高建设项目的质量和效率，使建设资源的运用更加科学、合理、节约；是建设项目提升价值的集中体现，提高工程建设管理水平，提升行业集中度，保证建设项目获取最大的经济和使用效益。

全过程工程咨询诞生前的工程咨询模式可称为碎片化的工程咨询模式，而全过程工程咨询模式称为我国工程咨询行业革命性的创新模式，它创立了一种集成化和一体化的工程咨询新模式。全过程工程咨询模式一方面通过协调管理打破过程中的信息与资源壁垒，提高沟通效率，保证项目顺利运营，达成建设项目边际效益最大化的目标；另一方面实现工程咨询机构转型升级，增强综合实力，加快与国际建设管理服务方式接轨，是适应社会主义市场经济发展的必然要求。

全过程工程咨询机构是指具备相关资质和能力，提供全过程工程咨询的机构，可以是独立咨询机构或联合体。在工程咨询市场需求不确定性加剧专业化分工的背景下，工程咨询企业生存和发展面临新的形式和问题，使得通过产业链实现的共同发展成为必然发展趋势。本书站在工程造价咨询企业角度，研究分析其开展全过程业务的现实路径，图2-2是基于此前提的全过程工程咨询组织模式。

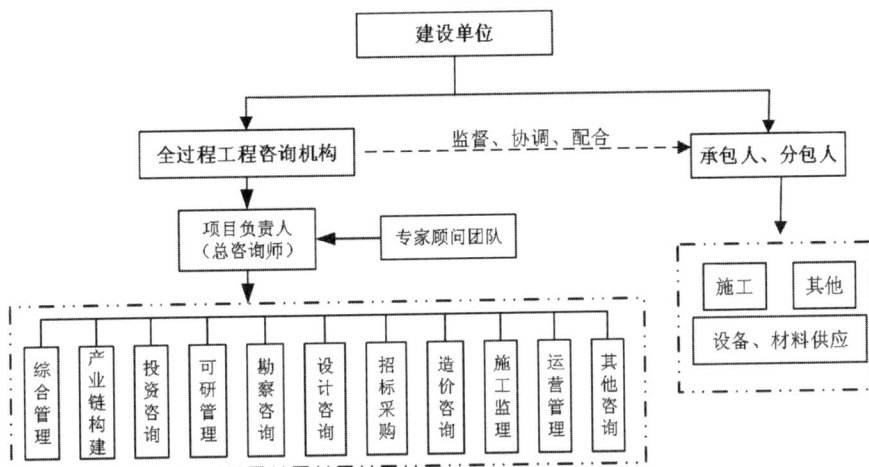

图 2-2　全过程工程咨询组织模式

若工程造价咨询企业牵头做特色小镇项目全过程工程咨询业务，对于其业务强项需要发挥咨询企业自身优势去亲自完成，而对于诸如投融资策划、设计管理等不擅长业务，传统咨询企业可通过组建联合体形式开展全过程工程咨询业务，在整个项目中进行协调管理即可，发挥各自业务优势，更好地完成咨询业务。

2.3　全过程工程咨询总咨询师

1. 总咨询师是全过程工程咨询单位项目总负责人

总监理工程师已经成为建设监理企业在竞争中最重要的砝码，是建设项目现场监理咨询的总负责人，并有学者通过建立总监理工程师胜任力模型，评价总监理工程师需要具备的能力。对比来看，我们把总咨询师定位为全过程工程咨询项目的负责人，也就是咨询型代建项目的负责人。总咨询师是全过程工程咨询项目成功的关键，要统领可研、设计管理、招标代理、施工管理、运营管理以及全生命造价管控的咨询服务和过程控制工作。全过程工程咨询项目的总咨询师除自身专业外要掌握项目管理和人文社科通识，新时代新咨询对专业人士提出了新的要求和挑战。为了适应未来人类社会的集成范式，急需重构总咨询师的知识体系。总咨询师与项目各参与方的关系如图2-3所示。

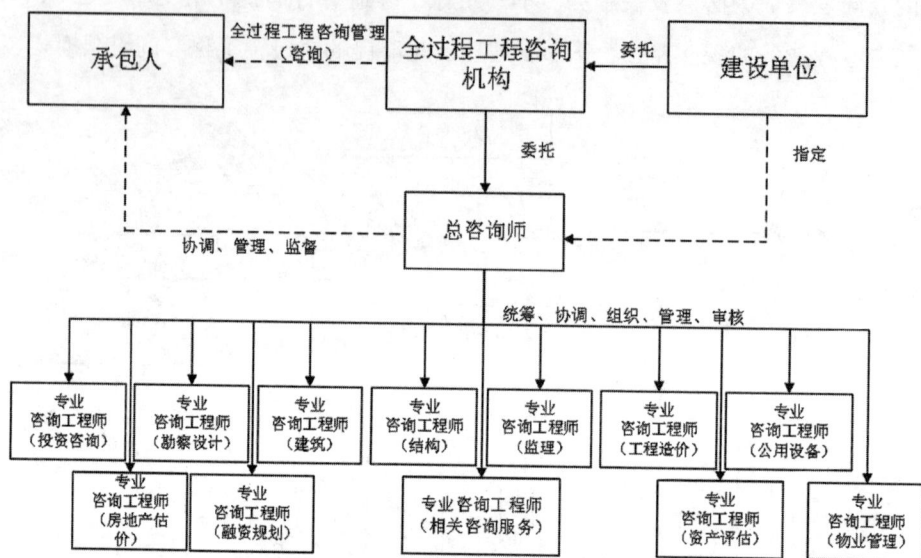

图2-3 总咨询师与各参与方的关系

总咨询师可以由具有设计、监理、造价等执业能力的专业人士担任，由全过程工程咨询单位遴选并任命。总咨询师的知识体系由工作内容决定，但是决定总咨询师工作能力的瓶颈已经不是专业能力而是管理与控制能力。

2. 总咨询师能力结构

专业技术是充当总咨询师的前提，术业有专攻：建筑、结构、工艺、工程管理、工程造价都是专业技术的一部分，而不应要求专业技术全能。

随着工程体量日益增大，超新结构、超新材料、各种投融资发承包模式和控制手段不断涌现，一个专业无法覆盖上述内容。

（1）项目策划是总咨询师贯穿项目始终的第一要务

首先是满足业主需求的功能和技术路线优化的工程策划；其次是全生命周期成本最小而资产价值最大化的投融资模式策划；第三是基于价值管理的设计优化；第四是基于可施工性分析的施工技术与施工组织的优化；第五是基于可运营性分析、收益管理及设施管理的运营维护方案优化；最后是追求沉没成本最小化的资产拆除方案优化。

（2）投资管控是总咨询师的第二要务

虽然业主有三大需求：工期、质量与投资，但前两个目标均可由投资来保障或表现。投资管控很特殊，它贯穿项目全过程，与全过程工程咨询同步，是全过程工程咨询最有力的抓手和切入点，其他任何专业均很难贯穿始终。

（3）为项目增值是全过程工程咨询各专业最容易统一思想的任务

项目价值＝项目功能／项目投资，所以增值路径就是提高功能降低投资、功能不变降低投资、投资不变提高功能等，最难的就是投资提高一点、功能大幅增加。但是这种价值工程的思路的重大弊端是只考虑投资支出，而不考虑产出，因为价值工程只是寻找替代品或方案的方法。如果要综合考虑投入产出，就要引入资产生命周期管理的方法。

2.4 全过程工程咨询收费机制

尽管《关于推进全过程工程咨询服务发展的指导意见》（发改投资规〔2019〕515 号）（以下简称"515 号文"），明确提出了全过程工程咨询服务的市场环境需要优化，且服务酬金如何有效计取也需要完善，但是关于服务酬金究竟如何确定及如何支付等具体实施方案却并无统一的指导文件。

对关于全过程工程咨询试点项目的收费机制，部分省市也进行了相关的规定，但各地各不相同。总体来看，全过程工程咨询收费的标准暂未统一，且存在较大的差异，主要有人工工时收费、专项咨询服务费汇总收费、专项咨询费＋奖励收费、基本报酬＋奖励收费、建安费×费率收费等五种模式。

通过研究分析发现，国内目前能匹配 515 号文的全过程工程咨询收费机制与标准的研究较少，尽管有学者研究提出了 1+N+优化奖励的模式，但由于我国投资管理体制的约束，项目投资的优化节约额很难实现，使得全过程工程咨询酬金计取和支付的实施仍然存在现实困难。故本书结合 515 号文，进行系统全面地分析，并提出行之有效的全过程工程咨询收费标准建议。

2.4.1 国内外全过程工程咨询服务模式及收费标准

1. 国外全过程工程咨询服务模式及收费标准

目前，全过程工程咨询在国际上属于全生命周期的顾问模式，以美国和欧洲国家为主要代表。

美国的全过程工程咨询合同签订方式与515号文中提出的思想较一致，由业主与担任全过程工程咨询的牵头人签订合同。其咨询服务费用标准一般常用的有两种：一种是固定总价合同，另一种是人工单价合同。当在工程咨询合同服务范围和内容比较清晰明确的情况下，宜采用第一种合同方式。但如果咨询服务过程中出现与合同约定不一致的或者属于合同约定范围外的工作内容，则咨询公司将会提出索赔申请。第二种合同是在咨询工作内容和范围很难界定的情况下采用的方式，通常收费标准是按照工程咨询公司工程师平均雇佣成本的3倍左右来计取，并在合同中约定好具体的支付方式。

以德国为代表的欧洲模式，则是把全生命周期的服务分成两类：第一类是与设计紧密相关的工程项目设计类服务；第二类是与管理紧密相关的工程项目控制与管理类服务，如图2-4中B模式。但是，这两类服务不是分散的，而是作为一个联合体协调统一地为甲方服务的。在欧洲模式中，业主与承担全过程工程咨询的联合体或合作体签约（由设计和管理咨询组成，设计为主体），或者业主分别与承担全过程工程咨询任务的几个企业签约（分别与设计和管理咨询签约，设计为主体）。

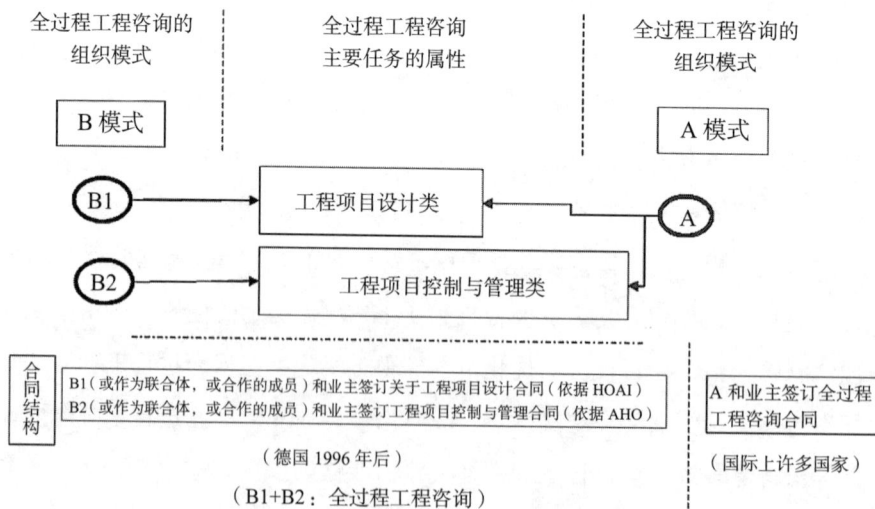

图2-4 德国全过程工程咨询服务模式

德国工程师协会法定计费委员会（AHO）制定的《建筑师与工程师服务费法定标准》（HOAI），也是德国国家标准，此标准将工程项目全过程划分为9个阶段，对各阶段的工程咨询服务内容都有详细的规定，并且规定了相应的基本服务费用标准和相应的酬金分布比例（表2-2）；《房屋建筑和房地产项目控制和管理服务标准和酬金标准（AHO）》规定了全生命周期项目控制与管理的服务标准。这两个酬金条例和酬金标准可为我国研究和编制全过程工程咨询服务标准提供参考。这也是关注国际全生命周期工程顾问提供项目控制与管理服务方向的重要意义所在。

德国全过程工程咨询服务各阶段酬金分布比例　　　　表2-2

服务阶段	工程各阶段服务内容	酬金比例
1	基本数据和资料准备	3%
2	规划和初步设计	7%
3	深化设计	11%
4	审批设计	6%
5	施工图设计	25%
6	工程施工招标发包准备	10%
7	招标发包工作	4%
8	施工监控、验收和相关设计与管理工作	31%
9	保修期工程巡视和建档	3%

2. 国内全过程工程咨询服务模式及收费现状

全过程工程咨询在我国目前还处于探索阶段。各试点省、市相继发布了全过程工程咨询试点工作方案，广东、江苏等地对全过程工程咨询收费问题进行了积极探索。各省市也积极推进全过程收费的研究工作，相继出台了全过程工程咨询试点方案收费标准。整体情况如表2-3、表2-4所示。

全过程工程咨询服务收费标准比较　　　　表2-3

省市	文号	收费规则		
		基本酬金		奖励
		叠加法	人工价法	
国家	建市监函〔2018〕9号	√	√	√
四川	川建发〔2017〕11号	√	√	√
宁夏	宁建（建）发〔2018〕31号	√	√	√
江苏	苏建建管〔2016〕730号	√		√

省市	文号	收费规则		
		基本酬金		奖励
		叠加法	人工价法	
福建	闽建科〔2017〕36 号	√		√
湖南	湘建设涵〔2017〕446 号	√		√
河南	豫建设标〔2018〕44 号	√	√	
吉林	吉政办发〔2018〕12 号	√		√
绍兴	绍市建设〔2017〕235 号	√		√
厦门	厦建勘设〔2017〕33 号	√		√
韶关	韶市建字〔2017〕215 号	√		
宁波	甬建发〔2017〕114 号	√		√
广西	桂建发〔2018〕2 号	√	√	
广东	粤建市〔2017〕167 号	√		√
浙江	建建发〔2017〕208 号	√		√
莆田	莆建科设〔2017〕77 号	√		√

全过程收费方法说明 表 2-4

基本酬金加奖励		人工价法	注意事项
基本酬金部分	奖励部分		
全过程项目管理咨询服务费用应当根据受委托工程项目规模和复杂程度、服务范围与内容等，由建设单位与项目管理咨询服务企业在签订全过程项目管理咨询服务合同中约定。服务费用的计取可按照所委托的项目代建、前期咨询、工程监理、招标代理和造价咨询收费分别计算后叠加	建设单位对项目管理咨询企业提出并落实的合理化建议，应当按照相应各省投资额或产生的效益的一定比例给予奖励，奖励比例在合同中约定	①可按照国际上通行的人员成本加酬金的方式计取 ②根据全过程工程咨询项目机构人员数量、岗位职责、执业资格等，采用人工计时单价计收费	①同一项目的工程咨询企业不得与工程总承包企业、施工企业具有利益关系 ②避免采取降低咨询服务酬金的方式进行市场竞争，禁止采用低于成本价的恶性市场竞争行为 ③采用概念方案招标的，建设单位可对未中标企业进行一定金额补偿。合同签订后，建设单位应提供预付款，工程概算确定后再分期付款

由此可见，在全过程工程咨询服务内容中，各专项咨询服务费均可分别计算后叠加汇总，全过程工程咨询公司提出并落实的合理优化建议，业主应当按照优化节约额以一定比例给予奖励，但在现行的投资管理体制下，投资节余奖励难以

实现，全过程工程咨询酬金计取和支付的实施仍然存在现实困境。另外，优化奖励容易带来基本费恶意低价竞争，扰乱全过程咨询市场，故本书对于全过程工程咨询收费研究暂不考虑优化奖励。

上述分析为本书的研究提供了设计框架，结合各省市推广的全过程工程咨询收费政策按照叠加法的做法出台的全过程工程咨询收费政策文件，本书对建设项目全过程工程咨询各个工作要素进行分析，得出基于合理风险分担的咨询服务报酬。

2.4.2 全过程工程咨询工程建设组织模式分析

根据 515 号文中第五条第二点指导意见，"全过程工程咨询服务酬金可在项目投资中列支，也可根据所包含的具体服务事项，通过项目投资中列支的投资咨询、招标代理、勘察、设计、监理、造价、项目管理等费用进行支付。"

全过程工程咨询的服务内容可结合实际表述为 1+N+X：上述七大专项服务之项目管理，定义为"1"；除项目管理之外的六大专项服务的全部或其中之一，定义为"N"，"N"中的专项服务应由全咨单位自行实施；六大专项服务中除去全咨单位自行实施的专项服务之外的需要统筹协调管理的专项服务，定义为"X"；全过程工程咨询服务中涉及的统筹管理，如平台标准化、数据化、智能化管理，定义为"+"。

该公式通俗易懂，灵活适用各种全过程工程咨询开展的组织模式。例如，若全咨单位是勘察设计机构，则可实现"1+6"的全咨询产业链的全过程工程咨询；如果全咨单位是同时具备招标代理和监理资质的造价咨询企业，则可实现"1（项目管理）+3（招标代理 + 造价咨询 + 工程监理）+3（投资咨询 + 勘察 + 设计）"的服务。

2.4.3 全过程工程咨询收费标准分析

根据上述公式"1+N+X"，则"1"代表的项目管理收取项目管理费；"N"与"X"均属于专项服务，则可叠加收费收取各专项服务费；"+"对应的沟通协调统筹管理费可定义为 X。

1.项目管理费收费标准

对于项目管理费国家没有任何规定，从近十年的工程实践看，项目管理费一般按代建费用标准收费收取，代建费用标准则按建设单位管理费标准收费收取。

2016年后财政部发布《基本建设项目建设成本管理规定》(财建〔2016〕504号)，该文以项目建设管理费取代原建设单位管理费，这一改变是财政部主动适应21世纪加入WTO后出现的代建制即项目管理(代业主建设)的新形势而进行的改变；2017年国办发19号文明确指出建筑业深化改革的方向是EPC和全过程工程咨询；2019年住房和城乡建设部和国家发展改革委联合发布的515号文，明确了全过程工程咨询的服务内容和收费，提出了项目管理费，根据这一历史沿革，本书建议项目管理费执行504号文中的项目建设管理费，收费综合费率为0.4%～2%。

2. 全过程工程咨询专项服务酬金收费标准

可按各专项酬金叠加计取，N= 工程监理＋全过程造价咨询＋招标代理＋工程勘察＋工程设计＋前期咨询。

（1）工程监理参照《国家发展改革委关于进一步放开建设项目专业服务价格的通知》(发改价格〔2015〕299号)，根据收费基数，阶梯收费；

（2）全过程造价咨询参照《中价协关于规范工程造价咨询服务收费的通知》(中价协〔2013〕35号)，根据收费基数，阶梯收费；

（3）招标代理参照《国家计委关于印发〈招标代理服务收费管理暂行办法〉的通知》(计价格〔2002〕1980号)，根据收费基数，阶梯收费；

（4）工程勘察参照《国家计委、建设部关于发布〈工程勘察设计收费管理规定〉的通知》(计价格〔2002〕10号)，根据设计费10%计列；

（5）工程设计参照《国家计委、建设部关于发布〈工程勘察设计收费管理规定〉的通知》(计价格〔2002〕10号)，根据工程设计收费基准价 ×（1±浮动幅度值）；

（6）前期咨询参照《国家计委关于印发〈建设项目前期工作咨询收费暂行规定〉的通知》(计价格〔1999〕1283号)，根据建设项目估算投资额分档收费标准。

3. 统筹管理费收费标准

515号文已经明确应该收取统筹管理费，这是国家对工程咨询企业从事全过程工程咨询的扶持。统筹管理费暂无可借鉴的指导文件，建议可以由业主和咨询牵头单位根据项目规模、难度系数等实际情况共同协商出统一的收费费率，以建安工程费为基数计取。

4. 调整系数的研究

515 号文指出建设项目应根据其建设规模及工程复杂难易程度施以柔性原则，适当确定服务酬金。可见，建设项目的收费标准不可一概而论，每个项目都有其特点和特殊性，规模和复杂程度多有不同，若强行按照相关规定标准收费，则不利于行业的发展，同时也有悖于市场化、科学化的原则。

然而目前国家层面以及地方层面都尚未出台有关全过程工程咨询收费系数的文件，但是在实际工作中，设计专业的收费调整系数的文件大多被采用。因此，本书建议可以参考《工程设计收费专业调整系数表》，在全过程工程咨询项目中设置专业调整系数、工程复杂程度调整系数、附加调整系数三个调整系数，充分考虑工程规模和工程难易程度等不确定因素，制定弹性的收费策略。

工程复杂调整系数是根据专业划分的，对不同专业制定不同的调整系数，同样对同一专业不同建设项目的工程设计复杂程度和工作量差异也可进行调整。工程复杂程度分为一般项目、较复杂项目、复杂项目三个等级，其调整系数分别为，一般 0.85（Ⅰ级）、较复杂 1（Ⅱ级）、复杂 1.15（Ⅲ级）。在计算工程收费时针对矿山采选工程、加工冶炼工程、石油化工工程、水利电力工程、交通运输工程、建筑市政工程、农业林业工程的工程量及工程复杂程度给出了详细可参考的《工程复杂程度表》以及调整系数。考虑到专业调整系数和工程复杂程度调整系数尚不能满足要求，可引入附加调整系数进行补充调整。

由此，可借鉴以上收费调整系数的规定，另外还要根据市场化收费原则灵活运用，促进我国全过程工程咨询制度的落地实施。

2.4.4 基于 1+N+X 收费机制的全过程工程咨询的内在涵义

工程咨询业从不同的层次构建起了为工程建设提供全过程、多功能、全方位、多层次、广范围、宽领域的服务体系。而按照国际惯例，全过程工程咨询的内在涵义包括以下三点：

（1）全过程工程咨询一定是集成化的管理，而非碎片化的；

（2）一定要有一家综合实力较强的公司作为牵头单位来主导，且项目管理业务必须由牵头单位来实施；

（3）项目建设一定要与运营紧密结合，前期重视策划，充分发挥项目投资效益，为项目增值提供全生命周期服务。基于以上含义，对于咨询单位和行业主管部门提出了新的要求。

因此，全过程工程咨询的业务模式必须创新，并构建"1+N+X"的业务模式，实现工程队式即一支团队管到底的组织结构，并且在项目组织结构上创新，搭建项目团队和业务部门双重管理的强矩阵式组织。

515号文下达后，全过程工程咨询的靴子落地号角吹响。515号文规定的专项服务叠加费用之外的统筹管理费高于传统咨询费用，适应了生产力发展的先进生产关系。本书通过对国内外全过程工程咨询组织模式及收费进行研究，参考国内各省市现有的全过程工程咨询服务收费标准，提出了全过程工程咨询1+N+X的收费标准，并给出了应用案例，为工程咨询行业参与全过程工程咨询项目取费问题提供了参考标准，进一步促进了全过程工程咨询的落地实施。

第3章 特色小镇项目全过程工程咨询 重难点分析

3.1 特色小镇项目产业链构建

产业集聚被看作是推动区域经济创新、发展、增长的重要手段，有利于交流信息、减少交易费用、互补、激励。由专业化集聚阶段向产业链集聚阶段推进是产业集聚的重要发展趋势。随着社会分工的深化，经济行为主体之间的交易频率增加，交易对象立体化，产业各要素间及各产业间的分工合作问题比以往显得更为重要和迫切，产业链由此而生。特色小镇是一个产业集聚的平台，它将相同和相关产业在一定空间内聚集，从而突破了产业链形成的地域限制，特色小镇产业价值实现和增值的根本途径就是创造完整的产业链条。

特色小镇项目产业链构建是全过程工程咨询业务前期必须开展的咨询服务工作，全过程工程咨询企业应当积极参与当地政府进行社会经济发展规划、产业发展规划和其他专项规划，熟悉当地产业发展情况，做好产业链设计，与周围环境形成产业错位发展，促进本区域经济更好地发展。旅游型特色小镇产业链构建存在四方面问题：①产业链化意识不强，整体竞争优势薄弱；②旅游产品相对单一，对游客吸引力不足；③缺乏营销意识，旅游宣传不得力；④旅游从业人员素质较低，专业知识缺乏等。以上原因带来的直接后果是特色小镇项目的失败，同时这种失败也正在上演。

特色小镇的综合性特点决定了要协调发展构成产业链的各行业、各要素，构建完善的产业链有利于提高特色小镇的竞争力和区域经济发展。特色小镇建设必须立足于自身的资源特色和环境条件，形成自身具有核心竞争力的主导产业。在确立本特色小镇主导产业的基础上，纵、横向延伸产业链，促进产业链上各企业部门协调融合发展，形成完整的产业链条，才能突出"一镇一品"，避免同质化严重、产业效益低下、资源浪费等问题。目前关于产业链理论方面的研究论述主要集中在农业、工业和制造业方面，在特色小镇产业链构建方面的研究较少，尚未开展系统的理论研究。特色小镇涉及的产业多元化、涉及层面广、可控性差、风险系数高，构建产业链有助于提高产业竞争力，改善产业运作效率，促进地区产业链的运作效能及可持续发展。

3.1.1 产业链理论文献研究

1. 国外学者对产业链的研究起源于社会分工

劳动分工促使产业链形成。产业链理论的源头可以追溯到古典经济学家亚当·斯密（Adam Smith）关于社会分工的研究，其著名的"制针"案例就是对产业链功能的生动描述，并且在其著作《对国民财富的性质和原因的研究》中提到分工模式下的产业链条。马歇尔（Marshall）将分工的思想扩展到企业之间，强调企业之间分工协作有利于项目的进行，这在学术界被认为是产业链理论的起源。在大工业时代，大企业追求的是规模经济，在产业链纵向一体化上包括诸多环节和支点，向产业链前端可扩展到原材料供应商、向产业链后端拓展到最终消费者。由于分工的产生形成了产业链，同时也产生了企业间上下游的纵向关系。

而后，学术界对产业链的研究数量逐渐增多。赫希曼（Hirshman）从产业的前后联系角度论述了产业链的概念。荷利汉（Houlihan）对产业链的认识是从供应商端开始，经生产者环节，到最终流向消费者的物质流动。史蒂文斯（Stevens）将产业链看作是由原料供应商、产品制造商、过程分销商和终端消费者连接在一起组成的系统，其中连接的线条是信息流。传统产业链结构如图 3-1 所示。

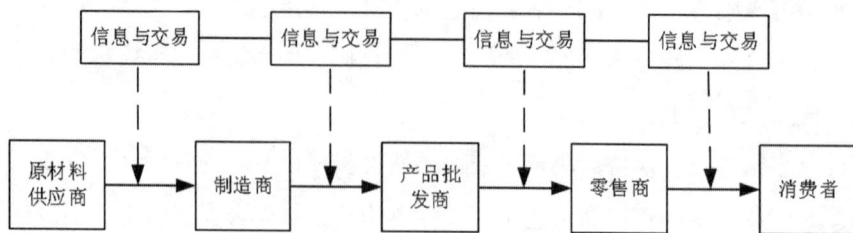

图 3-1　传统产业链结构

从国外学者的研究来看，对产业链的研究往往和供应链、价值链交织在一起，对于旅游型特色小镇产业链现状分析及构建策略研究成果为数不多。

2. 国内学者从多角度研究产业链

产业链是一种建立在价值链理论基础之上的相关企业整合而成的新型跨空间、跨区域组织形式。

我国关于产业链理论的研究起步较晚，初期阶段基本以介绍和研究西方产业链理论、分工理论、交易理论等专著为主。据考证：我国学者傅国华在20世纪90年代最早提出"产业链"一词，在研究海南热带农业发展课题中，受到海南热带农业发展成功经验启发而提出。目前，国内学者由于研究出发点和研究环境不同，对产业链概念的认识还没有达成统一共识。学者们多从价值链、供应链、战略联盟、企业核心竞争力、产业前后技术经济关联等角度研究产业链。学术界对于产业链的研究达成四点共识：①与一般供应链不同，产业链是横向跨越不同产业的；②产业链联合多个相关企业；③产业链中的企业关系不是简单的市场竞争环境中的交易关系，而是一种类似于战略联盟的关系；④产业链中的企业分为主导产业和相关产业，主导产业带动相关产业共同发展。

对于我国区域产业链构建方面，有相关学者针对西部欠发达地区提出从产业链垂直解体和空间网络化入手，承接产业链断链、推进分工深化和产业重组实现产业转型。同时又有相关学者针对产业间的互动联合分为产业的渗透和产业的交叉。产业的渗透是指以核心产业为主线，与相关的第一、二、三产业分别相互渗透，对应形成农业型、制造业型和服务业型新型产业，如图3-2所示。

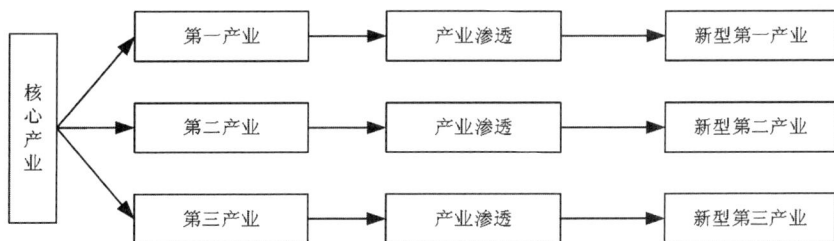

图3-2 产业渗透示意图

在旅游型特色小镇的建设中，第一、二、三产业的渗透主要是指旅游产业对第一、二、三产业的渗透，形成新型农业、制造业和服务业。产业交叉是指第一、二、三产业之间进行优势互补，两两交叉，形成新型产业，如图3-3所示。

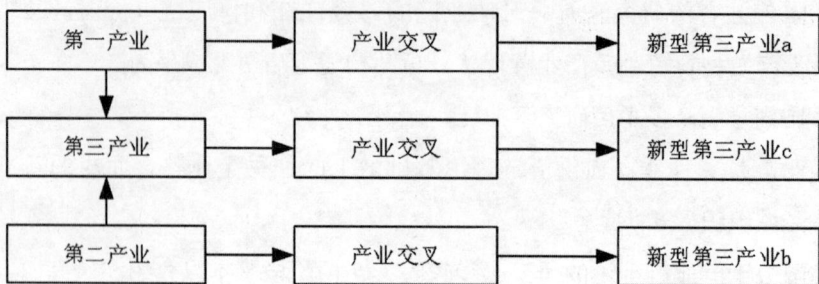

```
┌──────────┐      ┌──────────┐      ┌──────────────┐
│  第一产业  │─────▶│  产业交叉  │─────▶│ 新型第三产业a  │
└────┬─────┘      └──────────┘      └──────────────┘
     │
     ▼
┌──────────┐      ┌──────────┐      ┌──────────────┐
│  第三产业  │─────▶│  产业交叉  │─────▶│ 新型第三产业c  │
└────▲─────┘      └──────────┘      └──────────────┘
     │
┌──────────┐      ┌──────────┐      ┌──────────────┐
│  第二产业  │─────▶│  产业交叉  │─────▶│ 新型第三产业b  │
└──────────┘      └──────────┘      └──────────────┘
```

图 3-3　产业交叉示意图

在特色小镇的发展中，产业交叉主要是指以下几个方面：①旅游型特色小镇与农业、制造业实现延伸融合，即第一、二、三产业实现融合；②特色小镇第一产业农业的延伸形成的产业链条；③特色小镇第一、二、三产业之间相互交叉融合形成的现代生产服务体系。

产业链构建是指在既有产业内部通过资源再整合实现资源的优化配置，实现新的融合，形成新的产业生态，如图 3-4 所示。

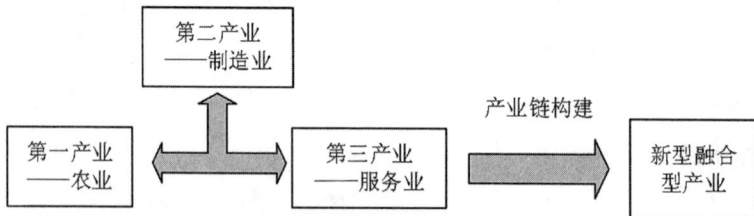

图 3-4　产业链构建简图

3.1.2 产业链文献研究

1. 旅游型特色小镇产业链文献研究

近年来，随着国民经济迅速发展和人民生活水平的提高，旅游型特色小镇无论在人民生活，还是在国民经济发展中的地位都越来越重要。而随着旅游型特色小镇的深入发展和内容的丰富，旅游型特色小镇产业涉及面的广阔性和复杂性日益受到关注，产业链在旅游型特色小镇中的地位上升。

关于旅游产业链的研究，目前比较有代表性的主要有：夏晶等针对我国西部旅游产业链中存在的问题，建立产业链模型，提出构建西部绿色完整旅游产业链的具体对策。许韶立从我国旅游产业链门票、消费、产业整合度、运行机制四方面现实出发，提出了延伸旅游产业链条的具体措施。张功让等将旅游型特色小镇产业链分为广义和狭义两个方面，广义旅游型特色小镇产业链包括为旅游者提供直接服务和间接服务的关联企业，涵盖了旅游目的地用于支撑当地经济发展的企业部门，如水电、邮政、通信、医疗、卫生、金融等企业；狭义旅游型特色小镇产业链是指在以旅游产品或服务为对象的企业中，以游客为枢纽，以满足游客需求为目标，依据特定的逻辑关系和时空布局形成的动态的链式组织。

旅游型特色小镇涉及食、住、行、游、购、娱等多要素，其产业发展离不开其他相关行业和部门的参与，如：海关、卫生、防疫、消防等。因此，从产业链的角度看，旅游产业就是在旅游者具有旅游需求的前提下，由旅游批发商（主要指大型旅行社）对饭店、交通、游览、餐饮等供应商的产品进行购买、组合或加工，然后再转售给旅游零售商或旅游者，此过程中形成的产业；其中各环节在追求共同利益时相互联合，形成以游客的空间位移为依托的旅游产业链。据此，旅游型特色小镇产业链可以界定为：在旅游者到目的地的空间转移及旅游消费过程中，为其加工、组合并提供旅游产品，以助其完成到达目的地的旅行与游览，此间所形成的以旅游企业为核心的各种产业供需关系。

旅游产业作为一种关联性极强，涵盖了第一、第二和第三产业等众多行业构成的产业群体，其本身就具备了产业集聚的特征，而且产业内部各行业之间由于专业化的分工和协作，旅游产业较其他产业更易形成产业集聚。旅游产业作为国家重点发展的新兴产业，在各地呈现出集聚发展的态势。特色小镇产业链发展逻辑框架如图 3-5 所示。

综上来看，旅游型特色小镇产业链的主体包括宏观和微观两个层面。宏观层面是指以政府为主导，加强各地区之间以及旅游企业与相关配套企业之间的合作。微观层面指旅游产业的构成要素，旅游企业内部之间的资金、资源、人力、技术、价值等的自由流动。旅游产业的构成要素是构建旅游型特色小镇产业链的基础，包括旅游交通要素、旅游酒店业要素、旅行社、旅游产品要素、旅游基础配套设施要素、旅游管理要素和旅游景点景区业要素等。

2. 旅游型特色小镇产业链构建现状

产业链即从一种或几种资源要素通过若干产业层次相互交叉和渗透，直至到达消费者的路径。它描述的是各产业链环节间为生产最终交易的产品或服务所经历的价值增值的活动过程，涵盖了商品或服务在创造过程中所经历的从原材料到

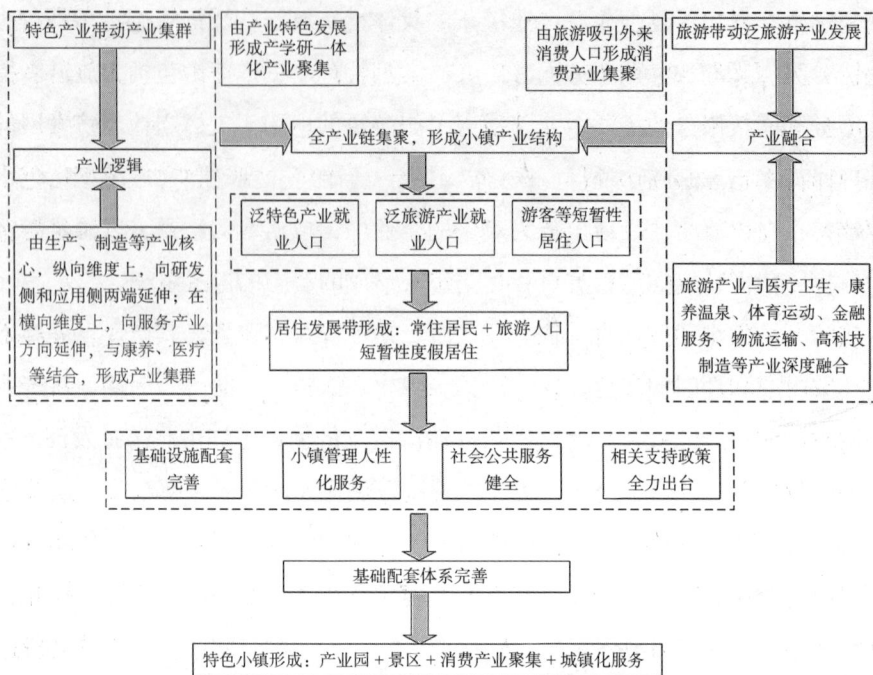

图 3-5　特色小镇产业链发展逻辑框架

最终消费品的所有阶段。产业发展是特色小镇发展和区域经济发展的基础，如果特色小镇没有产业，单纯强调地理意义上的城镇和人口的聚集，则特色小镇注定不可能成功。打造产业链需要良好的基础资源，其中包括自然资源优势、产业基础、交通条件、声誉基础、人才资源等要素。产业链的基本性质是体现产业整合后"1+1>2"的增值效果，产业链的构建目的是增加链上所有产品附加值，形成产业集聚效应，形成规模经济，这也就是一个成功特色小镇必备的元素。

（1）特色小镇产业链同质化严重

从 2014 年以来，特色小镇项目盲目建设，前期规划设计不合理，没有充分考虑当地资源要素，同质化现象层出不穷。取得成功的特色小镇诸如古北水镇、乌镇等旅游型特色小镇等，如今成为全国范围内特色小镇建设的模仿对象，以其为建设标杆，模仿借鉴、照搬照抄，不考虑当地是否有值得开发的旅游资源而胡乱上马，千镇一面，同质化严重。针对解决特色小镇建设同质化问题，学术界普遍认为要对特色小镇进行合理的规划建设与定位，确定本小镇的主导产业，培养本小镇的产业链。特色小镇建设必须立足于自身的资源特色和环境条件，形成自身具有核心竞争力的主导产业。在确立本特色小镇主导产业的基础上，纵横向延伸产业链，促进产业链上各企业部门协调融合发展，形成完整的产业链条，才能突出"一镇一品"，避免同质化严重、产业效益低下、资源浪费等问题。

（2）特色小镇一二三产业发展层次较低

目前我国大部分地区特色小镇第一、第二、第三产业创新能力较弱。主要表现在第一产业结构粗放，农业产业化受到地域、环境、品类等多方面限制；第二产业工业企业大多规模小，产业集中度不高；第三产业服务业发展空间小，对经济提升的贡献没有很好地起到支撑作用，产业结构转型升级相对比较缓慢。核心产业没有竞争力，技术发展水平低，同时资源利用率低，以环境代价换取经济发展等也不利于特色小镇建设的现状。

（3）旅行社行业发展现状

旅行社作为全面旅行解决方案的服务商，在旅游型特色小镇中起到枢纽作用，其在旅行行业中的作用极其重要。从旅行社的数量增长情况看，2011～2017年，旅行社数量由23690家增加到27939家，呈持续增长态势，但增长率总体上却呈下降态势。旅行社行业产业链示意图如图3-6所示。

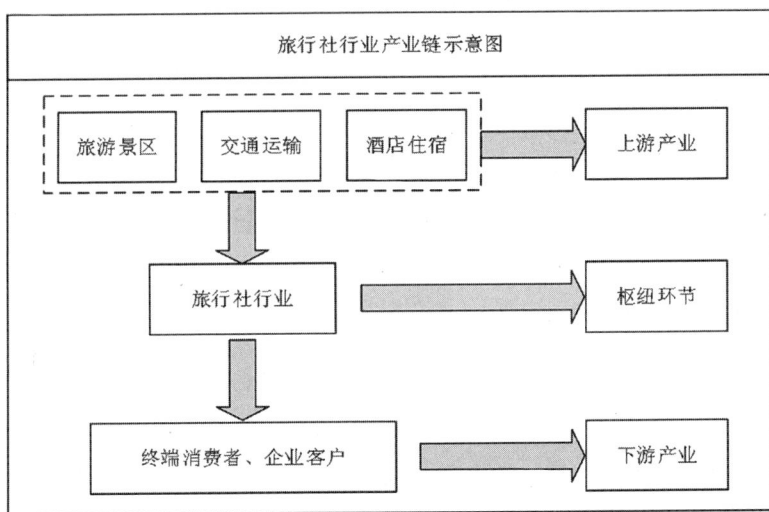

图3-6 旅行社行业产业链示意图

在旅行社行业规模扩大、营业收入增加的同时，行业净利润率却在减少。一方面，国内旅行社的进入门槛相对较低，国民旅游需求增加刺激了国内旅行社规模迅速扩张和行业整体营业收入的增加。另一方面，由于缺乏旅游产品的创新设计能力，同类旅行社之间主要依靠价格来获取客源，从而导致行业利润率的下降以及新进入者的减少。旅行社上游行业掌握着旅游资源关键要素，因此，上游行业的价格在旅行社组织游客的消费构成中占有较大比重，游客的旅游满意度直接与旅行社对这些旅游资源的控制和整合有关。旅行社的下游行业为有旅游需求的个人消费者和企业客户，消费者的收入水平、消费习惯以及企业客户的经营状况和管理方式，直接决定了旅游行业的发展。

（4）旅游景区行业发展现状

从目前旅游景区发展形势来看，我国旅行景区行业正处于内部竞争加剧时期，造成这种局面的原因主要有四个。第一，旅游市场份额有限，待开发市场不多，竞争激烈；第二，旅游景区间竞争对手之间实力不相上下；第三，旅行服务提供商之间提供的服务趋于同化，自身核心竞争力不突出；第四，个别企业为了利益最大化，追求规模经济，导致市场均势被打破，过量的产品使得企业处于削价竞销状态。

3.1.3 产业策划

特色小镇项目产业策划超出了纯粹的建筑策划的范畴，是一种比较特殊的策划内容，它从国民经济或区域经济的发展角度考虑，与行业发展规划相关，影响到项目建成后的经济发展情况，同时也影响到最终用户的人群需求分析，因此有些项目在决策策划中加入了产业策划的内容。

项目产业策划是立足产业行业环境与项目所在地的实际情况，通过对今后项目拟发展产业的市场需求和区域社会、经济发展趋势分析，分析各种资源和能力对备选产业发展的重要性以及本地区的拥有程度，从而选择确定项目主导产业的方向，并进一步构建产业发展规划和实施战略的过程。

产业是小镇能否持续发展的基础和条件，是小镇保持永续动力的前提。在做小镇产业规划时，不能局限于眼前的繁荣，也不能盲目蹭热点，而是要对资源进行深度挖掘和精炼，并形成可进入更广阔市场的产品、商品，而且能迅速建立强大的品牌优势，这才是关键。比如，牡丹作为花海，是一种旅游资源，而提取出牡丹食用油或者精油，就是一种产品。水稻是一种农作物，也可以是观光旅游的重要组成部分，但利用高新技术制作成面膜或者其他东西就是一种可进入市场的商品。

每个小镇都有自己的文化或者资源，但要发现和开发出具有商品属性的产业，关键在于能否用心发现，而发现是需要智慧的。在此基础上，我们要让商品有更高的价值，进入更广阔的市场，就必须注入文化因子。

一个产业能否形成优势产业，关键在于创新以及品牌的力量。举个例子，新疆有大片大片的戈壁，也有见证边戌军垦战斗史的地窝子遗址。在建设小镇时，我们就可以充分利用地窝子文化和兵团文化，将其改造成地窝子酒吧、地窝子咖啡馆、地窝子旅馆，让这种文化在创新中得以延续，在延续中实现更高的经济价值。在产品质量相差无几的情况下，通过恰当而连续的品牌宣传可以提高产业的知名度，从而在市场上站稳脚跟。

与此同时，在开发产业的基础上，我们还要不断培育主导产业项目，形成完整的产业链或者实现多产业融合。对于一个小镇而言，单一的产业容易受到市场波动影响。即便你是这个行业的"单打冠军"，一旦市场不行，产业产值下降也在所难免；而假如市场不在了，这类产业就岌岌可危。培育多个产业主体项目，形成完整的产业链，可以最大限度地发挥产业的规模效益，而这恰好是文旅小镇抵御市场风险、推动自身发展的有力武器。

项目产业策划的步骤主要有：

1. 产业的选择

选择原则：考虑区域定位，尊重本地发展，适应小镇发展，迎合市场需求。

国家发展改革委《关于加快美丽特色小（城）镇建设的指导意见》中也提出：要坚持夯实城镇产业基础，挖掘本地最有基础、最具潜力、最能成长的"三最"特色产业，做精做强主导特色产业，打造具有持续竞争力和可持续发展特征的独特产业形态。住房和城乡建设部、国家发展改革委、财政部《关于开展特色小镇培育工作的通知》中要求：特色小镇要有特色鲜明的产业形态，向做精、做强发展，并要充分利用"互联网＋"等新兴手段，推动产业链发展思维，促进以产立镇、以产带镇。

特色产业选择要求：

（1）顺应国家、区域未来产业发展趋势；

（2）符合地区产业发展基础；

（3）迎合市场需求；

（4）关联性强、特色鲜明；

（5）易形成规模。

特色小镇的发展首要任务是：做好特色产业的选择，目前我国特色小镇的建设过程中存在"有条件上，无条件创造条件也要上"的现象，长期发展有可能会产生恶性竞争。所以在产业选择方面，应充分尊重本地区发展基础、现状，因地制宜；从区域资源优势出发，确定小镇发展的主导产业和支柱产业。

2. 产业的培育

产业培育的基本发展思维："集中式突破"和"规模化发展"。

"集中式突破"是特色产业发展的关键。小镇的主导产业、支柱产业选定之后，根据特色小镇的培育要求将主导、支柱产业做精、做强。首先要采取"集中式"策略，重点突破，挖掘产业潜力，延伸产业发展圈，发展产业的核心优势。

"规模化发展"是特色产业稳定发展的保障。规模化发展是在产业发展基础上，"全面降低成本、提升运营效率"，在产业研究、应用、服务、运营方面形成集群发展，在市场竞争中形成规模，保持竞争优势，获得持续稳定的发展。

3. 产业的集群

产业集群发展是将既有联系又相互独立的产业，按照其区域的布局、专业化的要求等，发挥其各自的优势，在空间上形成高度集聚、融通发展。在小镇范围内，推动形成产业聚集，增强产业活力、降低产业发展成本。形成产业的集聚发展，将会综合提高产业发展的规模化效应和竞争力。

4. 产业的品牌

产业品牌的打造核心是培育龙头企业、标杆企业，发挥其带动效应。龙头企业是小镇产业发展的带领者和掌握者。在一定层面上，龙头企业的发展水平，代表小镇产业的发展水平。在龙头企业的培育方面应加强政策、税收、财政的支持力度。鼓励和引导龙头企业、标杆企业带动、引领小镇产业链中小微企业、个体企业、村民等各相关主体的发展。

特色小镇的发展要把生产、生态、生活融合起来，创造一种尺度适宜、环境优美、产城融合的城镇生活空间。其本质是：坚持生态优先，构筑产业平台，创建、营造生活空间。

5. 房企切入特色小镇的关键

如何建好特色小镇，成为摆在政府、开发商、运营商和企业面前的一个终极之问。尽管房地产开发行业发展迅速，但开发企业开发模式相对单一，住宅、商业地产的开发模式已不能满足特色小镇的建设需求。

每个企业对特色小镇的定位和构建模式均有所不同，例如：华侨城的文化＋旅游＋城镇化，华夏幸福的产业＋城镇化定位。

房地产企业预想进入、建设特色小镇需做到以下几点：

（1）房地产企业必须结合企业自身的发展战略、发展目标、企业诉求、企业资源，找到其核心竞争力和切入点。

（2）找到与政府协同发展的契合点。在特色小镇的建设中，政府的期望达到：城市的发展、城镇化、服务设施的完善、税收增加、解决就业、地区经济发展；企业则侧重于：运作与发展的综合收益与效益、品牌的树立、市场占有率等，如何找到政企协同发展的契合点和匹配度成为特色小镇开发成功与否的关键。

（3）由于特色小镇建设资金投入量大，回收周期长，如何缓解特色小镇建设的资金压力成为发展过程中的重中之重。目前几种比较常见的举措有：政府以土地补偿，部分先期开发资金回笼，采用PPP模式，企业内部资金平衡，扩大范围引入更多的运营商等。

特色小镇要以特色产业为依托，形成完整或者部分产业链，并且通过特色产业的聚集为小镇导入一定的人口，从而促进小镇的基本生活配套设施的升级与发展。此外，通过对特色产业潜在内容的深入挖掘，形成特色产业＋旅游产业相结合的发展模式，激发小镇的内在活力，带动小镇的人口流动及经济的增长，让小镇拥有源源不断的生命力。

3.1.4 产业链基本构成

1. 产品链的构成

产品和服务的构成是产业链形成的物质基础，贯穿于整个产业的生产要素的组合形成产业成果。产业链的产品构成是指产业链上各类关联产品群、服务组成，他是产业链上的关联企业之间的生产链接。通过生产链接，关联企业生产关联产品或者服务。从生产链上各企业的产品形成过程看出，产业链可长可短。一般来说，产业链越宽，则产业的基础越厚实，产业的效益越大；产业链越长，则产业实力越强，产业的价值越大；反之则越弱、越小。产业链的基本内容构成如图3-7所示。

```
              ┌─────────────────┐
              │  生产要素投入   │
              └────────┬────────┘
      ┌──────┬─────────┼─────────┬──────┐
      ▼      ▼         ▼         ▼      ▼
  ┌──────┐┌──────┐┌──────┐┌──────┐┌──────┐
  │产品要素││产品要素││产品要素││产品要素││产品要素│
  └──┬───┘└──┬───┘└──┬───┘└──┬───┘└──┬───┘
     └───────┴───────┼───────┴───────┘
                     ▼
              ┌─────────────────┐
              │   终端消费者    │
              └─────────────────┘
```

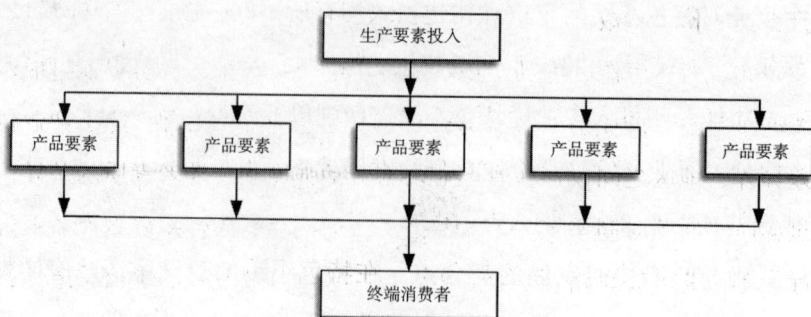

图 3-7　产业链的基本内容构成

2. 产业链的供应构成

从产业的生成过程看，产业链是由产业内外部各种物质和非物质的资源供应构成的，它是产业链上各种生产要素的供给与配置，是产业存在的物质基础。产业链物质资源供应构成具体包括形成产业基础的各种生产设施及设备、原材料、能源及辅助材料、土地资源、货币资产、人力资源、技术资源、信息资源等。作用于产业链的各种要素配给或资源供应，通常是单独或协同地对产业生成和发展产生直接或间接的作用。一般情况下，单一要素配给或资源供应在产业生成和发展中可以起关键性作用，但不会形成决定性作用；整体要素配给或资源供应构成才会对产业生成和发展起决定性作用。实践表明：要素配给或资源供应构成能够达到及时快捷、质优价廉、均衡合理，则产业发展就会顺畅、持久；反之，则产业发展曲折、缓慢。产业链的供应构成要素如图 3-8 所示。

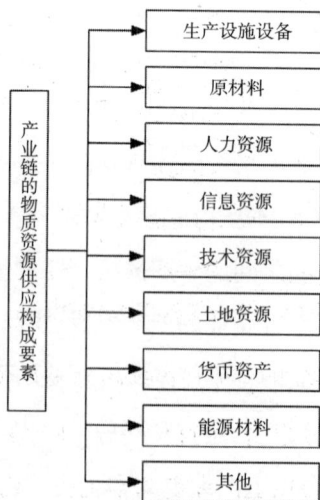

```
                              ┌──────────────┐
                          ┌──▶│ 生产设施设备 │
                          │   └──────────────┘
                          │   ┌──────────────┐
                          ├──▶│   原材料     │
                          │   └──────────────┘
                          │   ┌──────────────┐
  ┌─────┐                 ├──▶│  人力资源    │
  │产业 │                 │   └──────────────┘
  │链的 │                 │   ┌──────────────┐
  │物质 │                 ├──▶│  信息资源    │
  │资源 │                 │   └──────────────┘
  │供应 │─────────────────┤   ┌──────────────┐
  │构成 │                 ├──▶│  技术资源    │
  │要素 │                 │   └──────────────┘
  └─────┘                 │   ┌──────────────┐
                          ├──▶│  土地资源    │
                          │   └──────────────┘
                          │   ┌──────────────┐
                          ├──▶│  货币资产    │
                          │   └──────────────┘
                          │   ┌──────────────┐
                          ├──▶│  能源材料    │
                          │   └──────────────┘
                          │   ┌──────────────┐
                          └──▶│    其他      │
                              └──────────────┘
```

图 3-8　产业链的供应构成要素

3. 产业链的价值构成

产业要素或各种资源、产品、市场、技术的每一个环节都可以通过成本和收益这条线连接起来，产业链的价值构成是产业绩效的货币表现。除了产业科技水平存在差异外，地区之间也存在着产业内部劳动强度和劳动者素质的差异，存在着生产过程所花费的时间差异。产业效益和产业的可持续性是衡量产业链价值的重要指标，是产业发展思路、发展政策的科学体现。产业链的价值重要性是由组成要素决定的，组成要素是通过相关成本支出反映出来的。

4. 产业链的市场构成

良好的市场环境是产业链运行中所需生产资料和产品销售的保障，同时也是产业链价值实现的基本途径。产业链的市场构成是指市场形成、市场结构、市场分类与市场运行机制等方面的构成。随着市场规模的扩大，分工经济带来的报酬递增超过市场交易的边际费用，分工由企业内部分工转为社会分工，从而造成产业之间分工的细化。产业链的市场构成是一种有机构成，各市场要素之间不是孤立或排他的简单集合，也不是简单的叠加和组合，而是一个系统的、综合的、互为支撑的、相互融合的有机构成和运行体系。但从市场分工和市场效率看，产业链市场分工越细、结构越合理，则产业的效率越高，表明产业基础和产业构成越牢固；市场链越长，表明产业规模越大、实力越强。产业链的市场构成框架如图 3-9 所示。

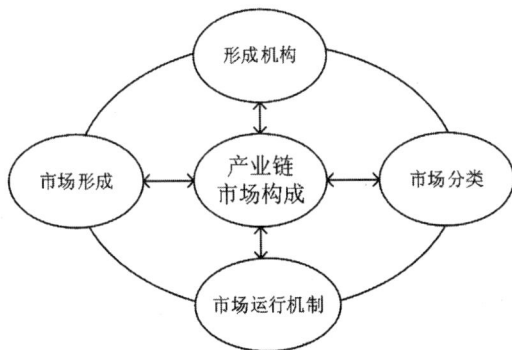

图 3-9 产业链的市场构成框架

特色小镇是一个产业集聚的平台，它将相同和相关产业在一定空间内聚集，从而突破了产业链形成的地域限制，特色小镇产业价值实现和增值的根本途径就是创造完整的产业链条。结合以上产业链基本机构，构建了一般旅游型特色小镇产业链，如图 3-10 所示。

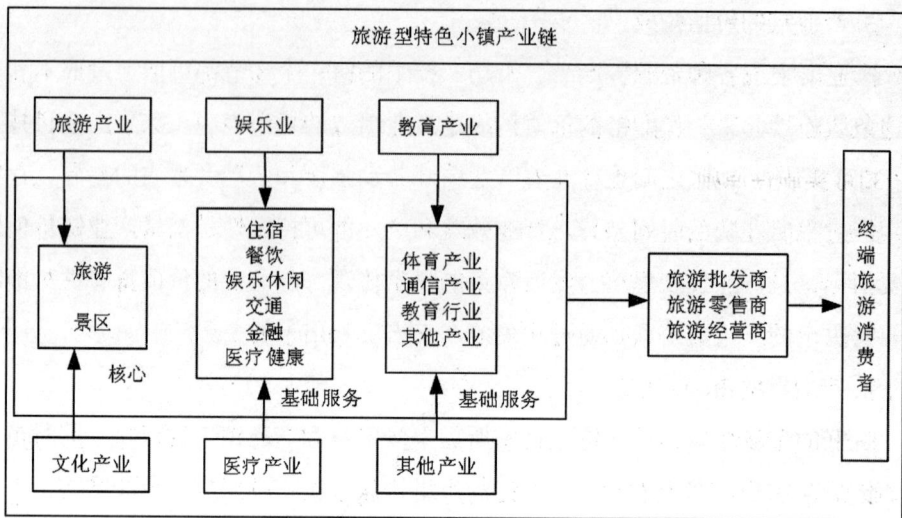

图 3-10　旅游型特色小镇产业链

旅游产业的构成要素是构建旅游型特色小镇产业链的基础，包括旅游交通要素、旅游酒店业要素、旅行社、旅游产品要素、旅游基础配套设施要素、旅游管理要素和旅游景点景区业要素等。旅游型特色小镇产业链指旅游产业的构成要素，旅游内部企业之间的资金、资源、人力、技术、价值等的自由流动。

3.1.5　产业链构建原则

1. 政府引导与市场驱动相结合原则

市场经济背景下，政府的宏观调控是保证经济有序发展的重要手段。政府遵循旅游型特色小镇产业客观发展规律和市场运行机制，从宏观层面对旅游型特色小镇产业内各要素进行资源合理配置、产业战略规划等方面的引导和推动。市场作为旅游产业链运行的原动力，产业链生产的产品和服务都需经过市场和消费者的检验与认可。政府引导与市场驱动相结合是旅游型特色小镇产业链构建过程中必须遵守的原则。

2. 竞争与合作原则

旅游型特色小镇的产业链是一个有机的共生体，各要素之间的联系贯穿旅游产业链发展的全过程，各要素之间始终存在着竞争与合作的关系，竞争能够使旅游型特色小镇各要素在发展过程中保持足够的动力和灵活敏感性，能够及时发现周围环境的变化以及自身不足，取长补短，弥补自身缺陷。产业链各要素通过资源共享、信息共享、分工协作等进行形式合作，形成共生体，实现规模效益，提高要素竞争力。竞争与合作相结合可以更好地优化特色小镇产业链内各要素的结构，使旅游产业链内部更加专业化以及要素之间形成的产业链关系更加紧密。

3. 可实施性原则

旅游型特色小镇产业链的构建必须要立足于整个区域现有的旅游产业基础资源，紧跟旅游产业发展新方向和趋势，结合本地区旅游产业链发展的总体方向，充分考虑产业链内各要素的发展现状及发展潜力，建立适用于本区域的切实可操作的旅游型特色小镇产业链，能够真正为区域经济的发展做贡献。

4. 开放性原则

旅游型特色小镇产业链的构建是基于此时此刻要素基础建立，同时特色小镇产业链受外部环境、产业政策、市场环境以及社会环境变化等因素的影响，遵循开放性与动态性原则。旅游产业链的结构长期处于不断的调整过程中，它需要不断改变自身结构以适应环境变化以及各要素的发展变化。只有处于开放状态，才能在市场竞争中吸纳更多产业关联要素，才能优化组成要素，使得旅游型特色小镇产业链更加完善。

3.1.6 产业链构建方法

1. 产业链结构分析

本书从特色小镇产业链结构入手，梳理特色小镇产业链结构类型。

依据旅游型特色小镇产业链各环节所处的位置、各环节之间的相互连接关系等，旅游型特色小镇产业链的组织结构可以分为四类：简易直线型、单中心型结构、双中心型结构以及网络型结构。旅游型特色小镇产业链的组织结构是由旅游产业各要素内部各部门间的简易直线型结构、行业部门之间的单中心型结构、不同行业及地区间的双中心型结构到最终组成跨区域、跨行业、多交叉、多融合的旅游产业链网络型结构。旅游型特色小镇产业链组织结构类型如图 3-11 所示。

（1）简易直线型

简易直线型结构旅游产业链上的各环节规模大小相近，同时服务范围较小，多集中在同一个企业内部，以旅游产业要素的相互连接关系来区分。例如，旅游型特色小镇产业链中的餐饮服务企业，生产餐饮产品的过程一般经历企业内部的多个部门，包括基本原料采购部门、后厨烹调部门、前台服务部门、财会部门

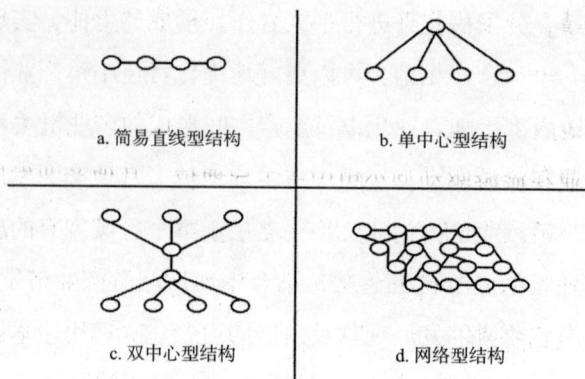

图 3-11 旅游型特色小镇产业链组织结构类型

等，这些部门之间存在着相互连接的产业链关系，分别构成了简易直线型结构产业链中的上下游关系，通过简易线性链接，最终生产出产品。

（2）单中心型结构

旅游型特色小镇产业链构成的诸多行业要素中，一条产业链内部有多个行业，并且每个行业中包括多个企业，不同企业各部门之间也形成形式不一的合作发展关系，这就形成了旅游产业链中行业部门间的单中心型组织结构，例如旅游景点景区。

（3）双中心型结构

旅游型特色小镇产业链中的各要素根据自身特色及在产业链中所处的不同地位，产业关联度较强、资源数量较多等的因素，在产业链中占据主导地位，由其将产业链中的其他要素链接起来，形成了双中心型的产业组织结构，实现产业链的发展，例如旅游产业部门。

（4）网络型结构

旅游型特色小镇产业链与交通业、制造业、服务业等产业有着不可分割的联系，同时又与旅游产业相关政府等部门联系紧密，产业链组成复杂。由于以上因素的同时存在，决定了旅游产业链上各要素之间并不是简单的上下游关系，而是不同部门、不同行业、不同产业之间相互合作与竞争，最终形成旅游型特色小镇产业链的网络型组织关系。

2. 确定主导产业

主导产业链是特色小镇的核心链条，维系着特色小镇产业链稳定和发展。因地制宜，优选出突出地方产业优势或反映出特色小镇建设主题的主导产业链。根据旅游型特色小镇自身发展特性，本书将其主导产业链分为旅游驱动型和双产业驱动型两类。

（1）旅游驱动型

旅游服务产业在旅游驱动型小镇中占主导地位，其他产业发展不明显，重点发展以"旅游+"为主的特色之路。以健康养生、休闲观光、度假养老等体验类服务为主，具有独特的旅游资源和强大的旅游吸引力。结合休闲、观光和养老等项目打造景观，充分挖掘文化、历史、自然资源，最大限度地吸引客流，获得旅游收入，其盈利模式主要是以景区的运营为主。以当地的特色资源为旅游产业的基础，建设以"食、住、行、游、购、娱"六大服务体系，建立完整的旅游产业链。

（2）双产业驱动型

"双产业"即旅游产业和特色产业，双产业驱动型即旅游产业与特色产业互相促进，相互支撑，共同推进特色小镇的建设。其盈利模式、收入来源、打造方式是产业驱动型、旅游驱动型两种特色小镇的综合体。双产业驱动型特色小镇发展中特色产业是以第一产业和第二产业中的轻工业为主，旅游产业与旅游驱动型小镇中所提供的服务相同。

在双产业驱动型小镇的发展中，要把产业作为根基，把旅游作为主线，实现"以产业支撑旅游，以旅游集聚产业"的发展目标。培育完整的旅游产业链，同时立足于特色产业的产业性质，促进特色产业的产业链建设，不断推进特色产业链与旅游产业链的双驱动和双发展。

3. 培育龙头企业

市场交易环境的复杂性影响企业之间交易行为的顺利进行，同时鉴于节点企业的供应能力较弱，当生产复杂产品时，交易次数多、交易信息不对称、地域空间跨度较大等都会极大地影响产品最终的生产，此时产业链的构建方法会趋向于培育龙头企业。

培育龙头企业，有助于增强协调整合作用。特色小镇要以核心产业为主导形成产业链，通过龙头企业的培育和新企业的孵化，入驻形成产业集群，联动发展其他相关产业。龙头企业发挥带动作用，围绕特色产业补足产业链的短板，将特色产业链做精做强。龙头企业的发展可以代表一个地方产业的发展水平，而特色产业链的打造与龙头企业密切相关。培育旅游产业链中的龙头企业就要组建跨地区、跨部门、跨行业、跨所有制的大型旅游企业集团，以形成具有较强竞争力的旅游产业组织体系。鼓励支持掌握大量客源信息的旅游运营商实施横向拓展、纵向延伸，进行重组、兼并或者组建战略联盟；同时，充分利用其核心企业优势，加强整合作用，对其他节点企业进行约束控制，这是产业链构建的重点。

4. 引入补链要素

旅游型特色小镇产业链跨行业、跨产业分布，如果原有旅游产业部门不再能够满足旅游者的需求，这就需要一些新的要素加入其中。旅游产业链中主要包含了酒店、旅行社和旅游公司、旅游交通运输业、公共设施服务业等行业，它们直接或间接为旅业业提供产品和服务。旅游型特色小镇中旅游景区建设要素可以参照《旅游景区质量等级评定与划分》，共分为 8 个大项：旅游交通、游览、旅游安全、卫生、邮电服务、旅游购物、综合管理、资源和环境的保护，如表 3-1 所示。

旅游景区建设要素　　　　　　　　　　　　　　　表 3-1

序号	要素类型	要素单元	要素内容 / 要求
1	旅游交通	可进入性	外部交通工具抵达景区的便捷程度
			依托城市（镇）抵达旅游景区的便捷程度
			抵达公路或客运航道（干线）等级
			抵达公路或客运航道（支线）
			外部交通标识
		自配停车场地	地面
			停车场管理
			停车场或码头美观
		内部交通	游步道
			游览线路
2	游览	门票	设计制作精美
			有突出特色
			背面有游览简图
		游客中心	位置
			标识醒目
			造型、色彩、外观
			设施与服务
		标识系统	导览图
			标识牌

序号	要素类型	要素单元	要素内容/要求
2	游览	宣教资料	导游图、明信片、画册等
		导游服务	导游人员数量
			导游语种
		游客公共休息设施和观景设施	数量充足、布局合理
		公共信息图形符号设置	位置与数量
			图形符号设计
3	旅游安全	安全保护机构、制度与人员	安全保护机构
			安全保护制度
			专职安全保护人员
		安全处置	安全设备设施
			安全警告标志、标识
			安全宣传
		医疗服务	设立医务室
			有专职医护人员
4	卫生	环境卫生	场地秩序
			建筑物及各种设施设备
		废弃物管理	排放设施
			垃圾清扫器具
			垃圾箱（桶）
			处理场或集中的场地
		餐饮服务	餐厅、酒吧、冷饮部、小卖部等
			厕所
5	邮电服务	邮政纪念服务	邮政服务
6	旅游购物	购物场所建设	购物场所建筑造型、色彩、材质与景观环境相协调
		购物场所管理	对购物场所进行集中管理
		商品经营从业人员管理	有统一管理措施和手段
		旅游商品	具有本旅游景区的特色
7	综合管理	机构与制度	规章制度健全
		企业形象	产品形象
		投诉处理	投诉处理制度

第3章 特色小镇项目全过程工程咨询重难点分析

序号	要素类型	要素单元	要素内容 / 要求
7	综合管理	培训	培训制度、机构、人员等
		规划	规划制定、审批、实施
		旅游景区宣传	多种形式宣传
		电子商务	旅行社
			旅游公司
			门户网站
8	资源和环境的保护	空气质量	达到国标标准
		噪声指标	达到国标标准
		景观、生态、文物、古建筑保护	制定保护措施
		采用清洁能源的设施、设备	采用环保型材料

在旅游型特色小镇产业链要素中加入一些对旅游产业链构建有帮助的补链要素，可以更加完善产业链，丰富旅游产业链系统的多样性，增强旅游产业链的稳定性。

另外，旅游型特色小镇产业链的构建需要产业链各要素相互合作、相互连接，只有这样才能够实现完整的产业链构建。在旅游产业链中的各要素之间都有着密切联系，不同行业要素之间具有横向链接和纵向链接关系，只有在横、纵向产业链上各要素保持共生共存、相互依赖、互补互利，才能够满足旅游需求，形成稳定的产业链条。

5. 产业链设计步骤

根据特色小镇所在区域产业发展现状及自然特点，梳理产业链构建的设计步骤（图 3-12），指导特色小镇产业链构建。

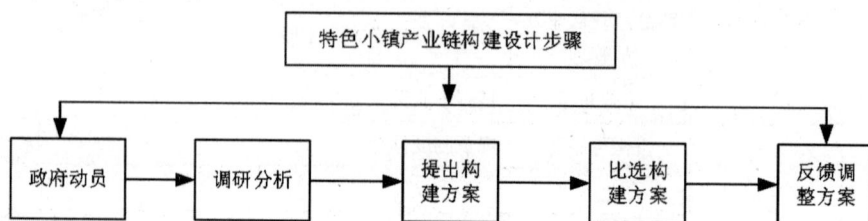

图 3-12 特色小镇产业链构建设计步骤

（1）政府动员

政府在旅游型特色小镇建设的过程中起主导作用，政府一方面应做好顶层设计，做到规划引领。旅游型特色小镇的建设需要统筹协调各部门、各组织以及社会大众的支持，协调各利益相关主体。由本地区旅游相关政府部门牵头，向各旅游产业要素和公众宣传地区旅游产业发展战略，宣传构建旅游产业链对各产业部门、公众以及地区带来的效益，如增加本地区就业机会、改善区域环境、增强地方综合竞争力等。另外还要建立旅游型特色小镇产业链构建规划设计指导小组，确定适合本区域产业链构建方法，协调各相关要素。

（2）调研分析

在旅游型特色小镇产业链构建之前，首先，要对本区域旅游产业整体状况、周围环境情况等做调查和分析，分析得出对本区域旅游产业链构建的关键影响要素。其次，除调研本区域产业链构建现状外，还要调研考察标杆特色小镇产业链构建案例，学习诸如优秀标杆案例的开发建设模式、运营模式等可取之处，形成调研成果，运用到本特色小镇产业链构建工作上来。对标杆特色小镇调研分析框架如图 3-13 所示。

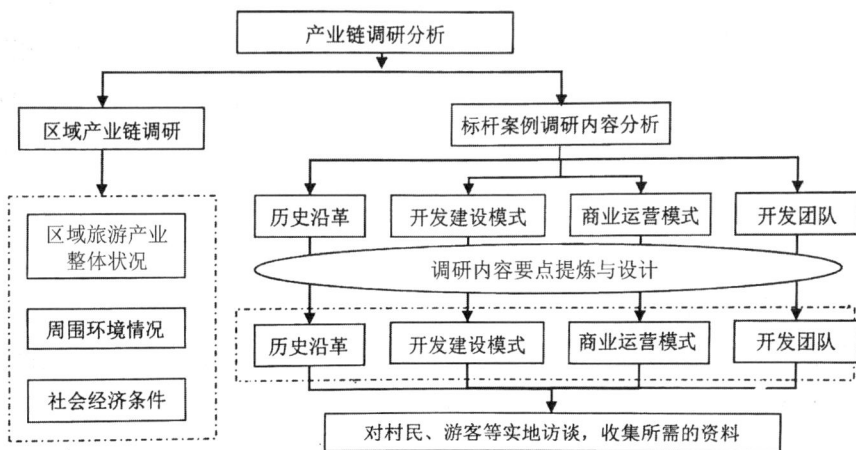

图 3-13　特色小镇调研分析框架

（3）提出构建方案

根据对本区域旅游产业发展现状等情况的调查和分析，以发展当地旅游产业为目标，提出本区域旅游产业链构建的方案和具体实施条件。

（4）比选构建方案

根据本区域旅游产业、经济以及社会等方面的发展现实情况，基于本区域自然资源、文化资源等资源的现实背景下，通过调研分析结果形成产业链构建方案，对提出的旅游产业链构建方案进行分析选择，运用专家论证、专项方案论证等方式，多方案比选出最适合于本区域旅游产业发展的构建方案。

（5）反馈调整方案

经过多方案比选确定的构建方案指导本旅游型特色小镇产业链的构建，在产业链构建过程中还需要不断地对社会、经济、发展环境以及旅游产业各要素的发展进行调查分析，及时解决过程中产生的现实问题，保证旅游型特色小镇产业链构建合理。旅游型特色小镇产业链建设完成后，还需对产业链的构建以及运行效果进行跟踪分析，及时反馈信息，弥补不足，完善产业链，必要时可以对旅游型特色小镇产业链进行重构。

3.2 特色小镇项目融资管理

十九大报告提出："以城市群为主体，构建大中小城市和小城镇协调发展的城市格局，加快农业转移人口市民化。"也就是说，不能光做大城市，要做城市群，特别要做小城镇。若干政策文件相继出台，包括：建设美丽宜居乡村、魅力乡村；加快培育中小城市和特色小城镇，发展具有特色优势的魅力小镇等，这些系列文件拉开了发展特色小镇的序幕。2016 年国务院下发《关于加快特色小镇建设的指导意见》中提出创新特色小镇建设投融资机制。鼓励开发银行、农业银行和其他金融机构加大金融扶植力度，鼓励有条件的小镇通过发行债券等方式拓宽融资渠道。由于特色小镇的投资建设，呈现投入高、周期长的特点，纯市场化运作难度大。因此，如何打通三方金融渠道，保障政府的政策资金支出，引入社会资本和金融机构资本，最终解决特色小镇的投融资是一个亟待解决的问题。

3.2.1 融资需求分析

1. 特色小镇建设发展资金需求量大

从浙江特色小镇的投资情况来看，最高的沃尔沃小镇投资规模达约 1000 亿元，大部分小镇投资规模在 50 亿元左右。根据有关统计，目前 31 个省市规划发展的特色小镇数量达到 2000 多个。从全国范围来看，如以特色小镇所需资金规模为 30 亿～ 50 亿元估算，按照发展改革委、财政部、住房和城乡建设部三部委提出开展特色小镇培育工作，提出到 2020 年建设 1000 个各具特色、富有活力的休闲旅游、商贸物流、现代制造、教育科技、传统文化、美丽宜居的特色小镇，则特色小镇建设所需的资金量将达到 3 万亿～ 5 万亿元。

2. 特色小镇基础性投入需要规模大、期限长的资金

特色小镇的建设发展在特色产业准确定位基础上，需要基础设施和公共服务建设、运营管理、特色产业发展的平台和配套设施建设等基础性的投入。这些基础性投入中的大部分资金需求规模大，需要股权投资基础上运用杠杆，撬动更多债权融资；期限长，需要引入长期资金支持；收益相对较低，需要寻找相对低成本的融资方式。

3. 特色小镇建设既需要股权融资也需要债券融资

特色小镇大部分的基础设施和特色产业配套设施建设难以通过完全市场化运作，而政府可用于投入的财力又十分有限，需要依赖股权融资渠道。特色小镇项目启动阶段往往缺少用来贷款的抵押资金，通过债权方式取得的融资难以满足项目启动阶段的资金需要。同时，由于特色小镇建设需要的资金规模巨大，在股权融资基础上，利用杠杆作用获得更多的资金。

3.2.2 融资环境分析

1. 鼓励多渠道的对特色小镇的金融支持

国务院发布《关于深入推进新型城镇化建设的若干意见》，其中强调：专项建设基金要扩大支持新型城镇化建设的覆盖面，安排专门资金定向支持城市基础设施和公共服务设施建设、特色小城镇功能提升等。鼓励政策性银行创新信贷模式和产品，针对新型城镇化项目设计差别化融资模式与偿债机制；鼓励商业银行开发面向新型城镇化的金融服务和产品；鼓励公共基金、保险资金等参与具有稳定收益的城市基础设施项目建设和运营；鼓励地方利用财政资金和社会资金设立城镇化发展基金；鼓励地方整合政府投资平台设立城镇化投资平台；支持城市政府推行基础设施和租赁房资产证券化，提高城市基础设施项目直接融资比重。

2. 鼓励多渠道的投融资创新

国家发展改革委发布《关于加快美丽特色小（城）镇建设的指导意见》，其中提出创新特色小（城）镇建设投融资机制，鼓励政府利用财政资金撬动社会资金，共同发起设立特色小镇建设基金；鼓励开发银行、农业发展银行、农业银行和其他金融机构加大金融支持力度；鼓励有条件的小城镇通过发行债券等多种方式拓宽融资渠道。

3. 政策性信贷资金支持范围

住房和城乡建设部、中国农业发展银行发布《关于推进政策性金融支持小城镇建设的通知》，其中对政策性信贷资金支持的范围作了明确规定。在促进小城镇公共服务完善和特色产业发展的背景下，政策性信贷资金主要支持小镇基础设施配套、小镇公共服务设施、产业支撑配套设施三方面的建设。

3.2.3 融资渠道分析

特色小镇的建设是社会多方资源对接、配合的综合表现。融资主要来自政府资金、政策性资金、社会资本、开发性金融、商业金融五种渠道。多个投资平台的参与，在缓解政府财政压力的同时，将为特色小镇发展提供强有力的资金支持，从而盘活小镇特色产业的发展。

1. 开发性金融发挥"特殊作用"

在特色小镇建设中，开发性金融主要承担长期融资的任务，针对瓶颈领域，提供大额长期资金，主要包括基础设施、基础产业、特色产业等领域的建设资金问题。

例如：为了深入贯彻党中央、国务院关于推进特色小镇建设的精神，发挥开发性金融对新型城镇化建设的独特作用，积极引导和扶持特色小城镇培育工作，中国开发性金融促进会等单位共同发起成立"中国特色小镇投资基金"。投资基金将采取母子基金的结构，母基金总规模为 500 亿元人民币，未来带动的总投资规模预计将超过 5000 亿元达到万亿级别，主要投资于养生养老、休闲旅游、文化体育、创客空间、特色农业等各类特色小镇。

中国特色小镇投资基金将聚集并整合地方政府、建设单位、财务投资人、产业投资者、金融机构等多方资源，推广运用并探讨创新政府和社会资本合作（PPP）模式，从特色小镇的发展规划入手，培育和建设市场信用，引导各类资金和资源投入小镇建设。

2. 政府资金发挥"杠杆作用"

政府资金在特色小镇的融资渠道中起着引导和牵头作用。

例如：国家发展改革委等有关部门对符合条件的特色小镇建设项目给予专项建设基金支持，中央财政对工作开展较好的特色小镇给予适当奖励。

3. 政策性资金发挥"推力作用"

政策性资金是指国家为促进特色小镇发展而提供的财政专项资金。

例如：中国农业发展银行要将小城镇建设作为信贷支持的重点领域，以贫困地区小城镇建设作为优先支持对象，统筹调配信贷规模，保障融资需求。开辟办贷绿色通道，对相关项目优先受理、优先审批，在符合贷款条件的情况下，优先给予贷款支持，提供中长期、低成本的信贷资金。

4. 社会资本发挥"主体作用"

在特色小镇建设中，引入社会资本，不仅有利于缓解政府财政压力，提高特色小镇的建设效率，对民营企业来说可以获得直接或衍生利益。

例如：浙江特色小镇建设推介会促进社会资本参与。其中 2015 年第三届世界浙商大会当天就有 24 个涉及特色小镇和 PPP 项目现场签约。2015 年底杭州西湖区投资合作推介大会上，签约 30 个项目，很大一部分是依托于特色小镇的项目。

5. 商业金融发挥"促进作用"

在特色小镇的建设中，往往通过 PPP 融资途径实现商业金融，作为投资主体的商业银行既要成为 PPP 项目服务商，又要成为规范者和促进者。

例如：浙江—金华成泰农商银行支持特色小镇。2016 年金华成泰农商银行与曹宅镇开展全面合作，并将其列为年度重点工作。金华成泰农商银行曹宅支行成为该特色小镇唯一合作银行。主要配合当地政府做好引进新企业、发展特色产业、整村征迁等相关工作，并根据特色小镇实际需求和项目建设进度，推出特色信贷融资产品和特色服务，打造配套特色小镇的特色支行。目前，该行对辖内规划或建设中的 11 个特色小镇，提供信贷服务支持基础设施建设，并对相关产业经营户、种养户、农业龙头企业等，以纯信用、家庭担保、商标质押等多种方式予以资金支持，累计支持 1034 户，授信金额 5770 万元。

3.2.4 融资模式分析

项目融资属于资产负债表外融资，出于风险隔离及可操作性考虑，特色小镇投融资应以项目为主体，以未来收益和项目资产作为偿还贷款的资金来源和安全保障，融资安排和融资成本直接由项目未来现金流和资产价值决定。该融资方式具有有限追索或无追索、融资风险分散、融资比例大及资产负债表外融资的特点，但担保较为复杂，融资成本相对较高。

通过设立 SPV（项目公司），根据双方达成的权利义务关系确定风险分配，进行可行性研究、技术设计等前期工作，以及项目在整个生命周期内的建设及运营，相互协调，对项目的整个周期负责。由 SPV 根据特色小镇项目的预期收益、资产以及相应担保扶持来安排融资。融资规模、成本以及融资结构的设计都与特色小镇项目的未来收益和资产价值直接相关。根据融资主体、项目母公司或实际控制人、项目现状、增信措施、风控措施、财务状况、资产情况、拥有资质等情况，综合判断特色小镇开发的资金融入通道，测算融资成本。可用的融资方式包括政策性（商业性）银行（银团）贷款、债券计划、信托计划、融资租赁、证券资管、基金（专项、产业基金等）管理、PPP 融资等。

1. 模式一：发债

根据现行债券规则，满足发行条件的项目公司可以在银行间交易市场发行永（可）续票据、中期票据、短期融资债券等债券融资，可以在交易商协会注册后发行项目收益票据，也可以经国家发展改革委核准发行企业债和项目收益债，还可以在证券交易所公开或非公开发行公司债（图 3-14）。

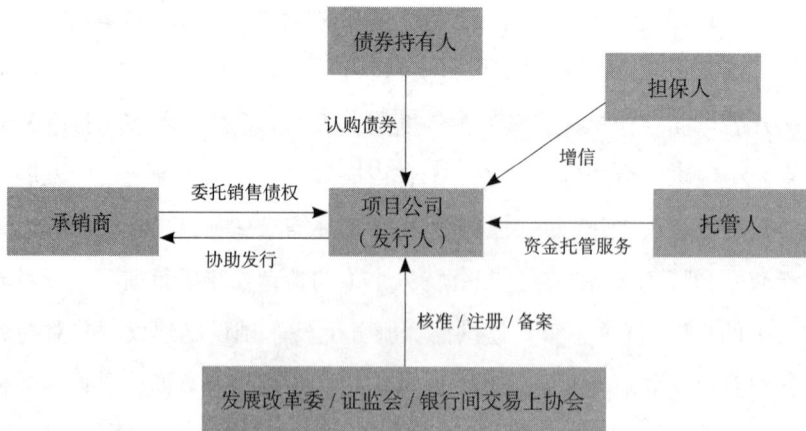

图 3-14 债券产品结构设计

2. 模式二：融资租赁

融资租赁（Financial Leasing）又称设备租赁、现代租赁，是指实质上转移与资产所有权有关的全部或绝大部分风险和报酬的租赁。融资租赁集金融、贸易、服务于一体，具有独特的金融功能，是国际上仅次于银行信贷的第二大融资方式（图3-15）。因其兼具融资与融物的特点，出现问题时租赁公司可以回收、处理租赁物，所以在办理融资时对企业资信和担保要求不高。融资租赁属于表外融资，不体现在企业财务报表的负债项目中，不影响企业的资信状况。

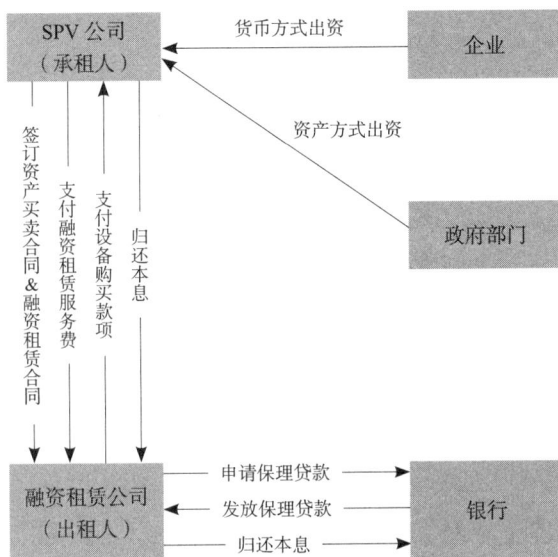

图3-15　融资租赁结构设计

2015年8月26日的国务院常务会议指出，加快发展融资租赁和金融租赁是深化金融改革的重要举措，有利于缓解融资难、融资贵的问题，拉动企业设备投资，带动产业升级。以其兼具融资与融物的特点，出现问题时租赁公司可以回收、处理租赁物，因而在办理融资时对企业资信和担保要求不高。融资租赁属于表外融资，不体现在企业财务报表的负债项目中，不影响企业的资信状况。

融资租赁的三种主要方式：直接融资租赁，可以大幅度缓解建设期的资金压力；设备融资租赁，可以解决购置高成本大型设备的融资难题；售后回租，即购买"有可预见的稳定收益的设施资产"并回租，这样可以盘活存量资产，改善企业财务状况。

3. 模式三：基金

（1）产业投资基金

国务院在《关于清理规范税收等优惠政策的通知》（国发〔2014〕62号）中指

出："深化财税体制改革，创新财政支持方式，更多利用股权投资、产业基金等形式，提高财政资金使用绩效。"产业投资基金相比于私募股权投资基金，具有以下特点：

1）产业投资基金具有产业政策导向性。

2）产业投资基金更多的是政府财政、金融资本和实业资本参与。

3）存在资金规模差异。

（2）政府引导基金

政府引导基金是指由政府财政部门出资并吸引金融资本、产业资本等社会资本联合出资设立，按照市场化方式运作，带有扶持特定阶段、行业、区域目标的引导性投资基金。政府引导基金具有以下特点：

1）非营利性。政策性基金，在"承担有限损失的前提下"让利于民。

2）引导性。充分发挥引导基金放大和导向作用，引导实体投资。

3）市场化运作。有偿运营，非补贴、贴息等无偿方式，充分发挥管理团队独立决策作用。

4）一般不直接投资项目企业，作为母基金主要投资于子基金。

（3）城市发展基金

城市发展基金是指地方政府牵头发起设立的，募集资金主要用于城市建设的基金（图3-16）。其特点如下：牵头方为地方政府，通常由财政部门负责，并由当地最大的地方政府融资平台公司负责具体执行和提供增信；投资方向为地方基础设施建设项目，通常为公益性项目。例如，市政建设、公共道路、公共卫生、保障性安居工程等；还款来源主要为财政性资金；投资方式主要为固定收益，通常由地方政府融资平台提供回购，同时可能考虑增加其他增信。

（4）PPP基金

PPP基金是指基于稳定现金流的结构化投融资模式。PPP基金可分为PPP引导基金和PPP项目基金；其中PPP项目基金又分为单一项目基金和产业基金等。

中国政府和社会资本合作（PPP）融资支持基金是国家层面的PPP融资支持基金。2016年3月10日，按照经国务院批准的中国政府和社会资本融资支持基金筹建方案，财政部联合建行、邮储、农行、中行、光大、交通、工行、中信、社保、人寿等10家机构，共同发起设立政企合作投资基金并召开中国政企合作投资基金股份有限公司创立大会暨第一次股东大会。

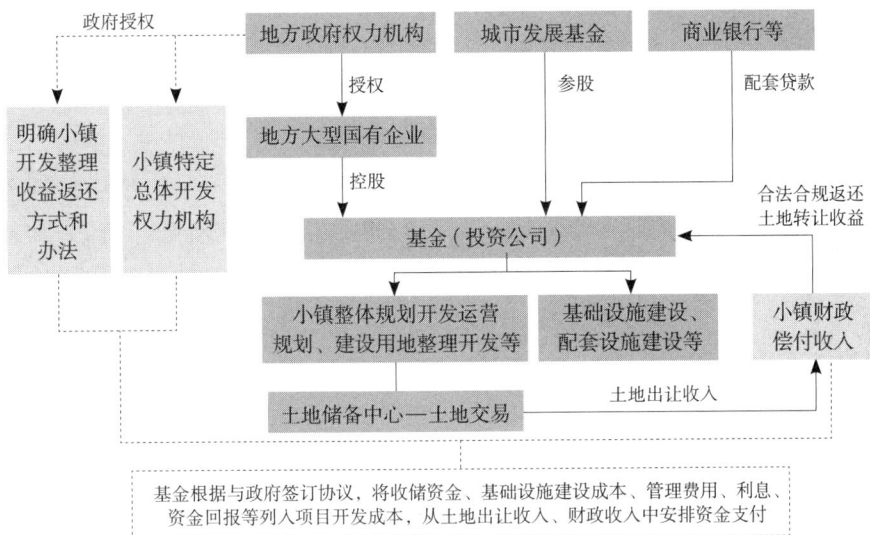

图 3-16　城市发展基金运营结构图

PPP 基金在股权、债权、夹层融资领域均有广泛应用：为政府方配资；为其他社会资本配资；单独作为社会资本方；为项目公司提供债权融资等。

4. 模式四：资产证券化

资产证券化是指以特定基础资产或资产组合所产生的现金流为偿付支持，通过结构化方式进行信用增级，在此基础上发行资产支持证券（ABS）的业务活动（图 3-17）。

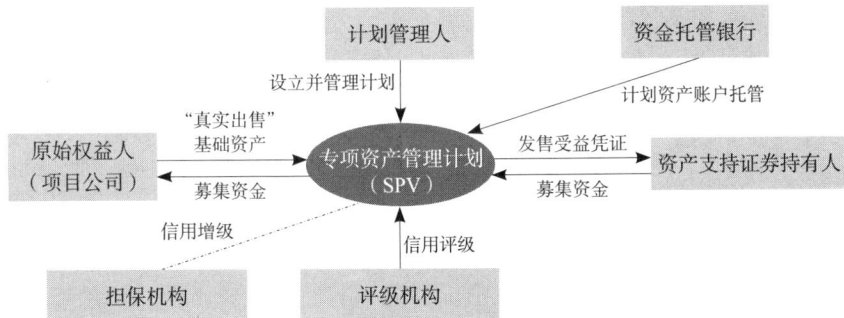

图 3-17　资产证券化结构设计

ABS 起源于美国，距此已经有 40 多年的历史，中国的资产证券化还只是刚刚起步，虽然最早出现于 2002 年，但真正受到政府支持是 2005 年，后来随着美国次贷危机的爆发而停滞。当前中国正处于金融改革的创新时期，未来资产证券化发展将加速。

但基于我国现行法律框架，资产证券化存在资产权属问题，理由如下。

特色小镇建设涉及大量的基础设施、公用事业建设等，"基础资产"权属不清晰，在资产证券化过程中存在法律障碍。

（1）《物权法》第52条第2款规定："铁路、公路、电力设施、电信设施和油气管道等基础设施，依照法律规定为国家所有的，属于国家所有。"

（2）特许经营权具有行政权力属性，《行政许可法》规定行政许可不得转让原则。司法实践中，特许经营权的收益权可以质押，并可作为应收账款进行出质登记。

（3）《资产证券化业务管理规定》第9条规定原始权益人应当依照法律法规或公司章程的规定移交基础资产。但缺乏"真实出售"标准，司法也无判例参考。

（4）发起人、专项计划管理人之间无法构成信托关系，不受《信托法》保护。

5. 模式五：收益信托

收益信托类似于股票的融资模式，由信托公司接受委托人的委托，向社会发行信托计划，募集信托资金，统一投资于特定的项目，以项目的运营收益、政府补贴、收费等形成委托人收益（图3-18）。

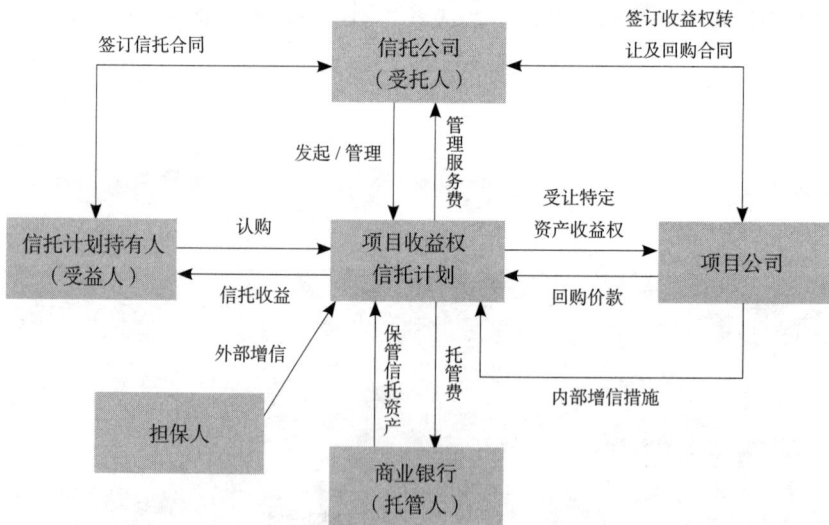

图3-18　收益信托结构设计

6. 模式六：PPP融资模式

PPP模式从缓解地方政府债务角度出发，具有强融资属性。在特色小镇的开发过程中，政府与选定的社会资本签署《PPP合作协议》，按出资比例组建SPV，并制定《公司章程》，政府指定实施机构授予 SPV 特许经营权，SPV 负责提供特色小镇建设运营一体化服务方案，特色小镇建成后，通过政府购买一体化服务的方式移交政府，社会资本退出（图 3-19）。

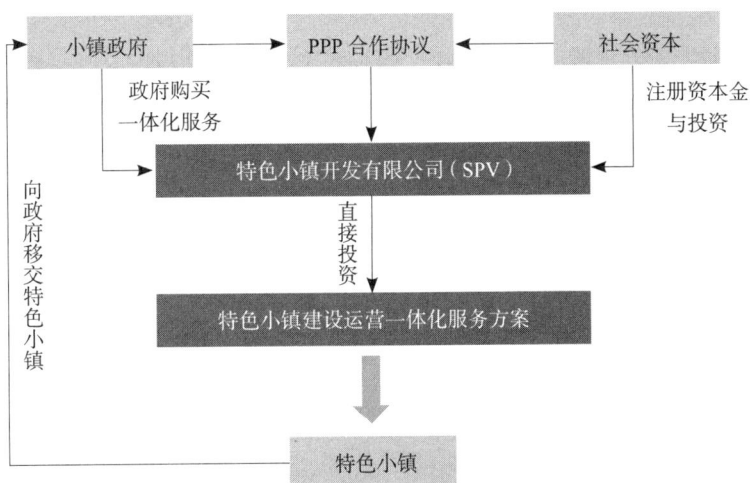

图 3-19　特色小镇开发的 PPP 模式

3.2.5　融资方式选择

特色小镇的建设是社会多方资源对接、配合的综合表现。融资主要来自政府资金、政策性资金、社会资本、开发性金融、商业金融五种渠道。多个投资平台的参与，在缓解政府财政压力的同时，将为特色小镇发展提供强有力的资金支持，从而盘活小镇特色产业的发展。

1. 依项目类型选择融资方式

从特色小镇的基础设施和公共服务建设与运营管理融资、特色产业发展平台和配套设施建设、特色产业发展三种融资需求来看，主要分为两类：一类是盈利性项目的融资，如特色产业融资，可以采取市场机制的商业化融资渠道；另一类是政府付费或政府优惠政策能够实现盈利项目的融资，可采取政府主导或政府和社会资本合作的 PPP 模式。政府主导可由政府投入资本金，利用政策性金融或开发性金融；政府设立产业基金或引导基金，吸引社会资金共同投资。

2. 依项目阶段选择融资方式

（1）特色小镇项目启动阶段——股权融资为主。这一阶段的融资最难，主要解决资本金问题。通过股权融资，达到一定的资本金规模，在此基础上，获取银行等金融机构提供的债权融资，达到项目启动所需的资金要求，为进一步利用债权融资获取项目建设所需资金创造条件。

（2）特色小镇项目建设阶段——债权融资为主。包括政策性银行、商业银行等金融机构的项目建设贷款、中长期贷款等。在项目建成运营的初期，产生一定的现金流作为还款来源，通过抵押、质押等方式取得银行等金融机构发放的流动资金贷款。

（3）特色小镇项目运营管理阶段——可进行资产证券化。当项目运营进入成熟阶段，能够产生稳定的现金流后，可以通过资产证券化的方式，即将收益权等权益进行资产证券化，实现前期投资的退出。

3.2.6 融资规划

特色小镇的开发是一个复杂的巨系统，需从系统工程的角度出发解决其投融资问题。

作为特色小镇开发的投资决策者，常面临如下问题：

问题1：如何发掘特色产业？

问题2：基础设施如何建设完善？

问题3：土地、房地产开发时序如何安排？

问题4：公共服务如何完善？

问题5：如何进一步吸引开发资金？

问题6：生态、人文环境如何传承？

问题7：特色小镇如何运营？

特色小镇投融资规划所处的系统环境如图3-20所示。

1. 特色小镇投融资规划目标

特色小镇投融资规划的目标包括以下六个方面：

（1）区域规划策略。划定特色小镇主要功能区的"红线"，把经济中心、城镇体系、产业聚集区、基础设施以及限制开发地区等落实到具体的地域空间。

（2）土地利用策略。对小镇土地利用存在的问题提出解决对策。优化土地配置和土地利用方式，实现以土地为依托的特色小镇环境系统、经济系统和社会系统可持续、协调发展。

（3）产业发展规划。夯实城镇产业基础，根据区域要素禀赋和比较优势，挖

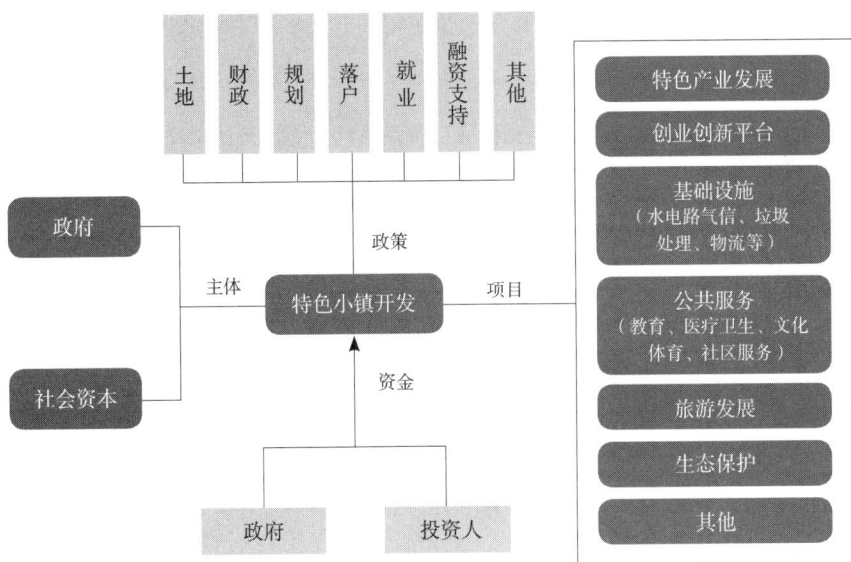

图 3-20　特色小镇投融资规划的系统环境

掘特色产业，做精做强主导特色产业。鼓励与旅游业有机结合，按照不低于 3A 级景区的标准规划建设特色旅游景区。

（4）建设与开发时序。其工作内容包括：一、二级土地开发，配套公共基础设施建设，生态环境保护，人文古迹修复等的进程安排。

（5）投融资时序。设计与建设开发、产业经营资金需求时点相配的投融资时序，保证融资来源及时可靠。

（6）收益还款安排。通过小镇经营，回收投资，实现效益。产业发展与旅游经营都可成为经济增长点。其特点为盈利点分散，回收周期长。可创新金融手段，平衡现金流。

2. 特色小镇投融资规划方案

根据特色小镇投融资特点，将其投融资规划分为以下步骤：系统环境→问题界定→整体解决方案→细部解决方案→建立投融资规划模型→模型修正→部署实施。

（1）系统环境。对特色小镇的软、硬环境及约束条件进行分析。从各地实际出发，挖掘特色优势，确定小镇的特色产业。

（2）问题界定。发掘特色产业发展与小镇现有资源环境、规划要求、功能条件的主要矛盾。

（3）整体解决方案。围绕主要矛盾对原有系统环境进行重新规划设计。包括：区域规划、土地利用、产业发展、建设与开发时序、投融资时序、收益还款时序等。

（4）细部解决方案。设计目标体系达成策略，细部解决方案即达成各个子系统目标的措施集合。

（5）建立投融资规划模型。对细部解决方案通过时序安排进行搭接，形成投融资规划模型。

（6）模型修正。进行定量检验，与政府部门、专家学者进行研讨优化。

（7）部署实施。确定开发部署安排，提出建设运营建议。

3.3 特色小镇项目决策阶段

特色小镇是一个集产业、文化、生态、旅游和社区之功能于一体的一个新型聚落单位，是以产业为核心，以项目为载体，实现生产、生活、生态互相融合，可持续发展的一个特定区域。特色小镇建设需策划先行，通过决策阶段策划找到小镇的"魂"，明确定位，并勾画出小镇建设的顶层设计，作为后续规划、建设的指导方案。

特色小镇项目决策阶段主要包括项目建议书、环境影响评价报告、节能评估报告、可行性研究报告、安全评价报告、社会稳定风险评价报告、水土保持方案报告、地质灾害危险性评估报告和交通影响评价报告编制管理等环节。项目建议书编制完成，并经投资主管部门下达批复文件后，项目即立项。在可行性研究报告编制之前，需要根据项目自身特点和当地的相关政策文件编制完成如节能评估报告等内容，并经相关部门审批或备案后进行可行性研究报告编制。

决策阶段策划工作首先是定位，包括策略定位、市场定位、功能定位、产业定位、形象定位等；其次进行大创意，即结合区域文化与特色资源，创造性地提出支撑定位的最核心的超级亮点与引爆点，凸显项目主体或小镇 IP；再次是体系化的专业工作，包括产品体系、业态组合、开发策略、融资方式、运营模式、效益分析等。

决策阶段策划工作内容包括特色小镇建设、培育、发展整个成长过程的各个环节，工作成果是一份可指引后续工作开展的纲领性文件，是后期决策参考的核心准绳。

3.3.1 尽职调查

特色小镇项目尽职调查主要包括自然环境分析、历史和文化环境分析、社会发展环境分析、经济环境分析、政策环境分析、产业发展环境分析、需求环境分析、建设环境分析等。

尽职调查分析是对影响项目策划工作的各方面环境进行调查，并进行认证分析，找出影响项目建设与发展的主要因素，为后续策划工作提供较好的基础。

1. 尽职调查准备工作

调查提纲：

（1）调查目的，希望获取哪些资料。

（2）调查内容，对调查目的的细化。

（3）被调查者情况，一般包括被调查人所在的部门及其职位。

（4）调查的问题及备注，准备问哪些问题，并留下谈话记录空间。

（5）调查的资料编号及其名称，希望索要哪些资料。

（6）调查人与调查日期。

2. 尽职调查实施

（1）现场实地考察。

（2）相关部门走访。

（3）有关人群访谈：

1）投资人方相关人员；

2）最终用户；

3）有关领导；

4）有关方面专家和专业人士；

5）其他相关人员。

（4）文献调查与研究。

（5）问卷调查。

3. 尽职调查案例

以2016年住房和城乡建设部美丽乡村经典案例为例——河南焦作七贤镇韩庄村。

（1）区位解读

焦作市位于河南省西北部，北依太行山与山西省接壤，东临新乡市，西临济源市，南邻黄河与郑州、洛阳相望。现辖2市、4县、4区和一个省级高新技术开发区。旅游资源丰富，拥有云台山、神农山、青天河等景区，同时也是中国太极拳的发源地（图3-21）。

图3-21 焦作市

韩庄村位于焦作市的东北部，修武县七贤镇东部，毗邻中铝、焦煤集团方庄矿。在国家级风景区云台山风景区的东南部，在韩庄村远眺可以将云台山美丽风景尽收眼中（图3-22）。

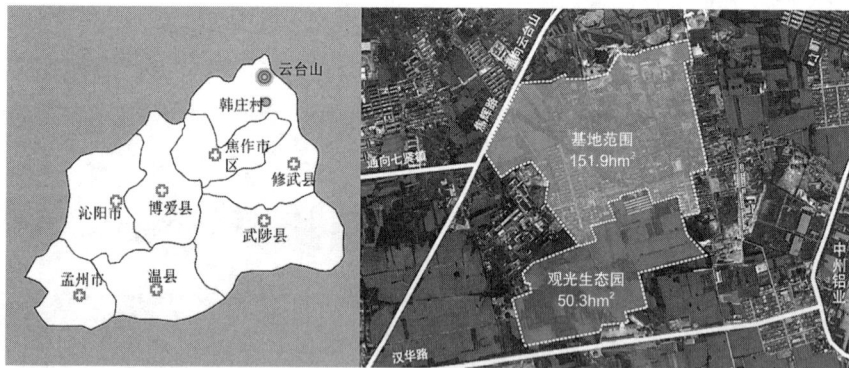

图3-22 韩庄村区位图

（2）文化背景

竹林七贤：魏正始年间（240～249年），嵇康、阮籍、山涛、向秀、刘伶、王戎及阮咸七人，常在当时的山阳县（今七贤镇）竹林之下，喝酒、纵歌，肆意酣畅，世谓竹林七贤。追求自由，回归自然、淳朴，体现返璞归真、天人合一的思想（图3-23）。

图 3-23　竹林七贤

豫北民俗：一方水土养一方人，一方人拥有一方文化（图 3-24）。河南有自己独特的文化类型和风貌，淳朴、厚重、热情，民族的就是世界的，保持和传承这种民俗文化是现代人的责任，也是民俗延续的根骨。

图 3-24　豫北民俗

（3）发展现状

1）公共空间层面。村民都在马路上聚会活动，缺少适宜尺度的人性空间；活动场所集中于村委门口，缺少主题特色，缺少绿化，缺少活动设施，最终缺乏人气。道路景观欠缺，缺少道路绿化、园林铺设、绿色植物花卉，电线杆、水泥墩影响村落景观。

2）建筑层面。建筑风格混乱，从中式到欧式，古典到现代，整个村落风貌杂乱无章；部分古旧民居风貌保存较为完整，迷人的砖瓦工艺、雕梁画栋衬托出灰色砖瓦为特色的豫北民居风貌。

（4）调查问卷

样本囊括（图 3-25）：

1）本次问卷受访者共 233 人，其中男性 115 人，占 49.40%，女性 118 人，占 50.6%。

2）受访者年龄主要集中在 30～59 岁，占 51.90%，10～59 岁的占 90.8%。

3）职业以农民（30.30%）和学生（35.30%）为主。

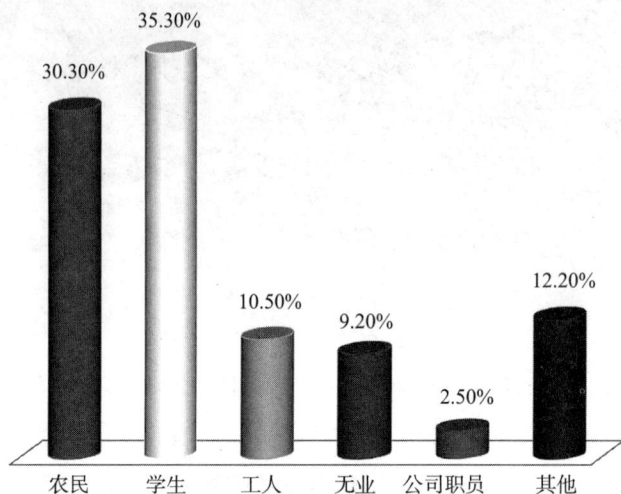

图 3-25 调查样本职业分布

整体环境方面：

1）85.9% 的受访者认为村里的整体环境相对较好。

2）受访者对村里环境满意主要体现在两个方面：①道路出行顺畅（31.30%）；②村容卫生较好（31.30%）。

3）近半的受访者认为本村最重要的风景资源是云台山，其次是美丽农田（25.30%）。

4）66.7% 的受访者认为本地最杰出的文化是竹林七贤，其次是孔子问礼（17.3%）。

5）受访者的日常出行方式主要是骑电动车（47.9%），比例最高，其次是步行（14.90%）和自行车（19.80）。

生产生活方面：

1）受访者对是否新建住房，意见比较分散，有早有打算（22.80%）、近期没打算（45.60%）、从来没打算（31.60）三种。其中愿意新建的大部分希望在原宅基地上建造，还有 26.00% 的受访者希望在村庄外围建造。不愿意新建的主要是经济原因。

全过程工程咨询指南丛书 ／ 特色小镇建设与开发项目全过程工程咨询实施指南 ／

2）受访者对本村绿化绝大部分倾向于乡土树种，18.50%的受访者认为城市园林植物较合适。

3）受访者在村里的娱乐活动主要有三种：①晒太阳聊天（28.70%）；②健身运动（27.50%）；③广场唱戏跳舞（18.80%）。

4）近半受访者都希望本村未来能够成为特色旅游度假村，其次为花卉苗木种植基地（24.20%）。

（5）调查报告总结

1）村庄的特色与资源。韩庄村位于云台山脚下，最重要的资源是远眺云台山和美丽农田，当地最杰出的特色文化是竹林七贤，韩庄村应利用远眺云台山的景观资源，结合竹林七贤的特色文化，打造文化古村落的旅游名片，使其成为独特北方乡村特色旅游村。

2）道路交通。进行道路绿化，建议增加行道树绿带和路侧绿带，形成复层种植的绿带，增加道路绿化面积。为解决人行道过人困难的问题，建议增加人行道的宽度，修建盲道，方便人的通行。清理道路两侧及中央电线杆等阻碍交通的设施，建议电缆电线地下铺设，保持道路的畅通。加强交通管制，使人车遵守交通规则，防止乱占车道及逆行现象。

3）绿化种植。绿化种植应以乡土树种为主，辅以城市园林植物。既不失本地特色，又可以提升当地的品位。

4）基础设施建设。提供更多的公共场地，提供运动休闲的地方，沿街道布置一些小型景观、雕塑小品、景墙等街道装饰品。增加道路及公共场地的垃圾箱、休息坐凳等设施，增加小街道及活动场地的照明。

5）建筑的整顿与改造。建议进行建筑立面的改造，在色调、样式、装饰上进行富有当地特色的改造，形成本村一道亮丽的旅游风景线，沿街比较破旧的建筑建议拆除或改建，修建富有特色的商业街。

3.3.2 可行性分析

1. 可研报告编制阶段

项目可研是综合论证项目建设的必要性、可行性、经济合理性、技术先进性和适应性的环节，是项目前期工作的重要内容和成果，是项目立项、评审、批复和实施的重要依据。编制项目报告见表3-2。

表3-2

可研报告组成及可研报告评审一览表

序号	可研报告编制一级目录	可研报告编制二级子目录	可研报告编制三级子目录	可研报告编制四级子目录	评审要点	评审依据
1	项目总论	项目概况	项目名称	项目全称	项目基本情况全面介绍，真实性审查	1. 国家经济和社会发展长期规划，部门与地区规划，经济建设指导方针、任务、产业政策，投资政策和技术经济以及国家和地方相关法规； 2. 经批准的项目建议书和项目建议书准后签订的意向性协议等； 3. 由各级政府批准的资源报告、国土开发整治规划、区域规划、江河流域规划、交通路网规划、城市总体规划、土地利用规划等； 4. 项目拟建地区的自然、经济、社会条件等基础资料； 5. 国家、地方和行业的有关工程技术、经济方面的法令、法规、标准定额资料等； 6. 国家颁布的建设项目可行性研究及经济评价相关规定； 7. 国家有关建设项目审批、核准规定、国家及地方政府有关节能等专项审批规定； 8. 其他相关依据
			建设单位	单位负责人、主管单位、单位地址、联系电话		
		项目简介		项目位置、功能、用地面积、总建筑面积、地上面积、地下面积、层数、层高、总高度、资金情况、计划开工竣工时间		
	项目建设单位概况	建设单位基本情况		成立时间、主营业务、成绩（业绩）	建设单位业绩、资质等方面真实情况	
	可行性研究的依据、范围及原则	可行性研究的编制依据		1)《中华人民共和国建筑法》 2)《中华人民共和国招标投标法》 3)《中华人民共和国环境影响评价法》 4)《建设项目经济评价方法与参数》 5) 建设项目选址意见书 6) 该项目所在地域的房地产权证 7) 项目所在地有关基础资料 8) 项目有关设计资料	项目可研编制所依据的相关规程、规范、标准的执行情况	

序号	可研报告编制一级目录	可研报告编制二级目录	可研报告编制三级子目录	可研报告编制四级子目录	评审要点	评审依据
1	项目总论	可行性研究的依据、范围及原则	可行性研究的范围	1）项目建设的可行性与必要性 2）项目建址及配套条件 3）项目的建设规模 4）项目的建设方案 5）项目的消防安全方案 6）项目的能源消耗和节能设计 7）项目的环境影响评价 8）项目的卫生防疫与劳动安全方案 9）项目的组织机构和管理 10）招标方案原则、依据、条件 11）项目的实施进度 12）项目的投资估算及资金筹措方案 13）项目的社会效益	项目可研报告文件的完整程度、编制深度满足规定的情况	
			可行性研究的原则	1）在建设中根据实际情况，坚持充分利用各种条件，兼顾长远、适度超前的原则 2）坚持节地、节能、因地制宜，合理布局、统一规划、综合配套建设相结合的原则 3）建设中坚持尽可能采用新材料、新技术，以节约投资，降低建设和使用成本 4）建设中同时考虑环境保护与绿化	项目目标、范围和内容的明晰程度	

续表

序号	可研报告编制一级目录	可研报告编制二级子目录	可研报告编制三级子目录	可研报告编制四级子目录	评审要点	评审依据
1	项目总论	可行性研究的依据、范围及原则	拟建项目地点、规模、工期与目标	1）拟建地点 2）建设规模（用地面积、总建筑面积、地上面积、地下面积、层数、总高度、层高、地下情况） 3）建设工期 4）建设目标（根据功能要求）	项目目标、范围和内容的明晰程度	
			项目投资规模	总投资、建安工程费用、设备购置费、工程建设其他费用、预备费用等		
			资金来源与使用	资金来源与资金使用情况说明	资金来源情况查明，是否存在违规举债行为	
			技术经济指标	总用地面积、建设规模、地上建筑面积、地下建筑面积、建筑基地面积、绿地总面积、室外道路铺装面积、容积率、建筑密度、机动车停车位、项目总投资、建安工程费用、设备购置费、工程建设其他费用、建设周期等	技术经济指标是否符合相关规定	
			问题与建议	1）方案设计 2）资金落实情况 3）协调有关部门子给予子政策扶持 4）施工和建设企业的确立	资金落实情况审查；政策扶持方面是否存在	

序号	可研报告编制一级目录	可研报告编制二级目录	可研报告编制三级子目录	可研报告编制四级子目录	评审要点	评审依据
2	项目建设的可行性和必要性	项目建设的可行性	国家或行业发展规划	国家或行业发展规划	项目需求分析的充分性、准确性和必要性	1）项目建设与国家及本地区发展结合性的评审分析《可行性研究报告》是否依据城市经济社会发展趋势和有关方针政策，对本项目建设必要性和社会效应（正面和负面）做出了论证，论证的深度、适宜性、有效性如何，存在哪些不足，有哪些补充或补充建议。2）项目建设与专业批准的规划符合性的评审分析《可行性研究报告》是否依据城市总体规划、地区或有关专业规划对本项目必要性做出了论证（没有规划的，是否提出了规划性意见），论证的深度、适宜性、有效性如何，存在哪些不足，有哪些补充或补充建议
			当地经济的发展及规划格局	当地经济的发展及规划格局		
			项目资金已落实	项目资金已落实		
			其他可行性	其他可行性		
		项目建设的必要性	发展与项目的需要	发展与项目的需要		
			项目参与社会竞争的需要	项目参与社会竞争的需要		
			符合国家政策与规划	符合国家政策与规划		
			其他必要性	其他必要性		

序号	可研报告编制一级目录	可研报告编制二级子目录	可研报告编制三级子目录	可研报告编制四级子目录	评审要点	评审依据
3	项目建址及配套条件	建址现状	建址现状	建址现状	对建址现状是否充分调研	1）社会需求历史和现状《可行性研究报告》是否调查反映了社会需求的各项指标和预测参数，调查的全面性、真实性、有效性如何，存在哪些不足，有哪些补充或补充建议。 2）需求影响因素调查分析的评审分析《可行性研究报告》是否调查分析了改革、发展（人口、经济、国内外水平对比等）和有关政策变化等影响需求的因素，调查的全面性、真实性、有效性如何，存在哪些不足，有哪些补充或补充建议。 3）未来需求预测情况的评审分析《可行性研究报告》是否对今后需求做出预测，选用的预测方法是否科学，对比分析，论证所用预测参数和预测结果是否合理，存在哪些不足，有哪些补充或补充建议。
		建址条件	地质条件	地质条件	对项目地质条件是否充分勘察，是否存在特殊地质土壤等情况	
			地震地质（区域稳定性、抗震设防烈度）	地震地质（区域稳定性、抗震设防烈度）	抗震设防烈度是否符合国家对本地区规定，是否存在过低或者过高情况	
			地形、地貌及地下水	地形、地貌及地下水	查明地下水情况	
			气象条件	气象条件		
			交通条件及公用设施	交通条件及公用设施（供热情况、排水情况、供电情况、环境条件）	供热情况、给水情况、排水情况、供电情况、环境条件调查是否充分	
		征地及法规条件	征地拆迁情况	征地拆迁情况	全面审查征地拆迁情况，拆迁补偿方案，结合社会稳定性评价	
			征地拆迁方案	征地拆迁方案		
			征地拆迁补偿方案	征地拆迁补偿方案		

序号	可研报告编制一级目录	可研报告编制二级子目录	可研报告编制三级子目录	可研报告编制四级目录	评审要点	评审依据
4	建设规模	建设规模确定依据及原则	建筑规划面积指标、检测指标《民用建筑设计规范》、国家规范	建筑规划面积指标、检测指标《民用建筑设计规范》、国家规范	建筑规划面积指标、检测指标是否符合本地块国家或地区规划规定	1）社会需求历史和现状调查的评审分析《可行性研究报告》是否调查反映了社会需求的各项指标和预测参数，调查的全面性、真实性、有效性如何，存在哪些不足，有哪些补充或补充建议。 2）需求影响因素调查分析的评审分析《可行性研究报告》是否调查分析了改革、发展（人口、经济、国内外水平对比等）和有关政策变化等因素，调查的全面性、真实性，有效性如何，存在哪些不足，有哪些补充或补充建议。 3）未来需求预测情况的评审分析《可行性研究报告》是否对今后需求做出预测，选用的预测方法是否科学，对比分析，论证所用的预测参数和预测结果是否合理，存在哪些不足，有哪些补充或补充建议
		建筑面积	建筑面积	建筑面积等指标的确定		
		功能需求及面积分配	建筑面积汇总表、用房面积表	建筑面积汇总表、用房面积表		
		设计指导思想和设计特点	设计指导思想和设计特点	设计指导思想和设计特点		
5	建筑方案	总平面布置	总平面布置	总平面布置	交通组织设计是否科学合理	1）国内外水平比较分析情况的评审分析《可行性研究报告》是否对国内外有关标准发展情况进行了调查并做出对比分析，及调查分析如何，存在哪些不足，有哪些补充或补充建议。
		交通组织	交通组织	便捷的通达性、人车分流		

续表

序号	可研报告编制一级目录	可研报告编制二级目录	可研报告编制三级目录	可研报告编制四级目录	评审要点	评审依据
		总平面设计	竖向设计	竖向设计	项目实施环境符合程度	2）适合国情论证情况的评审分析 《可行性研究报告》是否对适合国情做出论证、论证原则是否正确，论证是否详细，存在哪些不足，有哪些补充或补充建议。 3）现有有关设施潜力分析情况的评审分析（有挖掘可能的项目适用） 《可行性研究报告》对有关设施提高潜力的可能性利用做出论证、分析论证的全面性，与本项目目的关系做出论证，存在哪些不足，有哪些补充或补充建议。 有关本设施提高潜力可能性本项目服务范围内现有关设施如何，科学性如何，存在哪些不足，有哪些补充或补充建议。 4）同类设施建设发展情况的评审分析 《可行性研究报告》是否对本项目服务范围内同类设施建设发展情况及其对本项目规模的影响进行了调查分析，调查分析的全面性，科学性如何，存在哪些不足，有哪些补充或补充建议。 5）本项目建设内容及规模论证情况的评审分析 《可行性研究报告》是否对本项目建设内容及规模做出论证，论证是否详细，论证是否充分，依据是否充分，存在哪些不足，有哪些补充或补充建议。
			建筑无障碍设计	建筑无障碍设计		
			主要设计依据	国家相关标准、规范、规定		
			功能分区及平面设计	模块化组合、分区明晰化、功能可置换性		
			立面造型设计	场地协调性、整体性、文化性、时代性		
5	建筑方案	建筑设计	交通设计	交通设计	相关建筑指标审查，项目技术方案的合理性、先进性、经济性；项目实施环境符合程度	
			建筑无障碍设计	建筑无障碍设计		
			建筑功能组成	建筑功能组成		
			消防设计	防火分区、安全疏散、每个防火区设有两个或以上的疏散出口、每部安全疏散楼梯在首层均直接对外出口、消火栓给水系统、防排烟系统、专业说明		

序号	可研报告编制一级目录	可研报告编制二级子目录	可研报告编制三级子目录	可研报告编制四级子目录	评审要点	评审依据
5	建筑方案	建筑设计	建筑项目主要特征表	建筑类别、耐火等级、抗震设防烈度、主要结构选型、建筑层数、建筑总高度、建筑基底面积、建筑总面积	相关建筑指标审查，项目技术方案的合理性、先进性、经济性；项目实施环境符合程度	6）选址和配套条件比选论证情况的评审分析 《可行性研究报告》是否对选址和配套条件做出比选论证，比选论证的全面性、科学性如何，存在哪些不足，有哪些补充或补充情况。 7）技术方案比选论证的评审分析 《可行性研究报告》是否进行了两个以上方案的比选论证，在技术先进性、投资、效益、风险等方面的比较分析是否全面、科学，存在哪些不足，有哪些补充或补充建议。 8）选用设备论证情况的评审分析（配备重要设备项目适用） 《可行性研究报告》是否对国内外设备性能、价格进行了调查分析和比较，调查分析对比是否合理，结论和建议是否合理、科学，有哪些补充或补充建议。 9）《可行性研究报告》是否对项目节能情况做出论证，是否提出相应措施，论证是否全面，措施是否可行，存在哪些不足，有哪些补充或补充建议
			主要技术经济指标	总用地面积、总建筑面积、地上面积、地下面积、建筑基底面积、绿地总面积、容积率、建筑密度、绿地率、机动车停车数		
		结构设计	设计依据	本工程结构设计依据下列国家规范规程进行： 1)《建筑结构可靠度设计统一标准》GB 50068 2)《建筑结构荷载规范》GB 50009（2006年版） 3)《建筑工程抗震设防分类标准》GB 50223 4)《混凝土结构设计规范》GB 50010 5)《建筑抗震设计规范》GB 50011 6)《高层建筑混凝土结构技术规程》JGJ 3 7)《砌体结构设计规范》GB 50003 8)《建筑地基基础设计规范》GB 50007 9)《建筑桩基技术规范》JGJ 94 10)《地下工程防水技术规范》GB 50108		

序号	可研报告编制一级目录	可研报告编制二级子目录	可研报告编制三级子目录	可研报告编制四级子目录	评审要点	评审依据
5	建筑方案		设计依据	11《建筑设计防火规范》GB 50016 12《工业建筑防腐蚀设计标准》GB/T 50046 13《民用建筑外保温系统及外墙装饰防火暂行规定》(公通字〔2009〕46号) 14《关于进一步明确民用建筑外保温材料消防监督管理有关要求的通知》(公消〔2011〕65号) 15)其他		
		结构设计	荷载取值	风荷载、雪荷载、使用荷载、部分材料及构件自重		
			消防抗震设防及结构抗震等级	消防抗震设防及结构抗震等级		
			结构使用年限及结构安全等级	结构使用年限及结构安全等级		
			结构构件的耐火等级	结构构件的耐火等级		

序号	可研报告编制一级目录	可研报告编制二级子目录	可研报告编制三级子目录	可研报告编制四级子目录	评审要点	评审依据
5	建筑方案	结构设计	混凝土结构的耐久性要求	各构件混凝土满足耐久性的规定要求		
			受弯构件的挠度及裂缝宽度控制要求	允许挠度、允许裂缝宽度		
			结构选型及基础选型	抗侧力结构体系、楼盖体系、基础选型		
		给水排水设计	设计依据	1）本工程的有关批文 2）甲方提供的设计回复单 3）本设计采用的国家规范 4）其他与本工程有关的国家和地方规范 5）建筑、空调及电气等专业提供的设计资料 6）《建筑工程设计文件编制深度规定》（2008 年）	设计依据审查	
			设计范围	室外给水排水系统、室内给水排水系统、消火栓给水系统、自动喷水灭火系统、建筑灭火器配置		

序号	可研报告编制一级目录	可研报告编制二级子目录	可研报告编制三级子目录	可研报告编制四级子目录	评审要点	评审依据
5	建筑方案	给水排水设计	室外给排水系统	1）室外给水设计（水源、用水量、给水系统、室外消防系统） 2）室外排水设计（采用排水方式、生活污水排水量、室外排水管道） 3）室外雨水设计（雨水量计算、雨水管）	项目技术方案的合理性、先进性、经济性；项目实施环境符合程度	
			室内给排水系统	1）生活给水系统（用水量、冷水系统） 2）生活污水系统 3）屋面雨水排水系统（雨水量计算、重力设计重现期、系统设计、屋面雨水管） 4）人防给水排水设计		
			消防系统	消火栓系统、自动喷水灭火系统、气体灭火系统、灭火器的配置		
			节水、节能、隔振、降噪等技术措施	节水、节能、隔振、降噪等技术措施		
			主要设备及材料表	主要设备及材料表		

序号	可研报告编制一级目录	可研报告编制二级子目录	可研报告编制三级子目录	可研报告编制四级子目录	评审要点	评审依据
5	建筑方案	电气设计	设计依据	1）业主提供的设计任务书及各专业提供的设计条件和相关图纸 2）设计规范及标准	设计依据的科学合理性	
			设计范围	配电系统、动力与照明、防雷与接地、综合布线系统、有线电视系统、视频安防监控系统、停车场管理系统、火灾自动报警系统等		
			变、配电系统	变、配电系统		
			配电系统	设备选择、保护与测量、动力配电		
			照明系统	照明种类及标准、照明光源与灯具选择		
			防雷、接地及防雷电	防雷、接地及防雷电	项目技术方案的合理性、先进性、经济性；项目实施环境符合程度	
			综合布线	综合布线系统的设计符合国家和相关行业有关网络传输、安全性、电磁兼容性和建筑物布线的标准和规范		
			有线电视	功能要求、分配方式、布线方式		
			保安监控系统	监视控制的功能配备、室内外通信联络、监控范围		

续表

序号	可研报告编制一级目录	可研报告编制二级子目录	可研报告编制三级子目录	可研报告编制四级子目录	评审要点	评审依据
6	消防	设计依据	项目功能、总建筑面积、层数	1)《建筑设计防火规范》GB 50016 2)《建筑灭火器配置设计规范》GB 50140 3)《建筑给水排水设计标准》GB 50015 4)《工业建筑供暖通风与空气调节设计规范》GB 50019 5)《民用建筑电气设计标准》GB 51348 6)《火灾自动报警系统设计规范》GB 50116 7)其他与本工程有关的国家及地方规范、规程	设计依据的科学合理性	
		建筑消防设计	总平面布置、单体建筑设计耐火等级和耐火材料、防火分区和防烟分区的设置	建筑物内疏散走道安全出口的位置，建筑各不同防火分区间在外墙的处理上，窗间墙大部分距离≥2m，当有凹角时≥4m，实墙不足上述距离时用防火玻璃代替	项目技术方案的合理性、先进性、经济性；项目实施环境符合程度	
		消防系统	消火栓系统	消防水源、消防用水量、室内消火栓系统、室内消火栓设置位置、室内消火栓连接方式、消火栓箱内配备		

序号	可研报告编制一级目录	可研报告编制二级子目录	可研报告编制三级子目录	可研报告编制四级子目录	评审要点	评审依据
6	消防		自动喷水灭火系统	保护范围、设计参数，系统设计含系统的选择及供给方，湿式报警阀位置及个数、消防泵的控制，喷头选用、系统的检测		
			气体灭火系统	保护范围、灭火方式、系统控制方式		
			灭火器的配置	灭火器的配置	项目技术方案的合理性、先进性、经济性；项目实施环境符合程度	
7	环境影响评价	周围环境概况	周围环境概况	周围环境概况		1）环境影响和治理措施论证情况的评审分析 《可行性研究报告》是否对项目有关环境影响做出测评，是否提出有关治理措施，测评的详细程度，适应性如何，措施是否可行，存在哪些不足，有哪些补充或建议。 2）节水、节约土地论证情况的评审分析 《可行性研究报告》是否对项目节水、节约土地提出相应措施，论证是否全面，措施是否可行，存在哪些不足，有哪些补充或建议。
		项目污染状况分析	施工期主要污染因素	运营期主要污染因素，包含环境大气污染、废水排放、噪声、固体废物		
		施工期间环境保护措施	噪声污染治措施、扬尘治措施、废水、固体废弃物防治措施	噪声污染防治措施，扬尘防治措施，废水、废气、固体废弃物防治措施		

序号	可研报告编制一级目录	可研报告编制二级子目录	可研报告编制三级子目录	可研报告编制四级子目录	评审要点	评审依据
7	环境影响评价	运营期内环境保护措施	建筑设计、废弃物的防治措施、固体废弃物的防治措施	建筑设计、废弃物的防治措施、固体废液的防治措施、隔振、降噪、环保、节能及其他技术措施。排烟机及通风机等均选用高效率、低噪声产品	项目技术方案的合理性、先进性、经济性；项目实施环境符合程度	3）消防和职业安全、卫生论证情况的评审分析《可行性研究报告》是否对项目适用（职业安全、卫生、生产性项目消防、职业安全、卫生情况做出论证，是否提出相应措施，论证是否全面、措施是否可行，存在哪些补充或补充建议
		项目建设环境可行性分析	项目建设环境可行性分析	选址、项目建设期及使用期的污染源及措施		
8	建设期组织机构与管理	项目组织管理机构设置	组织管理机构	人员配备情况与职能分工		1）项目组织结构的评审分析《可行性研究报告》是否构建了项目组结构，构建的组织结构是否适合项目特点，对后期工作指导性如何，存在哪些不足，有哪些补充或补充建议
		工程建设管理	工程技术咨询	工程技术咨询		
			技术监督和检查	技术监督和检查	审查人员配备情况	2）投资、进度、质量、安全管理方案的评审分析《可行性研究报告》是否对项目投资、进度、质量、安全管理进行了论述，措施是否可行，存在哪些不足，对后期工作指导性如何，有哪些补充或补充建议。
			施工管理	施工管理		
		项目运营期管理	项目物业管理	项目物业管理		

序号	可研报告编制一级目录	可研报告编制二级目录	可研报告编制三级目录	可研报告编制四级子目录	评审要点	评审依据
9	项目实施进度	项目实施进度计划	各项进度计划	项目方案设计工作时间、可行性研究报告编制及审批工作时间、施工图设计时间、开工的前期准备工作时间、开工建设时间、全部竣工交付时间、竣工财务决算时间	审查各项进度计划	
10	投标方案原则、依据、条件	招标方案的原则	公平、公正	公开、公平、公正、诚实信用、独立、接受行政监督	审查招标方案公平公正性及合法合规性	3）工程招标方案的评审分析《可行性研究报告》是否对项目招标事项（招标范围、招标组织形式、招标方式、其他有关内容）进行了论述，是否可行，对后期工作指导性如何，存在哪些不足，有哪些补充或充建议
		招标方案的依据	《中华人民共和国招标投标法》及《中华人民共和国政府采购法》	《中华人民共和国招标投标法》及《中华人民共和国政府采购法》		
		招标方案的策划及实施	施工、监理、招标方案	策划招标方案、实施招标活动，包括根据项目招标方式发布招标公告、编制、发放资格预审文件和递交资格预审申请书、确定合格的投标申请人、编制工程量清单、编制招标控制价、发布招标文件（包括合同条件）、现场勘查、答疑、接受投标、制定评标标准、开评标、评标、中标、签订合同		

序号	可研报告编制一级目录	可研报告编制二级子目录	可研报告编制三级子目录	可研报告编制四级子目录	评审要点	评审依据
10	投标方案、依据、原则、条件	勘察、设计及材料、设备招标方案	勘察、设计及材料、设备招标方案	勘察、设计及材料、设备招标方案		
		项目招标范围、组织形式、方式	项目招标范围、组织形式、方式	项目招标范围、组织形式、方式	招标方式合法合规性	
11	投资估算与资金筹措	投资估算	编制说明	建安工程费（经验值）主要包括土石方及边坡支护工程、地下部分、公用部分，设备购置费（电梯费、其他费用包括土地使用费）、可研报告编制费（计价格（1999）1283 号文标准计取）	核定项目工程量、工程投资、取费标准、材料价格等情况	1）投资估算准确情况的评审分析 《可行性研究报告》估算依据是否正确，编制深度是否充分，采用估算指标是否合理，有无漏项，工程量是否有误，计算是否准确，怎样的调整，最终确定的投资估算（在复审报告修订本后以《投资估算评审对照表》反映）。 2）资金落实论证情况的评审分析 《可行性研究报告》提出的项目融资方案是否具体、合理、可行，是否对资金落实情况做出论证，存在哪些不足，有哪些补充或建议。 3）财务分析情况的评审分析 《可行性研究报告》是否对项目盈利、还贷能力（盈利项目），或项目服务期经营、维护费用（非盈利项目）做出分析，估算是否全面、可行，是否提出优化建议或经营措施建议，估算是否科学、合理，存在哪些不足，有哪些补充或建议。
			编制依据	1）国家计委、原建设部《建设项目经济评价方法与参数》（二版） 2）国家计委《建设项目进行可行性研究的试行管理办法》 3）《云南省房屋建筑与装饰工程消耗量定额（2013）》 4）当地类似工程造价 5）当地材料价格		
			总投资估算			

序号	可研报告编制一级目录	可研报告编制二级子目录	可研报告编制三级子目录	可研报告编制四级子目录	评审要点	评审依据
11	投资估算与资金筹措	资金筹措	计划几年完成，每年筹划多少	计划几年完成，每年筹划多少	审查资金筹措及资金使用计划	4）国民经济和社会效益评价情况的评审分析《可行性研究报告》是否在社会调查的基础上进行了国民经济和社会效益评价，评价依据是否充分，评价是否全面具体，存在哪些不足，有哪些补充或补充建议。 5）风险分析情况的评审分析《可行性研究报告》是否对项目实施和财务金融等风险做出分析并提出应对措施，分析是否全面、措施是否科学、合理、可行，存在哪些不足，有哪些补充或补充建议
		资金使用计划	每年投资金额主要用于什么项目，达到的效果，每年计划资金是否够用			
		投入后运行经费测定	投入后运行经费测定	投入后运行经费测定	对投入后运行经费测定的数据来源及合理性进行审查	
12	社会效益评价					《可行性研究报告》（修订本）在哪些方面做出了修订，修订的程度和有效性如何，有哪些补充或补充建议
13	结论					
14	附件					

2. 可研报告评审工作程序

可研报告评审工作程序包括项目承接、形式审查、选取评审专家、组织专家提出评审意见、编写评审报告及评审报告的审核、印制及盖章、提交、归档和专家后评价（图 3-26）。

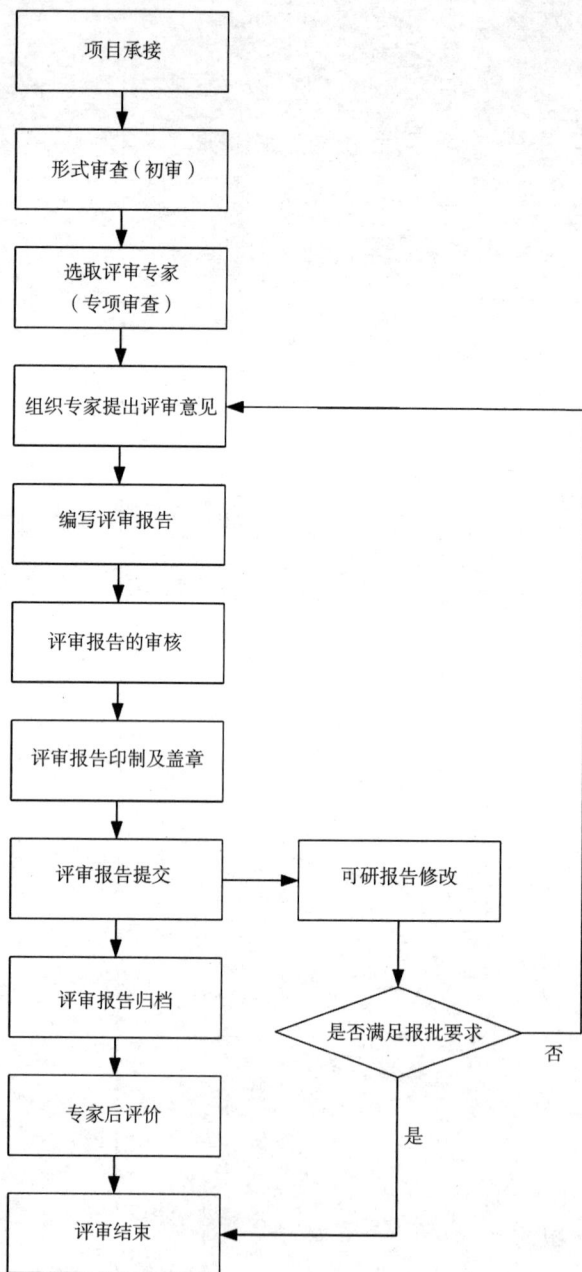

图 3-26　可研报告审查流程

（1）项目承接

承接可行性研究报告评审工作时，首先与申报单位进行充分沟通，了解项目情况，明确委托方要求，清楚工作内容，考虑项目的整体情况，决定是否承接该项目。如决定承接项目评审工作，与委托方签订《技术咨询合同书》，明确双方责任和义务，可研项目评审工作正式展开。如对批量项目可研报告进行评审，应对项目进行统一编号。

（2）形式审查（初审）

项目承接后，应对委托方提供的项目材料进行形式审查，审查内容包括报告材料是否完整齐全，是否符合有关部委发布的申报指南的相关要求，如出现重大问题及时提出。如无重大问题出现，应制定科学合理的工作方案，开展项目的评审工作。

（3）选取评审专家（专项审查）

专家要求从事工程、技术、经济等方面，且具有专业领域较丰富的工作经验，并具备高级技术、经济职称或同等专业水平；熟悉有关法律、政策、法规及规范等；能够认真、公正地履行评审职责；与被评项目无经济利益关系和其他利害关系。

（4）组织专家提出评审意见

每个项目均由选取的工程、技术、经济等方面的专家提出独立审查意见，综合专家意见后形成对项目的评审意见。专家提出意见后，需结算专家费用。专家费用应根据项目类型、项目难易程度、工作任务量和工作天数的不同进行结算。

（5）编写评审报告

在专家评审意见基础上，编写评审报告并对报告的格式、文字及各类表格的准确性等进行校对。

（6）评审报告的审核

评审报告形成后，由专家组进行技术把关。依据专家组审核意见进行修改，修改后提交部门主管、副总经理、总经理、董事长逐级审核。

（7）评审报告印制及盖章

项目评审报告由董事长审核后，按合同规定的评审报告的份数进行印刷，并到行政部在报告首页进行盖章。

（8）评审报告提交

项目评审报告按合同规定的份数、地点提交给委托方。

（9）评审报告归档

项目评审工作全部完成后，按照有关要求及时将评审报告整理、移交归档。

（10）专家后评价

项目完成后，应对参与项目评审工作的专家进行后评价，评价结果作为再次选聘同类咨询项目专家的依据。

3. 可研审查要点

以某项目可研审查为例，（评审咨询机构全称）受××市政府投资项目评审中心的委托，对（报告编制单位全称）编制的《（建设项目全称）可行性研究报告》进行了评审。我们本着独立、客观、公正的原则，按照规定的评审程序，组织专家对项目现场进行了踏勘，并召开了专家评审会。在认真审阅《（建设项目全称）可行性研究报告》内容，查阅相关编制依据以及分析测算的基础上，结合专家组评审意见，形成如下评审意见：

（1）项目概况

项目地址、项目性质、项目建设内容及规模、项目投资、项目计划工期、项目业主等主要情况。

（2）评审依据

1）国家经济和社会发展长期规划，部门与地区规划，经济建设指导方针、任务、产业政策、投资政策和技术经济政策以及国家和地方相关法规；

2）经批准的项目建议书和在项目建议书批准后签订的意向性协议等；

3）由各级政府批准的资源报告、国土开发整治规划、区域规划、江河流域规划、交通路网规划、城市总体规划、土地利用规划等；

4）项目拟建地区的自然、经济、社会条件等基础资料；

5）国家、地方和行业的有关工程技术、经济方面的法令、法规、标准定额资料等；

6）国家颁布的建设项目可行性研究及经济评价相关规定；

7）国家有关建设项目审批、核准规定，国家及地方政府有关节能等专项审批规定；

8）其他相关依据。

（3）建设必要性论证评审意见

1）项目建设与国家及本地区发展结合性的评审分析。

《可行性研究报告》是否依据城市经济社会发展趋势和有关方针政策，对本项目建设必要性和社会效应（正面和负面）做出了论证，论证其深度、适宜性、有效性如何，存在哪些不足，有哪些补充或补充建议。

2）项目建设与批准的规划符合性的评审分析。

《可行性研究报告》是否依据城市总体规划，地区或有关专业规划对本项目必要性做出了论证（没有规划的，是否提出了规划性意见），论证的深度、适宜性、有效性如何，存在哪些不足，有哪些补充或补充建议。

（4）社会需求调查和预测评审意见

1）社会需求历史和现状调查的评审分析。

《可行性研究报告》是否调查反映了社会需求的各项指标和预测参数，调查的全面性、真实性、有效性如何，存在哪些不足，有哪些补充或补充建议。

2）需求影响因素调查分析的评审分析。

《可行性研究报告》是否调查分析了改革、发展（人口、经济、国内外水平对比等）和有关政策变化等影响需求的因素，调查的全面性、真实性、有效性如何，存在哪些不足，有哪些补充或补充建议。

3）未来需求预测情况的评审分析。

《可行性研究报告》是否对今后需求做出预测，选用的预测方法是否科学，对比分析、论证所用预测参数和预测结果是否合理，存在哪些不足，有哪些补充或补充建议。

（5）建设标准论证评审意见

1）国内外水平比较分析情况的评审分析。

《可行性研究报告》是否对国内外有关标准发展情况进行了调查并做出对比分析，及调查分析的详细情况及有效性如何，存在哪些不足，有哪些补充或补充建议。

2）适合国情论证情况的评审分析。

《可行性研究报告》是否对适合国情情况做出论证，论证原则是否正确，论证是否详细，建议标准理由是否充分，存在哪些不足，有哪些补充或补充建议。

（6）建设内容及规模论证评审意见

1）现有有关设施潜力分析情况的评审分析（有挖掘可能的项目适用）。

《可行性研究报告》是否对本项目服务范围内现有有关设施提高潜力的可能性和措施做出分析，与本项目的关系做出论证，分析论证的全面性、科学性如何，存在哪些不足，有哪些补充或补充建议。

2）同类设施建设发展情况调查的评审分析。

《可行性研究报告》是否对本项目服务范围内同类设施建设发展情况及其对本项目规模的影响进行了调查分析，调查分析的全面性、科学性如何，存在哪些不足，有哪些补充或补充建议。

3）本项目建设内容及规模论证情况的评审分析。

《可行性研究报告》是否对本项目建设内容及规模做出论证，论证是否详细，依据是否充分，存在哪些不足，有哪些补充或补充建议。

（7）多方案比选情况评审意见

1）选址和配套条件比选论证情况的评审分析。

《可行性研究报告》是否对选址和配套条件情况做出比选论证，比选论证的全面性、科学性如何，存在哪些不足，有哪些补充或补充建议。

2）技术方案比选论证的评审分析。

《可行性研究报告》是否进行了两个以上方案的比选论证，在技术先进性、投资、效益、风险等方面的比较论证是否全面、科学，存在哪些不足，有哪些补充或补充建议。

3）选用设备论证情况的评审分析（配备重要设备项目适用）。

《可行性研究报告》是否对国内外设备性能、价格进行了调查分析和比较，调查分析和对比是否科学，结论和建议是否合理可靠，存在哪些不足，有哪些补充或补充建议。

（8）环境影响等论证评审意见

1）环境影响和治理措施论证情况的评审分析。

《可行性研究报告》是否对项目有关环境影响做出测评，是否提出有关治理措施，测评的详细程度、适应性如何，措施是否可行，存在哪些不足，有哪些补充或补充建议。

全过程工程咨询指南丛书 ／ 特色小镇建设与开发项目全过程工程咨询实施指南

2）节水、节约土地论证情况的评审分析。

《可行性研究报告》是否对项目节水、节约土地情况做出论证，是否提出相应措施，论证是否全面、措施是否可行，存在哪些不足，有哪些补充或补充建议。

3）消防和职业安全、卫生论证情况的评审分析（职业安全、卫生、生产性项目适用）。

《可行性研究报告》是否对项目消防、职业安全、卫生情况做出论证，是否提出相应措施，论证是否全面、措施是否可行，存在哪些不足，有哪些补充或补充建议。

（9）节能论证评审意见

《可行性研究报告》是否对项目节能情况做出论证，是否提出相应措施，论证是否全面、措施是否可行，存在哪些不足，有哪些补充或补充建议。

（10）工程项目管理方案评审意见

1）项目组织结构的评审分析。

《可行性研究报告》是否构建了项目组织结构，构建的组织结构是否适合项目特点，对后期工作指导性如何，存在哪些不足，有哪些补充或补充建议。

2）投资、进度、质量、安全管理方案的评审分析。

《可行性研究报告》是否对项目投资、进度、质量、安全管理进行了论述，措施是否可行，对后期工作指导性如何，存在哪些不足，有哪些补充或补充建议。

3）工程招标方案的评审分析。

《可行性研究报告》是否对项目招标事项（招标范围、招标组织形式、招标方式、其他有关内容）进行了论述，是否可行，对后期工作指导性如何，存在哪些不足，有哪些补充或补充建议。

（11）经济分析和风险分析论证评审意见

1）投资估算准确性情况的评审分析。

《可行性研究报告》估算依据是否正确、编制深度是否充分，采用估算指标是否合理，有无漏项，工程量是否有误，计算是否准确，需做出怎样的调整，最终确定的投资估算（在复审报告修订本后以《投资估算评审对照表》反映）。

2）资金落实论证情况的评审分析。

《可行性研究报告》提出的项目融资方案是否具体、合理、可行，是否对资金落实情况做出论证，存在哪些不足，有哪些补充或补充建议。

3）财务分析情况的评审分析。

《可行性研究报告》是否对项目盈利、还贷能力（盈利项目适用），或项目服务期经营、维护费用（非盈利项目适用）做出分析、估算，分析是否全面，估算是否可靠，是否提出优化建议或经营措施建议，建议是否科学、合理、可行，存在哪些不足，有哪些补充或补充建议。

4）国民经济和社会效益评价情况的评审分析。

《可行性研究报告》是否在社会调查的基础上进行了国民经济和社会效益评价，评价依据是否充分，评价是否全面具体，存在哪些不足，有哪些补充或补充建议。

5）风险分析情况的评审分析。

《可行性研究报告》是否对项目实施和财务金融等风险做出分析并提出应对措施，分析是否全面，措施是否科学、合理、可行，存在哪些不足，有哪些补充或补充建议。

（12）可行性研究报告修订情况评审意见

《可行性研究报告》（修订本）在哪些方面做出了修订，修订的程度和有效性如何（结合《修订情况对比分析表》说明），有哪些补充或补充建议。

（13）评审结论意见与建议

《可行性研究报告》（修订本）是否满足报批要求，还有哪些意见和建议。

3.3.3 组织管理

特色小镇项目组织与管理策划包括项目组成结构策划、项目管理组织方案策划、项目合同策划方案以及项目总进度纲要策划等几个方面的内容。

1. 项目组成结构及编码方案策划

项目组成结构分解是在功能分析基础上得出的，表明了项目由哪些子项目组成，子项目又由哪些内容组成。项目组织结构分解与项目总投资规划、项目总进度规划密切相关，将指导项目总投资分解与编码、总进度的分解与编码。通过对项目进行合理分解，将有利于项目投资、进度、质量三大目标的控制，有利于项目全过程的实施。

2. 项目管理组织方案策划

项目管理组织方案主要涉及项目建设管理模式，具体包括项目管理的组织结构和项目建设的工作流程组织。项目管理组织结构反映了项目投资人与项目参与各方之间的关系，以及项目投资人的部门设置、指令系统、人员岗位安排等。有了项目管理的组织结构以后，就可以进行工作任务分工、管理职能分工等。

3. 项目合同策划方案

项目的合同策划是指确定决策期的合同结构、决策期的合同内容和文本、建设期的合同结构的确定、合同文本的选择、招标模式、合同跟踪管理、索赔与反索赔等，其中最重要的是合同结构的确定。许多大型建设项目的项目管理实践证明，一个项目建设能否成功，能否进行有效的投资控制、进度控制、质量控制及组织协调，很大程度上取决于合同结构模式的选择，因此应该慎重考虑。

4. 项目总进度纲要策划

项目总进度纲要是项目全过程进度控制的纲领性文件，在项目实施过程中，各阶段性进度计划、各子项目详细的进度计划都必须遵守项目总进度纲要。另一方面，总进度纲要出来以后，在项目实施过程中，还要进行多次的调整、优化，并进行论证。

3.3.4 定位分析

项目定位是指对特色小镇项目投资开发中涉及的诸多要素（经济、政策、法规、规划、国土、市场、消费者、人文、地理、环境、交通、商业、市政配套等）进行客观调查，并通过科学系统的定量定性分析和逻辑判断，寻找到满足项目众多元素的结合点（城市规划条件的满足、特色小镇项目开发企业经济合理回报的需要、消费者的有效需求等）。

只有定位才能决定小镇的发展方向，只有定位才能指导小镇开发所有环节和细节。定位就是告诉我们，想做一个什么样的小镇。比如：乌镇就是一个有江南水乡特色的安静小镇；东部华侨城就是一个以观光游乐为主的度假小镇。

简言之，项目定位是特色小镇市场策划的基础，项目定位的成果及结论（项目总体定位、客群定位、产品定位建议）对后续各阶段策划具有方向性和指导性，是特色小镇项目策划的首要环节之一。项目定位包含以下内容：

1. 定位决策依据

首先是依托的资源。文化资源也分为两类：一是文化底蕴；二是文化产业。不同的资源就有不同的定位思考。而旅游资源也分为两类：一是观光游乐资源；

二是适宜度假的资源。同样，资源不同，其定位思路也会有很大不同。比如，游乐观光资源其定位思路应该以玩为主，而度假资源则应考虑旅居的需求。

其次依托的市场。无论什么样的特色小镇，没有市场就不可能存活和发展。因此，不同的小镇必然面对不同的市场，比如，有些资源只能满足区域市场，那么如果你定位全国市场，最后结果会怎样？而你的资源完全可以面对全国甚至是全球市场，但你只是定位区域，其规模、配套、设施都不会太大，那么大的市场白白流失。

再次是地块的价值。地块价值往往决定项目的价值。地块所处的自然山水、交通、地形地貌都关系到地块价值的大小。

最后是消费者分析。这是小镇进行定位分析必须研究的一个重要参数，不知道小镇未来的消费者是谁，不知道他们到底在哪里，不知道他们的消费预期、消费需求、消费偏好，那这个定位到底是定什么？为谁定？又该怎么定？主要确定项目各功能物业的客户阶层、消费群体，为项目后期开发方案提供依据。即什么样的人会买项目的产品和服务。

2. 项目发展形象定位及概念定位

确定项目的发展形象，为项目定位与规划设计提供方向。

3. 项目功能组合及业态配比定位

主要包括项目内部主要物业类型的功能确定、组合方案定位、功能布局及各功能间的关联性控制。就是利用对建设目标所处社会环境及相关因素的逻辑数理分析与相关定性分析，研究项目任务书对设计的合理导向，制定和论证建筑设计依据，科学地确定设计内容，并寻找达到这一目标的科学方法。其主要内容包括：

项目总平面规划、套型、户型及户型比、户型面积、交通系数、公摊系数、使用系数、配置标准、环境景观设计等，产品本身的品质是最主要的策划内容。功能定位是介于城市规划与建筑设计（设计院所）之间的一项重要"断层"工作，也是我国目前特色小镇项目发展过程中最薄弱的环节，是特色小镇市场经济发展到今天的必然产物。

4. 项目开发规模与档次定位

根据项目发展主题，并结合项目所处市场背景环境，确定项目主要物业类型的开发规模与档次。

全过程工程咨询指南丛书　特色小镇建设与开发项目全过程工程咨询实施指南

5. 项目价值定位（含财务分析）

根据项目自身条件、总体定位、市场供需状况、市场现有物业供应价格水平、潜在购买水平，以及项目所在区域未来发展趋势等因素，明确项目各功能物业的价格水平。

6. 价格定位

特色小镇项目的开发、销售往往是一个时期的或跨年度的。而消费市场变化莫测，项目的定价要能被市场接受，需要一定的超前意识和科学预测，可以说定价部分是艺术，部分是科学。影响价格的因素有很多，主要包括：成本、项目品质、顾客承受的价格、同类产品的竞争因素等。

产品的可变成本是定价的下限，上限是顾客所愿意支付的价格。市场中消费者总想以适中的价格获得最高的价值，因此不应把价格和价值混为一谈。定价之后，运行中可以作适当的调整，但不能作大幅度的或否定性的调整，否则会带来非常恶劣的影响。

7. 定价策略

根据市场情况，合理分布各销售阶段，并制定平均销售价格表；实施后，在销售过程中视实际情况调整销售价格；推出优惠活动的时机及数量建议；楼层、朝向、配套差价；付款方式建议；售价调整与销售率及工程进度的关系。

在弄清方法之后，具体执行有低价、高价、内部价、一口价、优惠价等战略。

（1）采用低价战略：入市时比较轻松，容易进入，能较快地启动市场。

（2）采用高价策略：为了出类拔萃、身份象征、完善功能、优良环境等，可用高价吸引高消费者入市，但不是盲目漫天要价，要物有所值。此法风险较大。

3.3.5 建设规划

1. 特色小镇规划面临的问题

在特色小镇的建设过程中，需在综合分析小镇的自然、环境、社会、经济等因素基础上，科学、合理地制定特色小镇产业、人口、文化等方面的规划，发挥好规划的引领作用对于推进特色小镇建设、实现特色小镇的综合效益具有重要的作用。当前特色小镇规划编制中存在的问题主要反映在以下三个方面：

（1）规划选址不合理，规划特色不突出。特色小镇的创建需突出"小"而"特"的特征，"小"很容易实现，而"特"却很难体现。很多地方小镇在选址过程中往往只重视小镇的规模，而忽视了其用地选择需充分考虑产业发展的需求，忽视规划需在充分提炼当地特色基础上再开展，造成选址不当，规划项目特色不鲜明，进而导致项目难以落地，产业发展可持续性不强等问题。

（2）规划编制自上而下，自下而上结合不足，政府企业权力责任界限不清。在由政府主导的特色小镇创建地区，特色小镇的规划编制还多以政府主导为主，规划编制过程中涉及主导产业选择、项目策划、规划调整、协调等均以政府主导开展，项目业主在小镇的策划、规划中参与度不深，不利于特色小镇后期建设与项目的持续运营；同时，地方政府为发挥更多的小镇社会效应，在地方政府财政较为紧张的情况下，要求企业承担本应由政府承担的公益性项目投资，导致企业投资成本增加，企业投资意向下降，在二者难以达成一致时，小镇投资搁浅，出现新的"特色鬼镇"。

（3）用地审批、规划评审验收与企业投资行为时间周期的不匹配。特色小镇的规划是在已有上位规划的基础上进行编制的，规划区域通常会涉及相关规划的调整，这些调整往往耗时较长，而小镇产业类项目往往需快速形成投资并产生收益，对于政府主导型的小镇创建，规划及项目落地需快速推进以及时完成投资目标，达到考评要求，规划间衔接、协调时间较长，规划审批流程较多，在一定程度上成为部分特色小镇难以推进的关键性因素，如云南楚雄南华野生菌小镇，资源条件较好，区位条件较优越，但由于地方政府无力支付建设用地报备前期费用，企业也不愿意垫付这部分钱，导致小镇从进入创建名单以来，近一年时间用地问题都未解决，小镇开工受阻。

2. 特色小镇规划原则

（1）整合协同原则

特色小镇建设规划将各个部门、领域和行业进行系统性"整合"，同时，在规划建设方面也是将分散变为"整合"，这样会更有利于管理，也会使得产业更加得以聚集发展。

（2）创新思维原则

特色小镇理论提出后，不断研究新的发展创新模式，其中功能融合的组织模式存在着更加广阔的创新空间。

（3）文化传承、旅游辅助原则

由于地域性的不同，导致文化也具有一定的地域特色，不同的地域会产生出差异性的地域文化。深入挖掘地域文化，对其进行保护、传承与发展，逐渐形成特色小镇独特面貌。同时，旅游策略作为文化传承的辅助，将其文化进行传播与发扬，使得特色小镇建设规划得到更好的发展与持续。

3."多规合一"视角下特色小镇规划探讨

（1）特色小镇的选址

小镇选址的合理性对其创建成功起到关键性作用。选址是特色小镇创建前期必备环节，特色小镇的"特"决定了其选址过程中必须要突出规划区域的独特性，如优美的生态环境，独具特色的民族文化、历史古迹、交通要道以及特色产业等，"小"要体现空间范围紧凑性，是一个资源高度利用的空间平台。当前，部分特色小镇由于前期选址不合理，导致在规划编制过程中面临规划范围不清晰、规划间相互冲突等问题，阻碍了小镇的推进进度。"多规合一"的优点在于有一个各级职能部门共同认可的"一张图"及统一的规划信息管理平台。将社会经济发展规划、土地利用规划、环境保护规划、城乡规划等相关成果进行协调后，各部门规划统一到"一张图"上，实现在规模、空间范围、空间管制措施上的统一协调。在"一张图"形成的基础上，以特色小镇建设条件为基础，开展特色小镇选址工作，可以保障小镇选址不触碰基本农田红线、生态红线等，可综合协调各类规划条件、经济技术指标，保证小镇创建的顺利开展及用地空间的合理安排，提高用地效率及减小环境影响，对小镇综合效应的发挥具有重要的作用。如表3-3所示。

特色小镇的选址条件及要求 表3-3

选址条件	选址要求
建设空间	在区域内划定 $3km^2$ 的规划区，包括 $1km^2$ 的建设核心区
区域特色	突出小镇的"特"，包括绿色产业、特色文化、生态环境条件等
产业基础	作为产业转型发展、资源高度利用的平台，具有必要的产业条件，如旅游产业、产品加工业等
基础交通	具有较好的地位交通优势，能够为特色小镇发展提供助力，如位于高速公路、铁路的节点等

（2）规划编制

从前面特色小镇规划面临的问题分析可以知道，土地调规、林地调规、环评、可研及项目核准、建设许可，规划审批环节多、周期长等问题都有可能成为影响小镇建设推进的制约因素，而"多规合一"通过对不同规划要素整合，较好地实现了"一个区域，一个空间规划"的目标，使各规划在区域边界上保持一致，保证用地布局覆盖全域，避免因空间布局冲突而导致"规划打架"的现象。编制有"多规合一"城乡总体规划的县市区，在进行特色小镇规划时，应以县级层面的"多规合一""一张图"为基础，按照特色小镇的发展定位、投资项目的目标和发展计划，具体安排规划区内用地空间布局，对有用地冲突的区域，按照上位"多规合一"规划中构建的冲突协调解决机制进行协调，编制特色小镇规划区范围内的"一张图"，并构建规划信息管理平台，便于后续具体项目的推进落实及小镇控规、详规及专项规划的编制。一套衔接紧密、层级分明、事权清晰的规划体系的构建，对于小镇区域发展定位、空间功能的合理布置、投资进度的恰当安排等具有重要的作用。

（3）规划实施、评估与动态更新

特色小镇建设的核心在于产业的发展，不仅注重与现有产业的相互结合，而且强调投资的产出效应。作为经济新常态下推进供给侧结构性改革的重要平台，特色小镇产业发展不应以政府为主导，而应以政府为引导、以企业为主体、采用市场化运作方式，特色小镇创建对效率的诉求更加明显。而已有规划实施存在明显的滞后性，这种滞后性对于空间范围较大的县级层面或乡镇级层面尚可接受，但对于特色小镇来说则意味着效率的损失、市场机遇的错过，可以这样认为，特色小镇因为"小"而"特"，其规划也需体现"特"而"小"。"特"可以体现在多方面，"多规合一"编制方法的应用就是其中之一："小"可以理解为小镇规划的细节问题，在规划实施管理层面更多细节问题的发现则离不开规划信息平台的支撑。"多规合一"规划管理信息平台不仅可为规划方案的制定提供决策依据，更重要的在于其在规划管理决策方面的应用，海量、即时数据的提供，可对规划实施情况进行动态跟踪、对项目投资效益进行分析评估，进而为小镇规划实施情况的评估、规划的调整提供可靠的细节数据支撑。

特色小镇创建与"多规合一"规划编制作为当前促进供给侧结构性改革的重要举措，对于促进区域协调发展和规划编制体制改革有着重要的作用，积极试点不同地域、不同类型区域"多规合一"的编制，不断实践和完善"多规合一"规划编制方法、体系，对于新时期，新规划体系的构建具有重要的意义。在这一过程中，相对规划技术而言，规划体制的变革与完善显然是更为重要的；在城市从生产型空间向生活型空间转变过程中，特色小镇创建试点较好地契合了这一转变，但具体能不能承载起这一重任，仍待观察，但规划的重要性毋庸置疑，转型发展的小镇必然需要转型后的规划，将"多规合一"实践于特色小镇，以新的规划理念引领小镇的发展，对于小镇创建来说，无疑是一个良好的开端。

4. 特色小镇规划建设十五步走

（1）根据资源禀赋做好精准策划

根据区位等资源要素进行综合分析，找出自身特色，精准定位。对小镇名称、组织规划、建设、运营、管理、融资模式、投资主体等内容进行明确定位和策划。

（2）坚持精选产业、项目落地的理念

传统的城镇规划是留足城镇的发展空间，不以产业为重点；这次特色小镇规划要以产业为重点，特别要突出产业选择。产业选择主要是结合传统产业，发展适合小城镇的产业，小城镇适合的产业往往是传统加工业、高新研发产业、农产品加工业、旅游业等，不发展不适合落户小城镇的大规模制造业，在产业选择上还要考虑聚集人气的项目。

重项目落地。找到有基础的产业项目，做精做强，在空间上落地。用地性质、开发强度、建设时序都要落地，在图纸上都要标注，并且这是特色小镇规划的重点内容。

（3）注重营造美丽而有特色的空间环境

传统小城镇规划重视发展空间，对风貌考虑不足，不重特色。本次特色小镇规划既要考虑美，重视风貌，还要考虑特色，既要考虑空间的精准，又要注重美的营造，要注重打造有特色的人居环境，不能千镇一面。通过特色风貌，体现更高层次的追求。

（4）规划复合高质量的设施服务并辐射周边

传统规划注重量的发展，忽视质的提升；更注重基础设施的完善，解决有无问题，忽视服务水平的高低；特色小镇规划注重高质量的、复合的公共服务设施和基础设施的规划，要加强设施建设，提升服务水平。基础设施基于服务圈的理论配置，要小而综，适合小城镇特点，达到一定标准，并辐射周围乡村和地区。

（5）注重传承和发展文化，使小镇富有内涵和魅力

特色小镇不仅要有特色还要有文化，文化是特色小镇的灵魂，要建设有品

质、有内涵、有吸引力、让人流连忘返的地方，而不是一个空壳。挖掘、传承、发展文化变得尤为重要。文化要有历史、有人物、有故事，要鲜活。挖掘和整理后的传统小城镇文化要在空间上予以体现，要提供文化场所，要在建筑、雕塑、小品、题匾、园林上予以反映，形成新的城镇"八景"。还要不断结合当前的形势归纳和总结，传承并形成当前的文化。

（6）通过旅游和休闲加强小镇的活力和人气

传统小城镇规划重视硬件的规划并不注重活力等软件的打造，本次特色小镇规划需要集聚人气和创造活力。有条件的可通过旅游的方式提升吸引力，旅游设施、旅游线路都要有所规划；旅游项目要注重中低端消费，考虑聚集人气项目，比如夜宵一条街、跳蚤市场等；北方地区要有冬季的活动场所，南方地区要有雨季的活动场所；增强活力，积聚人气，防止鬼镇出现。

（7）注重绿色、生态、智慧等时代理念的应用

特色小镇规划应具有超前意识，体现时代要求。应广泛应用互联网、智慧绿色发展理念。

互联网代表着最先进的技术，而传统小城镇在城镇形态中是相对落后的，特色小镇规划要用传统空间形态承载先进技术，用智慧手段解决规模小、分布散，相互之间有一定距离的问题，通过信息流避免无效的行动；绿色化、信息化还可以解决生产、生活之间的联系问题；未来建设成比城市还让人向往的理想生活空间。特色小镇应利用先进的理念和技术，提供优越的发展条件。针对绿色智慧发展需要专门做导则或专项规划，作为专篇来进行设计。

（8）加强高效而创新的管理

特色小镇管理机构要小，管理上要精简，要用复合的管理机制，避免大布置。要加强城乡建设管理，加强去僵存新的机制设计。对于专门的人员、机构、管理方式，包括监管机制要有设计，突出高效和创新。特色小镇的体制机制要高效，要变革，要注重建设管理机构及管理方式的设计，这也是特色小镇规划的重要组成部分。

（9）强调多维度的综合规划

传统规划类型很多、内容很多，而特色小镇规划是横向多规合一、纵向多个层面规划的结合，是多维度、高度融合的综合规划，本身是一个多规合一的规划。它不是传统意义上的空间规划，是综合社会和管理的规划。镇里本身也是各

种规划的集合、整合。各部分综合规划内容需要在成果中明确表现出来。

（10）注重以特色为导向的规划

传统规划注重空间结构、基础设施的建设规划，本次特色小镇规划是在传统规划的基础上突出特色——空间特色、产业特色等以特色为导向的规划。有无特色将作为评判特色小镇规划好坏的关键。

（11）坚持精明收缩（精明增长）式发展，要严控规模

特色小镇建设应走精明收缩（精明增长）的道路，避免建设规模过大，反对粗放式建设，反对快速式建设，反对一窝蜂式建设。应坚持紧凑布局和集约节约建设用地的原则，避免摊大饼式，根据自身资源和产业基础及其分布情况，尽可能完善现有建设区。

（12）坚持建设标准适度超前

特色小镇建设要完善原有城镇功能，提升生活质量，高标准建设，成为小城镇建设的示范和城镇化的新样板。坚持高标准发展，不能再重复原来的低质量城镇化，不要成为未来一段时间又要拆迁和改造的对象，避免低质量的建设造成浪费。

（13）注重实效的建设规划

以往的小城镇规划重视规划期末终极蓝图的编制，而忽视近期建设规划的安排。特色小镇规划应注重近远结合，尤其要保持近期建设规划的相对完整，是注重实效的建设规划，合理定位布局，项目科学落地。

特色小镇规划不是墙上挂的规划，不是研究，而是实际可操作的规划，是规划、是设计、是施工图、是能指导建设的具体图纸和方案。

（14）以核心街区为重点打造

特色小镇规划是从一些有区位优势、有活力、有产业前景的街区进入的一个激活式的规划，激活城镇活力，而不是一个以边界为目标的规划。以活力地区打造为引擎，有产业，有带动项目，以活力复兴为重点之一。

（15）投入成本的经济测算

特色小镇规划要注重经济投入成本的测算，无论政府投入还是市场贷款，都要考虑本身资源条件对资本的承纳能力和偿还能力，要做经济方面的核算和预算，这部分内容也是特色小镇规划的重要组成部分。

3.3.6 土地策划

特色小镇项目土地问题是特色小镇开发建设过程中尚待解决的难点和痛点。特色小镇的一大核心理念就是破解土地资源瓶颈，其建设不能再单纯地依赖土地增量，需要向存量要发展空间。土地管理涉及的法律、法规、政策较多，急需梳理特色小镇建设项目相关法律、法规、政策，构建特色小镇的土地政策空间，保障特色小镇建设实施。

1. 特色小镇土地政策框架

对于特色小镇来说，要使得小镇的项目落地，需要土地保障政策的支持，同时为保证土地的合理利用，也需要土地监管政策来对土地管理和利用行为以及土地利用情况进行监督和管理。因此，本书认为特色小镇土地政策可以分为土地保障政策与土地监管政策两方面。不过，对于特色小镇，该土地利用管理生命周期也存在一定局限性。特色小镇的一大核心理念就是破解土地资源瓶颈，其建设不能再单纯依赖土地增量，需要向存量要发展空间。而土地利用管理生命周期涉及的仅为增量土地，难以满足特色小镇对土地利用的要求。对于特色小镇，需要对土地利用管理生命周期进行拓展，除了新增建设用地的管理外，还需将存量建设用地的利用和集体建设用地的流转涵盖在内，由此一同构成特色小镇的土地保障政策。因此，本书认为特色小镇土地政策总体上包括土地保障政策和土地监管政策两方面，而土地保障政策又具体包含增量土地利用政策、存量土地利用政策和改革导向土地政策三方面。

2. 特色小镇土地政策思路

根据特色小镇理念解析，特色小镇的核心理念包括破解土地资源瓶颈、推动产业转型升级、促进"三生融合"三点。而土地作为特色小镇建设的关键要素，特色小镇的核心理念自然也会在土地利用上提出要求，由此也会对特色小镇土地政策的思路产生影响。

首先，破解土地资源瓶颈意味着特色小镇在土地利用方面需要开源节流，一方面要积极利用存量建设用地和农村集体建设用地，另一方面要控制新增建设用地规模，促进土地的节约集约利用。在土地利用规划和计划体系下，我国对新增建设用地采取的是指标分配的方式。因此，特色小镇的增量土地利用政策需要加强对用地指标分配的管理，以加强对新增建设用地供给的控制，从而对土地利用的节流产生引导作用。存量土地利用政策则需要加强对特色小镇利用存量建设用地的支持，改革导向土地政策则要进一步促进特色小镇规划范围内集体建设用地的流转，进而为土地利用的开源提供支持。

其次，推动产业转型升级则要求特色小镇优化土地资源在产业部门间的配置。基于生产要素理论，土地是最基本的生产要素，土地资源在各部门间的分配与利用会对生产产生影响，利用土地政策可以对土地资源的配置进行调节，进而影响到与土地相关的各种产业的发展。因此，特色小镇土地政策需要优化土地资源配置以引导产业转型升级。对于新增建设用地来说，政府可以通过对土地供应结构、供应方式进行调节来影响土地市场供求关系，调整土地资源配置，进而引导产业结构优化升级。因此，增量土地利用政策需要支持土地实现差别化供应，即对符合地方产业导向的企业应降低门槛、采取地价优惠、调整出让年限等一系列举措来吸引其入驻，而针对不符合其产业导向的企业则应提高门槛，从而优化土地资源配置，促进产业转型升级。对于存量建设用地来说，为推动产业的转型升级，存量土地利用政策则需要允许存量建设用地的功能发生转变。

最后，田园城市理论要求土地实现混合使用，并对土地功能进行合理划分以实现城市功能集聚的理念，精明增长理论＋土地混合使用的原则则启示特色小镇要实现"三生融合"需要促进土地的混合使用。土地混合使用是指有兼容性的土地和空间用途在一定时间和空间范围内的混合使用状态。其本质上就是将居住用地、工业用地、公共管理和公共服务用地以及商业用地有机结合在一起。通过促进各类城市功能有机融合，产生协同效应，土地混合使用可以保证经济活力、促进社会公平、提升环境质量，也可以增加就业机会、促进职住平衡。

因此，通过促进特色小镇土地混合使用，推动其土地利用结构的合理化和均衡化，有助于推动特色小镇生产、生活、生态的有机融合，进而打造一个具有优质环境和高水平服务的宜居宜业的新型社区。具体到实践中，居住用地、工业用地、公共管理和公共服务用地以及商业用地等各类用地的供应比例平衡有利于土地混合使用。因此，特色小镇增量土地利用政策需要强调土地供应中各类用地的供应比例合理、平衡。除了明确土地保障政策的思路之外，也需要确保土地监管政策不缺位。土地监管政策对土地政策的执行效果具有重要影响，强大的监管力量是土地政策有效执行的有力保障。因此，需要通过对土地管理和利用行为进行监管，对土地利用情况进行监测和评价，并设立一定的奖惩机制，来保证土地管理和利用的相关主体履行应尽义务，促进土地的合理利用（图 3-27）。

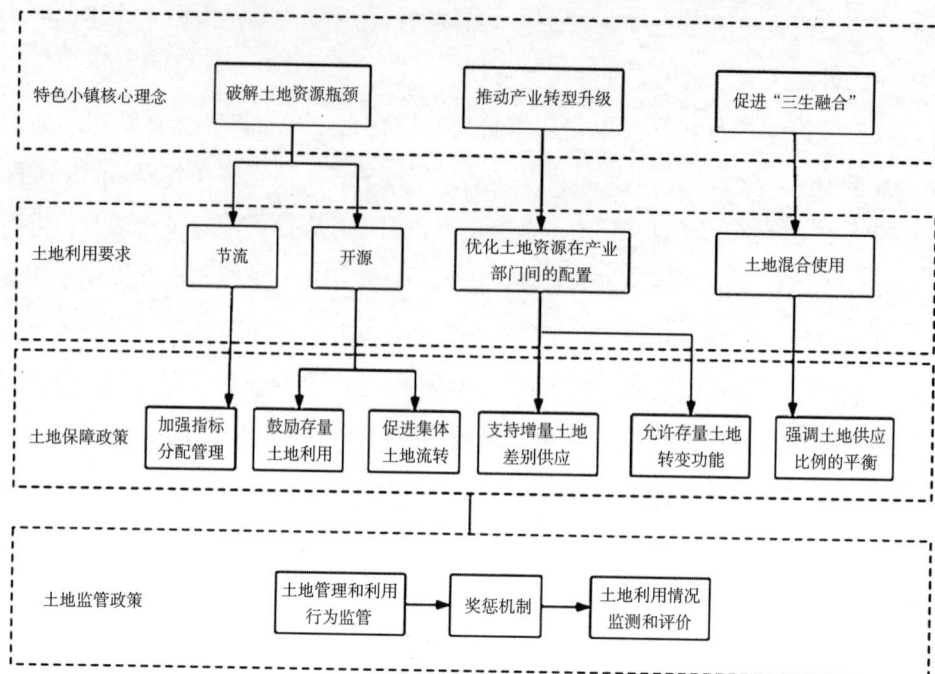

图 3-27　特色小镇土地政策思路

3. 特色小镇现有土地政策梳理与分析

（1）对现有特色小镇土地政策梳理

在明确特色小镇土地政策框架、内容以及思路的基础上，本书对省级层面特色小镇现有土地政策进行梳理，掌握其政策现状，对其进行评述，探究现有土地政策存在的缺陷。

特色小镇自提出以来便迅速发展，其建设热潮也迅速燎原于全国。浙江省作为特色小镇的首创者，其出台的《浙江省人民政府关于加快特色小镇规划建设的指导意见》（浙政发〔2015〕8 号）中提出一系列保障土地要素的政策措施。伴随着浙江省特色小镇建设的顺利推进以及中央鼓励和支持特色小镇培育发展的通知、意见的出台，各省份也相继出台了特色小镇规划建设的指导意见。在土地保障政策方面，各省出台的各类特色小镇土地保障政策的细则如表 3-4 所示。

其中，增量土地利用政策主要侧重于土地利用总体规划的调整，即将特色小镇建设用地纳入城镇建设用地扩展边界内，以及土地利用年度计划的新增建设用地指标倾斜。存量土地利用政策则主要涉及四方面的具体政策：一是工业用地提

省级层面土地保障政策类型与细则

表 3-4

土地保障政策		省份	政策细则
增量土地利用政策		福建	新增建设用地计划对特色小镇予以倾斜支持，每个特色小镇可获得省国土厅安排的 1000 亩用地指标
		河北	各地结合土地利用总体规划调整和城乡规划修编，将特色小镇建设用地纳入城镇建设用地扩展边界内。土地计划指标统筹支持特色小镇建设
		江西	支持各地安排年度新增建设用地计划中的部分用地计划用于特色小镇建设，并予以优先安排、足额保障
		云南	2017—2019 年，省级单列下达特色小镇建设用地 3 万亩
		广东	对符合条件的特色小（城）镇内重点项目，优先保障其用地指标。对现有规划建设用地总规模不足的特色小镇，可结合土地利用总体规划的调整工作予以重点保障。对集约节约用地工作成绩较为突出的特色小（城）镇，由市、县在统筹安排建设用地指标时予以倾斜支持
		浙江、江苏	确需新增建设用地的，由各地先行办理农用地转用及供地手续
		湖北	涉及新增建设用地的，各地依法办理农用地转用及供地手续
存量土地利用政策	利用低丘缓坡、滩涂资源和存量建设用地	福建、浙江、湖北、河北、江西、云南、海南	特色小镇建设要按照节约集约用地的要求，充分利用低丘缓坡地、存量建设用地等
	工业用地提高容积率可不再补缴土地价款差额	福建、湖北、江苏、云南	鼓励对现有工业用地追加投资、转型改造，合理利用地上地下空间。在符合相关规划和不改变现有工业用地用途的前提下，对工矿厂房、仓储用房进行改建及利用地下空间，提高容积率的，可不再补缴土地价款差额
	过渡期按原用途使用土地	福建、湖北、江苏、云南	在符合相关规划的前提下，经市、县（区）人民政府批准，利用现有房屋和土地，兴办文化创意、科研、健康养老、工业旅游、众创空间、现代服务业、"互联网＋"等新业态的，可实行继续按原用途和土地权利类型使用土地的过渡期政策，过渡期为 5 年。过渡期满后需按新用途办理用地手续，若符合划拨用地目录的，可依法划拨供地
	存量行政规划用地转为经营性用地	江西	经县级以上国土资源、城乡规划主管部门同意以及县级以上人民政府批准，特色小镇范围内的存量行政划拨用地可根据规划转为经营性用地

土地保障政策		省份	政策细则
存量土地利用政策	城乡建设用地增减挂钩	湖北	将于2017年起单列下达每个特色小（城）镇500亩增减挂钩指标用以支持建设
		河北	支持建设特色小镇的市、县（市、区）开展城乡建设用地增减挂钩试点，连片特困地区和片区外国家扶贫开发工作重点县，在优先保障农民安置和生产发展用地的前提下，可将部分节余指标用于特色小镇
存量土地利用		江西	增减挂钩的周转指标扣除农民安置用地以外，剩余指标的20%～50%留给特色小镇使用
		广东	充分利用国家赋予我省的"三旧"改造和城乡建设用地增减挂钩等土地政策，保障特色小（城）镇建设用地
改革导向土地政策	集体经营性建设用地入市、宅基地流转		在符合有关规划和用途管制的前提下，在特色小镇规划区范围内，探索集体经营性建设用地入市，允许以出租、合作等方式盘活利用宅基地，允许通过村民自愿整合、采取一事一议，在现有宅基地基础上进行统一集中规划建设

高容积率可不再补缴土地价款差额；二是过渡期按原用途使用土地；三是存量行政划拨用地按规定可转为经营性用地；四是城乡建设用地增减挂钩政策。改革导向土地政策即鼓励在特色小镇规划区范围内，探索集体经营性建设用地入市和宅基地流转。

相较于土地保障政策的多样性，土地监管政策则较为单薄，主要是结合特色小镇年度考核制度建立了用地指标奖惩机制来对特色小镇的建设进行监督和管理，即浙江省和江苏省提出的"对如期完成年度规划目标任务的，省里按实际使用指标的50%给予配套奖励，其中信息经济、环保、高端装备制造等产业类特色小镇按60%给予配套奖励；对3年内未达到规划目标任务的，加倍倒扣省奖励的用地指标"。

具体来看，当前省级层面的特色小镇土地政策主要有以下几点特点：

第一，特色小镇落地需要土地，因此特色小镇现有土地政策主要关注的就是特色小镇土地要素的保障。由土地政策梳理也可以发现，当前特色小镇土地保障政策内容较为丰富，对特色小镇建设的支持力度也较大，体现了政府对特色小镇的重视，有利于保障特色小镇的用地，鼓励特色小镇的建设和发展。但是相较来说，土地监管政策则有所缺位，各省的土地监管政策均未提及对特色小镇的土

全过程工程咨询指南丛书 ／ 特色小镇建设与开发项目全过程工程咨询实施指南 ／

地管理和利用行为如何监管，也未建立针对特色小镇的土地利用情况监测和评价体系，仅浙江和江苏两个省份结合特色小镇年度考核制度建立了用地指标奖惩机制。因此，从整体上看，当前省级层面的特色小镇土地政策以鼓励和支持类的政策为主，尤其体现在新增建设用地指标的支持方面。与此相对的是，规范和监督类的政策设计相对较少。

第二，在土地保障政策方面，土地保障政策有增量土地利用政策、存量土地利用政策和改革导向土地政策。在这三项政策中，各省份对增量土地利用政策和存量土地利用政策更为关注。如表3-4所示，在出台了特色小镇土地政策的省份中，8个省份提到了增量土地利用政策，9个省份提到了存量土地利用政策。增量土地利用政策为特色小镇建设提供了最基础的土地保障，也具有一定激励作用。而出于土地节约集约利用的考虑，各省份都鼓励特色小镇的建设要充分利用存量建设用地，鼓励城镇低效用地的再开发，盘活闲置建设用地。关于改革导向土地政策，只有云南省在特色小镇规划建设的指导意见中明确提出了特色小镇规划区范围内可探索集体经营性建设用地入市和宅基地流转，其他省份皆未明确提及。因此，就从政策文本分析来看，各省份的特色小镇土地政策对用地指标保障和存量建设用地再利用的关注更多，对集体建设用地流转的关注较少。

第三，就增量土地利用政策而言，为支持特色小镇建设，各省份都会对特色小镇给予一定的用地指标倾斜，但具体来说，发达省份与欠发达省份还是有所差异。欠发达省份和中等发达省份会倾向于在建设用地计划中直接保证或优先安排特色小镇用地，支持力度相对更大。例如，云南省规定"2017—2019年，省级单列下达特色小镇建设用地3万亩"。发达省份，如浙江和江苏，首先鼓励特色小镇使用存量建设用地，如果确需新增建设用地的，再由各地先行办理供地手续，倾斜力度较欠发达省份来说相对较小。另外，从各省目前的增量土地利用政策来看，各地皆对新增建设用地指标的分配更为关注，但是却忽视了指标分配以后的土地供应，未在土地供应环节设置相应的政策。

（2）特色小镇现有土地政策分析

特色小镇作为新生事物，各地政府纷纷出台土地政策，体现了其对特色小镇的重视。特色小镇现有土地政策中有一些好的地方。例如，各地都基本上涉及了存量土地利用政策，工业用地提高容积率可不再补缴土地价款差额的政策以及过渡期按原用途使用土地的政策都为企业利用存量建设用地提供了便利，推动其产业转型升级，也与特色小镇集约发展的理念不谋而合。再如，各级政府也积极创新土地政策。浙江省用地指标奖惩相结合的政策设计，在鼓励特色小镇建设、加强其产业发展动力的同时，也起到了一定的约束作用，监督小镇发展。各级政府在土地政策方面的探索可以更好地支持和规范特色小镇的发展，也使得特色小镇土地政策得以不断完善。然而，从前文的分析中也可以发现特色小镇现有土地政策还存在诸多问题，与政策思路不符，背离了特色小镇核心理念。具体来说，主要有以下几点缺陷：

1）增量土地利用政策整体欠佳。

各省出台的特色小镇土地政策都更多地关注新增建设用地指标的保障，用地指标的优先保障和倾斜体现了政府对于特色小镇建设的支持，提高了各个主体建设特色小镇的积极性。但是从整体上看，还是存在用地指标倾斜力度过大的问题。实地调研中，有地方官员就表示由于地方政府不愿意特色小镇被除名这种情况出现，所以对特色小镇建设的支持力度还是比较大的，体现在土地方面，就是对特色小镇建设所需的新增建设用地指标进行优先安排。

从前文分析可以看出，关于新增建设用地的供应，省级层面的特色小镇土地政策皆未提及，特色小镇作为产业转型升级的新平台，聚焦于高端产业和产业高端，新兴产业发展特色较为鲜明，产业用地日益呈现研发用途比例较高、用地需求多元化以及不同用地类型之间相对混合等特征。同时，特色小镇"三生融合"的理念也要求各类用地的供应比例要平衡合理。因此，对于特色小镇，土地供应环节的政策很是重要。一方面，特色小镇要合理设置各类用地的供应结构。另一方面，需要通过差别化供地来淘汰落后产能，吸引优势企业，保障产业发展的相关项目及时落地，引导产业发展方向。然而，土地供应环节政策的缺位不利于优化土地利用结构，也难以满足特色小镇新产业、新业态的用地需求，弱化了土地政策对于特色小镇产业发展的调控引导作用。

2）改革导向土地政策基本缺位。

与增量土地利用政策用地指标支持力度过大形成鲜明对比的是改革导向土地政策存在供给缺位的问题。特色小镇利用集体建设用地开展建设对其自身、地方政府以及村集体和村民来说都有诸多意义。对于特色小镇，利用集体建设用地可以保障土地要素，解决土地难题；对于地方政府，可以节省征地成本，省略征地手续，也避免征地引起的社会问题，降低非经济成本，促进社会稳定；对于村集体和村民，特色小镇引入的产业可以为村民提供就业机会，集体建设用地的流转也有利于保护村集体和农民的土地权益，增加农民收入，使其分享城市化带来的土地增值收益。然而，如前文所述，在省级层面只有云南省明确提出了改革导向土地政策，鼓励在特色小镇规划区范围内探索集体经营性建设用地入市和宅基地流转，其他省份皆未提及这项政策。

3）土地监管政策模糊且不全面。

虽然浙江省和江苏省创新性地设计了用地指标奖惩相结合的土地监管政策来对特色小镇的建设形成监督，但是其政策设计不够细化的问题也在一定程度上制约了其作用的发挥。在指标奖励方面，相较于其他一些重大项目的指标奖励办法，特色小镇指标奖励的适用条件、奖励原则、奖励总量等都显得有些模糊。以浙江省重大产业项目为例，省国土厅出台了《浙江省重大产业项目用地计划指标奖励办法（试行）》，明确适用条件、奖励原则和奖励额度，并且规定按年初国家下达给浙江省计划总量的5%左右预留指标专项用于省重大产业项目奖励。相比之下，特色小镇的指标奖励由于没有明确细则，因而在奖励时间、额度和总量等方面都存在一定的随意性，使得其激励作用有所弱化。

土地监管政策既包括对土地管理和利用的相关主体的监督和管理，也包括对土地利用现状的监测和管理。然而当前的特色小镇土地监管政策只涉及了奖惩机制，却未对这两方面的土地监管政策进行明确规定。在对土地管理和利用的相关主体的监管方面，由于政府对特色小镇的土地政策相较于对其他产业平台的土地政策来说支持力度更大，因此更需要加强对地方政府和土地使用者的土地管理和利用行为的监管，避免土地优惠政策被滥用。同时，特色小镇中的一些新兴产业处于项目起步期，具有一定的风险性和不确定性，用地评价体系的缺失不利于后续采取措施来倒逼闲置土地或低效利用土地的企业退出用地，不利于土地的集约高效利用。

4）没有满足特色小镇理念要求。

一方面，特色小镇的核心理念之一是破解土地资源瓶颈，为此要控制新增建设用地的供应，鼓励特色小镇建设多利用存量建设用地和集体建设用地。而当前用地指标支持力度过大的问题容易造成特色小镇建设依赖用地指标，加大了控制新增建设用地规模的压力，这显然与特色小镇破解土地资源瓶颈的理念不符。另一方面，当前特色小镇的土地政策主要着重于为特色小镇的建设提供土地要素支撑，即解决特色小镇土地从何而来的问题。但是特色小镇还有两个核心理念是推动产业转型升级和促进"三生融合"，为此，土地供应环节的政策不可缺位，而当前这方面政策的缺位不利于特色小镇更好地推动产业转型升级和实现"三生融合"。

因此，从整体上看，当前特色小镇土地政策的设计缺乏针对性，没有满足特色小镇核心理念的要求。另外，当前的土地政策设计还存在过于简单的问题，缺乏指导性，使得其对特色小镇建设的支持、引导与规范作用有限。

4. 特色小镇土地利用建议

（1）坚持土地规划引导和底盘管控作用

特色小镇建设过程中，应充分结合城乡统筹发展和农村三次产业融合发展等总体部署，以镇、村土地利用规划为依据，发挥其引导和管控作用，合理确定特色小镇的规模和发展边界。在广域尺度上，优化调整构成特色小镇发展建设的 5 条基本轮廓线，即生态保护红线、永久基本农田保护红线、小镇开发边界、建设用地规模控制线和小镇建设用地扩展边界线。在充分考虑特色小镇中长期发展基础上，划定扩展边界，制定有条件建设区，预留特色小镇发展的弹性空间，保障村民生活区和产业发展区，实现小镇范围内的生活、生产、生态三统一。微观尺度上，进行土地功能划分，明确地块用途，将特色小镇用地细化为住宅用地、公共服务用地、产业用地、基础设施用地以及其他建设用地，通过细分用地类型引导管控特色小镇发展建设。

（2）坚持土地资源节约集约利用

特色小镇建设过程中，应坚持"内涵挖潜"的资源利用，摒弃"外延扩张"的粗放利用。只有将节地、节能等理念贯穿特色小镇建设全过程，才能合理界定人口、资源、环境承载力；只有加强土地资源的节约集约利用，才能实现生态保护与小镇发展互促共融。作为新型城镇化和产业转型升级的重要抓手和载体，特色小镇在产业发展和市政道路、自来水厂、污水处理厂等基础设施建设方面都需要占用大量的土地资源。过高的规划面积和建设面积，既不符合市场发展规律，也会影响产业集群，企业投资也难以跟上。一般而言，$3km^2$ 的设置是步行 10 分钟可到达的距离，特色小镇空间范围的确定可结合地方实际，适当调整；通过市场规则、市场价格、市场竞争，增强资源节约高效利用的内在动力，抑制资源的不合理占用和消费。

（3）警惕特色小镇地产化

特色小镇建设过程中，要进一步做好规划引导和顶层设计。培育特色小镇不能靠地方政府大包大揽，严禁打着特色小城镇名义违法违规搞圈地开发，严禁搞大规模的商品住宅开发与基础设施建设。应遵循企业主体、市场化运作的思路，从产业入手，依据产业发展、社会功能和人口总量合理确定建设规模，让企业全程参与特色小镇的规划、设计、建设、管理等过程。综合考虑特色小镇一般会有3年左右的创建发展期，3年之后应该达到什么样的标准，最关键的衡量指标是投资。首先是投资规模；其次是投资结构，严格限制房地产投资不能超过总投资规模的20%；最后是投资比重，控制好短期现金流与长期现金流的比例与节奏。在此过程中，要充分发挥市场在资源配置中的决定性作用和更好发挥政府作用，既要防止特色小镇房地产化，也要保证产业投资比重占半数以上，确保产业合理发展。

（4）制定灵活的用地政策

在特色小镇建设过程中，既要加强现有政策整合力度，加大盘活存量建设用地，允许通过村庄整治、宅基地整理等节地方式以支持特色小镇主导产业发展和基础设施布局、生态环境保护等功能的用地需求；也要充分利用好特色小镇这一经济转型升级和土地供给创新的平台。一方面，允许地方结合发展实际，进行政策灵活创新。对于符合土地利用总体规划的集体经营性建设用地，土地所有权人可以采取出让、租赁、作价出资或者入股等方式，将用地交给单位或者个人使用；允许通过借用、租用现状空闲土地的形式，拆除部分破旧住宅，从而打造多处小规模绿地广场，对小镇环境品质进行整体性提升。另一方面，圈定政策创新试点范围，允许部分小镇将开放性空间、绿地广场、非硬化地面的闲置空间等类型用地纳入非建设用地管理，通过建设用地指标腾挪，实现新增建设用地与土地综合整治相结合，平衡特色小镇土地指标，推动其有序合理发展。

5. 十七种特色小镇建设用地的解决方案保障小镇顺利实施

土地管理涉及的法律、法规、政策较多，同一个问题的相关规定散见于不同的法规和政策文件中。特色小镇建设运营过程中往往不同程度地存在对相应土地政策"不了解、不会用、不敢用和懒得用"等问题，容易犯一些低级错误，因此降低了依法解决特色小镇发展用地的保障能力，甚至人为增加了违法用地。所以需要把这些法律、法规、政策梳理并集成起来，构建特色小镇的土地政策空间。

从土地政策的宏观方面看，一是要严格执行耕地保护与土地用途管制制度，划定建设用地、农用地和未利用地，严格控制建设占用耕地等农用地，占用必须依法批准；二是要严格执行节约集约用地制度，提高土地综合利用率；三是要围绕党的十九大中提出的生态系统保护理念，融入山水田林湖等元素打造特色小镇；四是要集成应用土地政策，梳理形成特色小镇用地解决方案，这些方案也同样适用于其他建设用地项目。

梳理、集成土地政策后，结合项目的性质、特点、用地需求，加强策划，可研究提出多种特色小镇建设用地的解决方案。

方案一：使用存量国有建设用地

其中又可分为 5 种：一是批准使用市政道路、公园、绿地、广场等属于公共用地，办理批准使用手续，即用于建设市政道路等，可以发建设用地批准书，但不用发划拨决定书或出让合同等。这些用地在土地登记时只登记不发证。还需要注意区分建设单位、管理单位与土地使用权人的不同；二是国有土地划拨——行政方式；三是国有土地使用权出让，即协议或以招标拍卖挂牌（以下简称"招拍挂"）方式出让；四是国有土地租赁，也是协议或招拍挂方式出让；五是国有土地使用权作价出资或入股，一般是协议方式。除批准使用和划拨外，其他 3 种方式属于有偿使用方式。在有偿使用方式中，出让和国有土地租赁的具体配置方式包括协议、招拍挂两种，作价出资或入股因有明确的使用者，只能通过协议方式配置。

方案二：圈内农用地办理转用、征收手续后依法提供给具体特色小镇建设项目

土地利用总体规划把所有的土地划分为建设用地、农用地和未利用地，土地利用总体规划所确定的城市村镇建设用地，称为圈内用地。为实施规划，需要占用土地利用总体规划确定的城镇村庄建设用地范围内的土地，涉及农用地的，应当办理农用地转用审批手续。涉及集体所有土地的，应当办理土地征收审批手续。在已批准的农用地转用范围内，具体建设项目用地由市、县人民政府批准，由市、县国土资源部门依法供应。

方案三：圈外单独选址建设项目用地

能源、交通、水利、矿山、军事设施等建设项目确需使用土地利用总体规划确定的城镇村庄建设用地范围外土地的，经批准可以在圈外单独选址建设。涉及农用地的，应当办理农用地转用审批手续；涉及集体所有土地的，应当办理土地征收审批手续；土地供应方案在办理农用地转用和土地征收时一并批准。

方案四：建设项目使用国有农用地

建设需要使用国有农用地的，应当在办理农用地转用审批手续转为国有建设用地后，依法办理供应手续，不用办理征收手续。

方案五：建设项目直接使用集体建设用地

有 6 种情况可以使用集体建设用地：一是乡镇村公益事业、公共设施用地；二是村民住宅；三是集体经济组织兴办企业或者与其他单位、个人以土地使用权入股、联营等形式共同创办企业的；四是以集体经济组织为主体或者以建设用地使用权作价出资入股、联营，与其他企业共同或合作开发建设公租房、乡村休闲旅游养老等产业以及农村三产融合发展的；五是在全国 33 个试点县，集体建设用地使用权可以出让、租赁、作价出资或入股用于商品住宅以外的经营性项目；六是返乡下乡创业人员，可依托自有和闲置农房院落发展农家乐。可以通过租赁农民房屋，或与拥有合法宅基地、农房的当地农户合作改建自住房，解决返乡下乡创业人员的住房问题。

方案六：建设项目使用国有未利用地

土地利用总体规划确定的国有未利用地可以作为建设用地使用，即建设项目可以使用国有未利用地，不需修改规划，也不用办理转用和征收手续，直接批准用地。

方案七：建设项目使用集体未利用地

一是直接作为集体建设用地使用（参见方案五）；二是国家建设项目使用集体未利用地的，应当办理土地征收审批手续后依法供地，因不是农用地，因此不需要办理农用地转用手续。

方案八：使用设施农用地

设施农用地是指设施农业项目区域内直接用于经营性养殖的畜禽舍、工厂化作物栽培或水产养殖的生产设施用地、附属设施用地和配套设施用地，农村宅基地以外的晾晒场等农业设施用地。设施农业项目不同于一般的建设项目，其用地也不同于一般建设项目用地。符合要求的设施农用地不属于建设用地，按农用地进行管理，不需办理农用地转用审批手续，不作为新增建设用地管理。附属设施和配套设施用地有一定比例限制。设施农用地不包括以下用地：经营性粮食存储、加工和农机农资存放、维修场所；以农业为依托的休闲观光度假场所、各类庄园、酒庄、农家乐；以及各类农业园区中涉及建设永久性餐饮、住宿、会议、大型停车场、工厂化农产品加工、展销等用地。

方案九：结合土地整治、村庄整治安排用地

土地整治是对项目区内田、水、路、林、村等的综合整治和统一安排，必然涉及项目区内各类用地的重新布局、安排和产权调整。土地整治规划方案中包含了整治后的土地产权调整和各类项目用地调整。土地整治实施规划经批准后，应当依据经批准的实施规划，相应调整项目区内各类用地产权和地类，直接为项目区内原用地单位整治后的用地办理相应用地手续，不再办理农用地转用审批手续，也不占用土地利用年度计划指标。安排原用地者用地后的剩余部分，应当依法办理供地手续。

方案十：使用增减挂钩项目建新区用地，视同建设用地

方案十一：农业项目使用国有农用地

具体可以采用承包经营、承包经营权流转或继续由农场职工按要求耕种等方式用地。

方案十二：通过承包经营、拍卖、流转，使用荒山、荒沟、荒丘、荒滩等四荒地的未利用地

可在 50 年内用于开荒造林、治沙改土以及休闲农业、设施农业等，用于非农业建设需要审批。

方案十三：农业项目使用集体农用地

具体可以采用承包经营、承包经营权流转、四荒地拍卖或继续由原农户按要求种植等方式用地。

方案十四：农村三项建设使用圈内农用地

应当先行办理农用地转用手续，转为集体建设用地后，再由县、市人民政府批准使用。

方案十五：农村道路用地

符合条件的农村道路用地属于农用地，不属于建设用地，不办理农用地转用手续，不占建设用地指标。

方案十六：农田水利设施用地

主要用于农田灌溉和群众生活水源的坑塘、水库、沟渠和河道等。属于农用地，不属于建设用地，不纳入农用地转用范围，不占建设用地指标。

方案十七：地质灾害治理工程用地

按照地质灾害治理项目办理项目审批手续，不办理征收、转用手续，不占用指标，但应当足额安置补偿。

3.4 特色小镇项目设计阶段

设计阶段是在技术和经济上对拟建工程项目的实施进行全面的安排，也是对工程建设进行规划的过程。特色小镇项目设计阶段是在决策阶段形成的咨询成果（如项目建议书、可行性研究报告、投资估算等）和投资人要求基础上进行深化研究，对拟建项目进行综合分析、论证并提供相关咨询服务的过程。

（1）整体协调项目设计管理流程，确保设计计划的落实；

（2）全面负责项目设计和专业协调统一，有效保障设计成果得以完整体现；

（3）负责项目各阶段图纸管理工作；

（4）负责设计优化，从设计角度进行成本控制管理；

（5）负责新材料、新技术、新工艺的推广和审核工作；

（6）负责设计单位评估工作，并将优秀的单位列入公司资源库；

（7）负责完成公司下达的各项经营及管理目标。

3.4.1 基础资料收集

特色小镇项目设计工作开始前，需收集以下资料作为设计依据和指导材料。

1. 方案设计阶段

可行性研究报告；规划设计条件；项目策划方案；红线图；地形图。

2. 初步（施工图）设计阶段

特色小镇项目地质勘察报告；市政自来水及中水水压、管径、接入位置、标高；市政雨水、污水排水管径，接入点、井底标高；市政热力管线管径、标高、温度、压力及接入位置；市政燃气管线管径、标高、接入位置及调压站位置；市政电力条件、进线位置；市政通信条件、进线位置、管井分布图；其他要求（若有）：消防、人防、城管、绿化、检疫、质量监督等部门的要求。

3.4.2 设计合同管理

为防范设计过程中可能会出现的各种风险，应在特色小镇项目设计合同中明确以下事项：

1. 设计人员资质和经验要求

在设计合同中，应注明对设计负责人、各专业负责人和设计工程师的资质和项目经验要求，并进行严格审查，约定相关罚则。

2. 变更预防

约定因设计人疏忽和设计失误引起的变更费用不超过项目总投资的一定比例（比例与委托人及设计人商定），设计变更应遵循的流程，相关罚则等内容。

3. 设计进度节点及成果文件提交要求

合同中应明确方案、初步设计、施工图、综合管网图等成果文件的提交时间、装订标准、提交份数等内容。

4. 限额设计

合同中，应根据我方数据经验并结合委托人要求，对钢筋、混凝土、砌体等主材含量和采暖、通风、消防、给水排水、电气、园林景观等专业成本指标，以及相关罚则进行约定，确保投资受控。

5. 设计范围界定

明确电力、深基坑、燃气、人防、换（供）热站、通信、工艺、幕墙、智能化、景观、精装修、泳池、SPA等专业及二次深化设计的工作内容与主设计单位的工作界面。

6. 其他注意事项

合同中应约定设计人与各二次深化设计单位的配合及职责分工、现场服务次数与时间等需要约定的事项。

3.4.3 设计阶段进度管理

1. 依据

代建项目勘察设计进度管理的依据主要有：

（1）项目建议书及可行性研究报告；

（2）设计任务书、设计合同等；

附表 3-1：

设计单位评审表

投标单位：_____

	序号	评审内容	总分	分项分数	分数	评审分数	评审标准
设计方案情况	1	建筑物布置情况	60	6	6		布局合理，避免劣势，商业住宅人员人流通畅、互不干扰，建筑间距满足规范要求但又宽敞
					4		布局存在不尽合理的地方
					1		整体布局有明显不合理的地方
	2	道路		6	6		结合景观，通而不畅
					4		总体感觉很好，但有缺陷
					1		一般
	3	技术指标		10	6		最大限度发挥了本地块的优势，品质极大提升
					4		个别指标欠缺，满足规划，品质有所提升
					1		一般，满足规划条件
					2		有所考虑
					0		未考虑
	4	车位布置		6	4		既不影响景观，又能满足委托人需求，同时造价合理
					2		以上两项合格
					1		以上一项合格
	5	户型朝向景观		15	11～15		80%以上的户型具有良好的朝向、通透性、使用功能
					7～10		75%以上的户型具有良好的朝向、通透性、使用功能
					3～6		50%以上的户型具有良好的朝向、通透性、使用功能
					2～1		50%以下的户型具有良好的朝向、通透性、使用功能
	6	环境概念设计		5	3～5		有一定创意，在建筑设计上可以与环境进行有机结合
					1～2		设计较普通
	7	立面造型		10	7～10		地标性，新颖有创意，吸引眼球，亮点明显
					4～6		与其他建筑类似性明显
					1～3		没有创意，比较普通

	序号	评审内容	总分	分项分数	分数	评审分数	评审标准
设计单位实力	8	资质		3	3		具有政府认可的较高的设计资质
					2		具有政府认可的较低的设计资质
					0		没有政府认可的出图资质，需另外委托或挂靠
	9	设计团队和主设计师实力及技术力量	20	10	7～10		有富有经验的各专业固定的设计人员
					4～6		有固定的各专业的设计人员
					0～3		设计人员不固定、专业配置不齐
	10	以往设计项目情况		3	3		具有与本项目相类似的项目设计经验
					2		具有其他项目设计经验
					0		具有较少的设计经验
	11	地方法规熟悉情况		6	4		非常熟悉
					2		较熟悉
					1		一般
设计服务情况	12	服务承诺内容	20	5	3～5		认真的服务态度、全面的服务内容
					1～2		不具备上述要求
	13	设计收费		10	10		设计收费低
					5		设计收费高
	14	各阶段设计时间		5	5		设计时间短
					0		设计时间长
合计							备注：
评标人签字							年　　月　　日

全过程工程咨询指南丛书　／　特色小镇建设与开发项目全过程工程咨询实施指南　／

（3）总工期进度计划、设计进度计划。

2. 内容

（1）任务规划

1）审核设计单位提交的设计进度计划和详细的出图计划是否满足整体建设进度要求；

2）要求设计单位上报设计进度周报，根据周报和实际检查结果判断图纸能否在预定的计划工期内完成；

3）在计划执行过程中对设计进度实施动态监测，发现偏差要及时纠正，确保设计文件能按时提交。

设计各阶段进度管理的任务规划，详见表3-5。

设计各阶段进度管理的主要任务   表 3-5

阶段		进度管理任务
设计阶段	方案设计阶段	1. 编制设计方案进度计划并监督其执行 2. 审核方案设计文件，结合委托方的设计要求提出优化意见 3. 比较进度计划值与实际值，编制本阶段进度管理报表和报告 4. 编制本阶段进度管理总结报告
	初步设计阶段	1. 确定初步设计阶段进度目标 2. 审核设计单位提出的设计进度计划并监督其执行，避免发生因设计单位进度推迟而造成施工单位的索赔 3. 比较进度计划值与实际值，编制本阶段进度管理报表和报告 4. 过程跟踪设计进度，监控各设计专业的配合情况，确保按计划出图 5. 编制本阶段进度管理总结报告
	施工图设计阶段	1. 确定施工图设计进度目标，审核设计单位的出图计划 2. 编制甲供材料、设备的采购计划，在设计单位的协助下编制各材料、设备技术标准 3. 及时对设计文件进行审定并作出决策 4. 比较进度计划值与实际值，编制各种进度管理报表和报告 5. 注意设计过程的配合问题，确保按时出图。控制设计变更及其审查批准实施的时间 6. 编制施工图设计阶段进度管理的总结报告
专项设计及深化设计阶段		为了保证设计的正常进度，须由设计总包编制设计总进度计划，并将专项设计及深化设计纳入其出图计划中： 1. 经委托方审核、批准后的设计总进度计划应下达给各专项设计及深化设计单位。各专项设计及深化设计单位必须严格执行设计总包的出图计划，并提交各自的进度报告 2. 代建单位应进行对口督促和检查，如出现异常需要查明提出解决办法，并及时调整落实出图计划 3. 监督专项及深化设计的实际进度，确保按计划出图

（2）设计进度管理的重点

设计进度管理是贯穿设计管理全过程的重要工作内容。采取的主要措施有：

1）根据委托方的总体开发计划和设计合同工期要求，拟订设计进度总控计划，明确设计方案、初步设计和施工图设计出图里程碑，征得委托方同意后作为各阶段设计进度计划的依据。

2）要求设计单位按照总控计划编制详尽的分阶段分专业进度计划表，要求落实到时间、人员安排等，明确各专业责任人，并拟订保证进度按计划进行的具体措施，明确专业之间的资料提交、出图交付时间、审图时间、修改时间等，报委托方和咨询单位审核批准后执行。

3）加强设计过程的协调配合，及时解决设计中需明确的问题，为设计工作创造条件。

4）实行计划跟踪检查，及时纠正进度偏差。根据进度计划时间节点，重点检查进度计划完成情况，发现偏差，要求设计单位分析原因，并制定纠偏措施。

3. 方法

设计阶段进度管理的方法是规划、控制和协调。规划是指编制、确定项目设计阶段总进度规划和分进度目标；控制是指在设计阶段，比较计划进度与实际进度的偏差，及时采取纠偏措施；协调是指协调各参与单位之间的进度关系。

咨询单位应针对具体的项目，编制设计总进度目标，明确各阶段设计成果交付时间，相应的设备、材料招标建议计划，并提前确定设计中所涉及材料、设备的技术要求和标准。设计单位应据此完成设计文件交付，设计图纸交付计划必须满足施工进度计划要求和主要设备和材料的订货要求，咨询单位应充分考虑各设计单位、各专业之间的接口配合要求和时间，及时组织设计联络会，保证设计进度。

（1）注重多界面协调，制定统一的项目编码系统，将项目各参与方的进度纳入统一的编码系统管理，通过统一检测、汇总准则及统一进度报告，对项目进度实施多界面的一体化管理；

（2）实行计划的分级管理。凡涉及计划修改与变动的任何里程碑性的建议，都必须获得委托方的同意和批准，否则不可调整；

（3）强调计划及协调的重要性，注重事前计划和过程协调，确保进度目标实现；

（4）设置主要控制点，包括：方案、初步设计、施工图文件提交时间；各阶段设计文件内部审查、确认时间；政府相关机构报建审批完成时间；关键设备和材料采购文件之技术标准的提交时间。

4. 注意事项

项目设计进度管理的注意事项有：

（1）应明确进度管理工作的基本思想：计划的不变是相对的，变是绝对的；平衡是相对的，不平衡是绝对的，要利用计算机作为工具，定期、经常地调整进度计划；

（2）设计进度管理要注重施工阶段的专项设计及深化设计管理；

（3）注重设计的出图管理，保证施工进度。

3.4.4 设计阶段质量管理

1. 依据

项目勘察设计质量管理的依据主要有：

（1）有关工程建设及质量管理方面的法律法规，如有关城市规划、建设用地、市政管理、环境保护、"三废"治理、建设项目质量监督等方面的法律、法规；

（2）有关工程建设的技术标准，如各种设计规范、规程、标准、设计参数的定额指标等；

（3）项目可行性研究报告、项目评估报告及选址报告；

（4）体现委托方建设意图的设计任务书、设计规划大纲、设计纲要和设计合同等；

（5）反映项目建设中和建成后所需要的有关技术、资源、经济等方面的协议、数据和资料。

2. 内容

（1）审查概预算和主要设备、材料清单，发现不符合要求的地方要分析原因，发出修改设计的指令，突出适用性、安全性和经济性；

（2）定期检查和督促设计人，审查各专业间的协调工作，使各专业设计之间相互配合、衔接，及时消除隐患；

（3）严格按照《设计任务书》和《成果文件审查要点》的要求，审查各阶段设计成果，组织委托人、图审单位或设计监理单位及施工单位对成果文件进行评审，消除设计隐患；

（4）符合国际及地方规范、标准的要求，计算要准确、说明要清楚、图纸要清晰，避免出现各类"错、漏、碰、缺"问题。

项目设计各阶段质量管理的主要任务划分如表 3-6 所示。

设计各阶段质量管理任务   表 3-6

阶段		质量管理任务
设计阶段	方案设计阶段	1. 编制方案设计任务书中有关质量管理的内容 2. 组织专家对设计方案进行评审并协助委托方选定设计方案 3. 审核设计方案是否满足国家及委托方的质量要求和标准 4. 从质量管理角度提出方案优化意见 5. 审核设计优化方案是否满足规划及其他规范要求 6. 组织专家对优化设计方案进行评审 7. 在方案设计阶段进行协调，督促设计单位完成设计工作 8. 编制本阶段质量控制总结报告
	初步设计阶段	1. 编制初步设计任务书中有关质量管理的内容 2. 审核初步设计是否满足国家及委托方的质量要求和标准 3. 对重要专业问题组织专家论证，提出咨询报告 4. 组织专家对初步设计进行评审 5. 分析初步设计对质量目标的风险，并提出风险管理的对策与建议 6. 若有必要，组织专家对结构方案进行分析论证 7. 对智能化总体方案进行专题论证及技术经济分析 8. 对建筑设备系统技术经济等进行分析、论证，突出咨询意见 9. 审核各专业工种设计是否符合规范要求 10. 审核各特殊工艺设计、设备选型，提出合理化建议 11. 在初步设计阶段进行设计协调，督促设计单位完成设计工作 12. 审核初步设计概算，使之符合立项时的投资要求 13. 编制本阶段质量控制总结报告
	施工图设计阶段	1. 在施工图设计阶段进行设计协调，跟踪审核设计图，发现图中的问题，及时向设计单位提出，督促设计单位完成设计工作 2. 审核施工图设计与说明是否与初步设计要求一致，是否符合国家有关设计规范、有关设计质量要求和标准，并根据需要提出修改意见，确保设计质量达到设计合同要求及获得政府有关部门审查通过 3. 审核施工图设计是否有足够的深度，是否满足施工招标及施工操作要求，确保施工进度计划顺利进行 4. 审核各专业设计的施工图纸是否符合设计任务书的要求，是否符合规范及政府有关规定的要求，是否满足材料设备采购及施工的要求 5. 对项目所采用的主要设备、材料充分了解其用途，并作出市场调查报告；对设备、材料的选用提出咨询报告，在满足功能要求的条件下，尽可能降低工程成本 6. 控制设计变更质量，按规定的管理程序办理变更手续 7. 审核施工图预算，必须满足投资要求 8. 编制施工图设计阶段质量管理总结报告

全过程工程咨询指南丛书 ／ 特色小镇建设与开发项目全过程工程咨询实施指南

阶段	质量管理任务
专项设计及深化设计阶段	1. 编制专项设计及深化设计任务书，明确委托方需求、设计总包配合要求、专项设计及深化设计技术标准、完成的设计成果内容，要求专项设计及深化设计人员严格按照这些规定编制设计文件 2. 根据设计任务书，编制专项设计及深化设计的设计方案及质量计划书 3. 加强专项设计及深化设计过程的沟通与交流，各方及时提交设计输入数据 4. 专项设计及深化设计应履行完善的签字、盖章等手续的出图程序 5. 加强设计成果的会审工作，层层把关，全面校审，确保满足总设计要求

3. 方法

设计过程的质量管理需要采用动态控制的方法，通常是通过事前控制和设计阶段成果优化来实现的。其最重要的方法就是在各个设计阶段前编制设计任务书，分阶段提交给设计单位，明确各阶段设计要求和内容，在各阶段设计过程中和结束后及时对设计提出修改意见，并对设计成果进行评审及确认。

4. 注意事项

项目勘察设计质量管理的主要事项有：

（1）严格按照"先勘察、后设计、再施工"的国家基本建设程序进行建设，确保建设质量；

（2）加强各专业、各设计单位之间的配合，减少设计失误；

（3）注重设计评审，通过早期报警克服设计缺陷。对设计进行跟踪审查，及时向设计人员反馈工程设计中出现的错误及设计深度不够的地方，并提出相应的改进意见，协助设计单位将工程设计做到最完善，力求将工程施工期间更改设计的机会降至最低，并在设计概算报批前，对其进行详细审核；

（4）加强施工过程的专项设计管理和深化设计管理。

3.4.5 设计阶段投资管控

特色小镇项目规划设计的管控主要从全过程工程咨询机构中造价咨询专业角度出发，主要开展如下工作：

1. 制定各专业造价指标

根据特色小镇项目的性质、规模、标准、功能定位，全过程工程咨询机构制定各专业造价指标，协助委托人进行项目的工程成本计划以及成本目标的编制。

×× 项目
施工图审查（优化）意见

序号	项目楼号	图纸编号	图纸名称	原设计内容	修改建议
一、建筑专业					
1.					
2.					
3.					
二、结构专业					
4.					
5.					
6.					
三、给水排水专业					
7.					
8.					
9.					
四、暖通专业					
10.					
11.					
12.					
五、电气专业					
13.					
14.					
15.					

×× 有限公司

设计管理部 　　　　　　　　　　　　　　　　　　　　×年×月×日

××项目
施工图审查（优化）会议纪要

序号	项目楼号	图纸编号	图纸名称	原设计内容	修改建议	备注
一、建筑专业						
1.						同　意□ 不同意□ 待　定□
2.						同　意□ 不同意□ 待　定□
3.						同　意□ 不同意□ 待　定□
二、结构专业						
4.						同　意□ 不同意□ 待　定□
5.						同　意□ 不同意□ 待　定□
6.						同　意□ 不同意□ 待　定□
三、给水排水专业						
7.						同　意□ 不同意□ 待　定□
8.						同　意□ 不同意□ 待　定□
9.						同　意□ 不同意□ 待　定□

序号	项目楼号	图纸编号	图纸名称	原设计内容	修改建议	备注
四、暖通专业						
10.						同　意□ 不同意□ 待　定□
11.						同　意□ 不同意□ 待　定□
12.						同　意□ 不同意□ 待　定□
五、电气专业						
13.						同　意□ 不同意□ 待　定□
14.						同　意□ 不同意□ 待　定□
15.						同　意□ 不同意□ 待　定□
六、智能化专业						
16.						同　意□ 不同意□ 待　定□
17.						同　意□ 不同意□ 待　定□
18.						同　意□ 不同意□ 待　定□

委托人：

咨询公司：

设计单位：

2. 设计方案比选

根据全过程工程咨询机构经验，主动提出具有技术可行性和经济合理性的方案供委托人和设计选择参考。对设计方案作价值工程分析，全过程工程咨询机构协助委托人选择技术经济性最佳的方案，提出优化设计的专业性意见。

全过程工程咨询机构为建筑师、景观工程师与其他设计顾问的不同设计方案（如外立面、空调、采暖等）提供造价估算，以协助委托人选择特色小镇项目性价比高的设计方案。全过程工程咨询机构对特色小镇方案设计中初步选用的材料、配置的设备以及采用的标准等提出合理化建议，对材料和设备的选用提供造价数据和进行价值分析，提供成本分析及节省工程成本的建议。根据设计进度，对各分项工程进行估算、预算，进行方案比选。

3. 成本分析

全过程工程咨询机构对特色小镇各种设计方案进行估算，并制定年度投资计划及资金流量预测。与设计相关单位配合，在方案设计深化过程中不断提供合理化建议使设计能符合预定的投资额。

根据特色小镇不同阶段的设计成果及时编制相应的造价文件，全过程工程咨询机构协助委托人确定造价限额，并将限额分解到工程项目的各部分和各标段，作为施工图或招标图设计的控制值（限额设计）。根据特色小镇图纸、设计资料等，全过程工程咨询机构对不同的设计方案、建筑形式、施工方法、建筑材料或设备进行成本分析，并向委托人提供综合性成本分析，从而令委托人可以作出及时的和正确的决定，编制特色小镇成本初步估算，以作为成本控制的目标。

4. 成本管控

根据特色小镇报规图设计/招标图设计/施工图设计，全过程工程咨询机构编制特色小镇工程造价概算/预算，并随设计的深入而适时更新，同时调整并更新详细的特色小镇成本计划（招标计划、合同计划）。每次发出特色小镇工程造价概算/预算时，应与前次概算/预算比较分析，并及时向委托人报告可能出现的预算变动和超支风险。如委托人要求，全过程工程咨询机构需提交满足政府行政主管部门要求的特色小镇项目初步设计概算书，供委托人初步设计审批之用。在可能出现超支的情况下，与委托人共同研究，提出补救办法，使设计能控制在工程总预算之内。

根据特色小镇图纸、设计资料等，全过程工程咨询机构提供主要建筑材料和设备预算表，并分析不同档次或品牌的建筑材料和设备对工程成本的影响，分别为项目编制所需材料表（连同材料估值），以便委托人之用。根据委托人要求，测算特色小镇项目成本对标值（标准层混凝土含量、标准层钢筋含量、地下室钢筋含量、地下室层高、外立面窗墙地比、安装工程、硬景面积比及其他委托人要求测算的指标等）。

全过程工程咨询机构向委托人提供有关当地相似项目的成本费用作参考之用，向委托人提供类似特色小镇项目的材料消耗量指标（如各结构的构件含钢量等）作为检查设计控制成本之用。

在特色小镇施工图设计阶段，全过程工程咨询机构参照当地现行市场价格协助委托人编制完整的建造成本预算；如预算总成本超出委托人预算总成本，则按委托人建议的造价节省设计方案执行修订估算，以便参阅并执行图纸修改；当此阶段图纸设计完成后，全过程工程咨询机构必须重复估算工作，直至修改图纸至预期建造成本，使其控制在委托人总预算成本范围内。全过程工程咨询机构应尽量保证在施工图设计阶段的预期建造成本一次性即能符合委托人的总预算成本要求，并参加图纸会审，根据委托人时间要求提供审图意见。

5. 经济性论证

全过程工程咨询机构按委托人要求出席相应的设计协调会及专家论证会，就设计的经济性发表独立的专业意见。

6. 建立合同体系

根据委托人工期要求，全过程工程咨询机构与委托人确定标段划分安排，并建立一个适应委托人管理及进度要求的合同框架体系，提出各标段满足招标要求的设计深度及进度要求作为设计单位出图及招标依据。

3.5 特色小镇项目招标采购阶段

招标策划工作的重点内容包括：投资人需求分析、标段划分、招标方式选择、合同策划、时间安排等。充分做好这些重点工作的策划、计划、组织、控制的研究分析，并采取有针对性的预防措施，减少招标工作实施过程中的失误和被动局面，保证招标投标质量。

3.5.1 投资人需求分析

全过程工程咨询单位可通过实地调查法、访谈法、问卷调查法、原型逼近法等收集投资人对拟建项目质量控制、造价控制、进度控制、安全环境管理、风险控制、系统协调性和程序连续性等方面的需求信息，编制投资人需求分析报告。

3.5.2 标段划分

招标项目标段划分是指将若干同类或类似项目合并成一个项目或将一个项目拆分成不同项目实施招标采购。标段划分对潜在投标人参与投标竞争的意愿、投标报价、招标成本等有重要影响。一个工程项目划分的标段数越多，业主招标成本就越高；参加的承包商越多，投标报价越接近成本，由于规模效益较差，其资源配置效益越差，成本也越高；由于各标段互相间的制约越大，工程实施过程中向业主索赔的费用也越高。一个工程建设项目随着标段数的减少，采购成本及交易会随之降低，工程总成本也会降低；承包商获得的合同标的额将会越大，也更会引起承包商领导重视并在资源配置等方面加强配合，有助于降低生产成本，保证工程项目的顺利实施。

招标项目的采购要求一定要清晰明确、适宜合理。采购要求包括供货范围及边界、技术条件等内容。采购要求清晰明确、适宜合理，不会造成潜在投标人的误解，并有利于其对招标文件做出恰当的响应。如果采购要求中的供货范围模糊、技术条件含糊，则会导致潜在投标人对招标项目的理解出现偏差，其对招标文件的响应千差万别，不利于招标人对潜在投标人的对比遴选。另外，技术条件的高低对招标活动的影响也是很大的。技术条件过高，会限制潜在投标人的数量，弱化投标竞争，并增加不必要的采购成本；技术条件过低，则会造成采购项目质量堪忧，严重的甚至可能会影响整个建设项目。

1. 分标段实施的必要性与可行性分析

（1）投资规模的大小直接决定分标段实施的可行性，对于投资规模较小的工程建议考虑一次性实施，因为分标段实施可能会使招标缺乏竞争性，也不利于工程管理，同时还会造成不必要的财力浪费，对工期的影响也不明显，也较难做到清晰划分标段界面。

（2）标段的划分还应考虑设计方案，必须满足设计上单体建设物的独立性和可分割性，以保证施工分标段实施后不会产生质量隐患。

（3）现场场地的大小、平面布置、临时设施的安排、场地道口的位置等条件也是考虑因素，因为如果现场条件较差，分标段实施可能会带来相互间的交叉干扰。

（4）建设单位对建设工期是否有所压缩、建设资金是否基本到位也是要进行综合分析的。因为分标段实施会带来投资的增加、资金运作的调整。所以必须对此进行全面分析。

（5）我们还可根据工程性质，对不同专业分标段实施。如在施工现场允许的情况下，可将那些专业技术复杂且工程量较大的需专业施工资质的特殊工程作为单独的标段进行招标施工。

综上所述，常见分标段实施的工程有：

（1）体量较大的群体工程。由于其具有建筑单体多、占地面积大、平面分割容易的特点，若由一个施工企业承担施工任务，会受到施工机械、劳动力及管理力量的限制，所以可建议分标段实施，这样虽然会造成投资的相对增加，但是可以缩短工期，加快资金周转，收益提前，整体建设成本可以得到控制。

（2）大体量的精装修工程。可建议建设单位根据楼层位置及使用功能的不同，分标段实施。这样既可根据功能的不同发挥各精装修单位的专长，同时又促进竞争，缩短工期。

（3）根据资金的运作计划，道路市政工程也往往可分标段实施。

（4）园区大型绿化工程，由于其与主体工程施工的联系较少，专业特点明显且计价依据也有所不同，可建议与主体工程分标段实施。

2. 标段划分的方法

工程项目制定招标方案划分标段时，依据标段划分原则进行划分，在工程承包商、工程服务商以及供应商标段划分方法略有不同。本书介绍一下工程标段、服务标段以及物资标包划分的一些方法。

（1）工程标段划分

1）需要分阶段组织实施的大型工程项目，按照工程工期分期进行组织招标。采用"EPC"总承包管理的大型工程项目的一个标段，工程项目建设工期宜在2年内，最长不宜超过4年；三类招标项目则要适当控制缩短工程项目建设工期。采用"E+P+C"承包管理的一类、二类招标项目，工程建设工期宜在1年内，最长不宜超过 2 年；三类招标项目工程项目建设工期不宜超过 1 年。

2）按照《建筑业企业资质等级标准》对总承包工程、专业工程和劳务分包范围要求，按照工程专业对工程项目进行标段划分，一般不宜跨越资质类别、范围划分标段。

3）跨行政区域的工程项目招标标段划分可在同一行政区域内划分一个标段，标段内工程可以包含多个专业工程、不同时期建设的工程。一般应以市、县级行政区划为界面划分标段，特殊情况可按省级行政区划为界面划分标段。

4）按照国家或行业验收标准规范对建设工程项目进行单位、分部及分项工程划分的要求，工程项目招标标段划分应与单位工程划分界面保持一致；不宜按照分部工程界面划分标段；分项工程不应独立划分标段。

①对工程技术紧密相连、不可分割的单位工程，不应划分为多个标段。

②在施工现场允许的情况下，可将专业技术复杂、工程量较大且需专业施工资质的分部工程，划分为单独的标段；或者将虽不属于同一单位工程，但专业相同、考核业绩相同的分部工程，划分为单独的标段。

③分项工程是工程划分最小单元，不应以分项工程作为标段划分的单元。

5）按照施工组织要求划分标段。应结合项目管理实施规划，综合考虑工程布置、工期安排、实施区域和专业分工等各种情况进行标段划分，使所划分的标段既要有利于招标人统一管理，同时又要有利于发挥承包商的优势。

①采用"EPC"总承包管理模式的项目，工程总承包商宜按照项目整体划分为 1 个标段。如果某一专业工程专业性较强，需要招标人重点关注，同时又具有相对的独立性，可将此专业独立划分为 1 个标段，但需要明确与其他专业工作的界面。

②采用"E+P+C"承包管理模式的项目，工程承包商可按照相互独立的专业划分若干个标段，同一个专业工程量较大，可划分为若干个标段。

（2）服务标段划分

1）按照《工程设计资质标准》《工程监理企业资质管理规定》等对工程服务商服务范围的要求，对工程项目服务进行标段划分，按照工程设计综合资质、行业资质、专业资质和专项资质序列、级别划分工程设计服务标段；按照工程监理企业资质类别、级别划分工程监理标段。

2）按照工程总体建设进度进行工程服务招标标段划分。例如：项目初步设计阶段组织初步设计服务商招标；项目施工图设计阶段组织施工图设计服务商招标；项目实施阶段组织工程监理服务商招标。

3）按照服务专业进行招标标段划分。例如：工程勘察、工程设计、工程环境评价、安全评价、工程检测、工程监理、环境保护监理、水土保持监测等。

4）工程项目应规避同体监理、检测，原则上工程监理、工程检测与工程承包商划分的标段应当保持一致。

5）工程建设模式采用"业主+PMC+EPC+监理"管理模式，采用招标方式确定PMC管理团队的，应划分为1个标段，不宜拆分标段。

（3）物资标包划分

1）按照物资功能配套与技术关联划分标包，配套关联度高的物资应划分为1个标包。

2）按照行业或企业分类标准划分标包，同一物资分类与代码划分为1个标包。

3）按照物资生产地划分标包。例如：同一类物资可按照进口和国产划分不同标包。

4）按照物资标准划分标包。例如：将非标物资和标准物资划分为不同的标包。

5）按照适量供应划分标包，标包数量不应划分过多。例如：集中采购的同一类物资，应集中招标采购，划分较少的标包数量，从而提高竞争性、减少招投标成本、发挥规模效益。

6）按照分散风险划分标包。根据工程项目群建设投产工期计划，分散和转移交货风险，综合考虑供应商的供货周期、生产制造能力、运输能力、测试能力和服务能力进行标包划分。

7）按照物资原材料、生产工艺划分标包。原材料、生产工艺相同或者相近的物资划分为1个标包。

3.5.3 调研潜在供方市场

潜在供货市场调研是了解有能力且有意愿参与特色小镇招标采购项目的潜在投标人的竞争状况，包括潜在投标人的数量、规模实力、人员资质、技术装备、供货业绩等。

潜在投标人的数量是确保招标采购活动顺利进行并产生投标竞争的前提条件。《中华人民共和国招标投标法》第 28 条规定，投标人少于 3 个的，招标人应当依法重新招标；《中华人民共和国招标投标法实施条例》第十九条规定，通过资格预审的申请人少于 3 个的，招标人应当重新招标。潜在投标人数量不足，不仅容易造成招标失败，也容易由于竞争不充分而导致投标价格过高。

通过对潜在投标人规模实力、人员资质、技术装备、供货业绩等信息进行收集并对比分析，预判潜在投标人的技术方案优劣、供货能力高低、投标报价策略科学与否等，可以为确定采购项目的标段划分或组包、采购要求、评标办法（合格投标人须具备的条件、详细评审方法的选择及评分细则的确定等）等提供可靠充分的依据。

某特色小镇供应商库主要从土建总包、装修总包、景观绿化、古建筑设计单位、门窗幕墙、外墙保温与涂料施工、空调安装工程、采暖工程、消防工程、材料设备类、印力商业供方等方向建立。

1. 供应商评级原则

根据供应商企业情况、质量情况、合同履行情况、服务情况等，依据各部门对供应商的入库评分，对供应商进行分级；并结合年度评价结果对供应商实行动态管理。

2. 供应商库建立与维护

对供应商实行入库管理制度，采购活动优先从供应商库中选择入围供应商，供应商入库应符合以下基本条件：

（1）资质符合要求；

（2）遵守国家法律法规，在以往与公司各单位业务往来中没有违规违约记录；

（3）具有满足履行合同要求的生产经营场所、设施、设备以及相关资质；

（4）财务核算规范，具有良好的资金实力和财务状况；

（5）特殊行业和特种设备具有相关部门核发的资格证书。

3. 资质审核

对拟推荐供应商进行资格审核，具体包括：

（1）营业执照：具体审查企业名称、成立日期、有效期限、经营范围、注册资本和年检情况等（三证合一的还要审查统一社会信用代码，而不再审查税务登记证和组织机构代码证）；

（2）税务登记证：具体审查登记时间、经营范围及是否为增值税一般纳税人等；

（3）组织机构代码证：具体审查有效期限和年检情况等；

（4）生产许可证：列入《全国工业产品生产许可证发证产品目录》的产品，应对生产许可证证件、有效期限、产品名称一致性等进行审查；

（5）必须具有的相关强制性认证及资质（如 MA 证、特种制造许可证、防爆产品合格证、计量器具制造许可证、3C 认证等）原件及复印件（加盖公章），具体审查有效期限、产品名称等信息；

（6）生产能力、技术装备水平、产品执行标准、专利证书和市场业绩；

（7）产品代理授权书：审查其手续是否符合法律规定，是否有效，从事专卖销售和代理销售的供应商需提供生产厂家或销售总代理所提供的书面授权及委托证明文件；

（8）兼有安装、维检业务的供应商提供国家有关部门认可的安装、维检资质证明；

（9）其他必要证件：对产品质量有特殊要求的，根据行业和产品个性化要求提供。

4. 供应商选用原则

（1）拟推荐供应商接受我方采购邀请，并能按要求积极响应；

（2）同一采购项目受邀供应商原则上应为行业内同档次供应商；

（3）优先从供应商库中选取供应商，确保具有可追溯性；

（4）采购时原则上选用生产制造企业，但供应商采用的销售模式属于完全授权代理模式，没有其他销售模式存在的特殊情况除外。

5. 供应商评价

对供应商的评价采取日常评价与月度、年度评价相结合的方式。

（1）需求部门、采购主责部门根据供应商参与采购活动和履约情况，按照评价内容进行日常评价；

（2）需求部门、采购主责部门根据对供应商的日常评价情况，于每月将《供应商月度评价汇总表》报招标办；

（3）采购主责部门根据供应商履约情况，按相应合同条款执行；

（4）每年年终，招标办组织需求部门、采购主责部门、价委会等相关部门对供应商进行年度评价；

（5）招标办根据月度年度评价结果，随时按照规定做出相应处理。

具体供应商分级标准、月度评价汇总及数据库如表 3-7～表 3-9 所示。

供应商分级标准 表 3-7

得分	等级
90 分及其以上	优秀供应商（A 级）
75～89 分	良好供应商（B 级）
60～74 分	合格供应商（C 级）
60 分以下	不合格供应商（D 级）

供应商月度评价汇总 表 3-8

序号	供应商名称	参与项目	需求单位	评价结果	其他评价
1					
2					
3					
4					
5					

备注：1. 需求部门填写时，"需求单位"列不填。

2. "评价结果"列按照"供应商评价内容"填写。

3. "其他评价"列作为补充项根据实际情况填写。

供应商数据库（以某旅游型特色小镇为例） 表 3-9

序号	类别	供应商名录
1	土建总承包供应商	
1.1	土建总承包供应商（A 级）	××建筑（集团）有限公司 ××建设工程有限公司 ……
1.2	土建总承包供应商（B 级）	××建设有限公司 ××建筑工程有限公司 ……
1.3	土建总承包供应商（合格）	××建设集团有限公司 ××建设工程总公司西安工程部 ……

序号	类别	供应商名录
2	装修总承包供应商	
2.1	装修总承包供应商（A级）	××装饰股份有限公司 ××建筑（集团）有限公司 ……
2.2	装修总承包供应商（B级）	××建筑装饰工程有限公司 ××装饰装修工程有限公司 ……
2.3	装修总承包供应商（合格）	××建设集团有限公司 ××装饰工程有限公司 ……
3	园林景观供应商	
3.1	园林景观供应商（A级）	××园林绿化工程有限公司沈阳分公司 ××环境股份有限公司 ……
3.2	园林景观供应商（B级）	××园林景观工程有限公司 ××花卉苗木绿化工程有限公司 ……
3.3	园林景观供应商（合格）	××绿艺园林绿化有限公司 ××景观规划工程有限公司 ……
4	材料设备供应商（A级）	
4.1	厨房电器	××家居科技有限公司
4.2	橱柜、浴室柜、衣柜、玄关柜	××家居有限公司 ××木业有限公司
4.3	瓷砖	××陶瓷有限公司 ××集团股份有限公司
4.4	灯具	××照明股份有限公司 ××照明股份有限公司
4.5	电梯	××电梯（中国）有限公司 ××电梯有限公司
4.6	电线电缆	××电缆有限公司
4.7	对讲设备	××技术股份有限公司
4.8	阀门	××阀门制造有限公司
4.9	防水材料	××防水技术股份有限公司
4.10	洁具五金	××（中国）有限公司 ××（中国）投资有限公司

序号	类别	供应商名录
4.11	开关插座	××电气（中国）有限公司
4.12	内外墙保温	××保温防水技术有限公司 ××科技股份有限公司
4.13	配电箱	××电器股份有限公司
4.14	塑钢型材	××材科技股份有限公司
4.15	胶粘剂	××新型环保建材有限公司 ××建材有限公司
4.16	PVC 膜	××新材料股份有限公司 ××装饰材料（中国）有限公司 ××有限公司
4.17	栏杆百叶	××建筑工程有限公司 ××金属建材有限公司 ××科技股份有限公司
5	古建设计院	××古建设计院 ××古代建筑设计研究所有限公司 ××园林古建设计院 ××古建设计院 ……
6	门窗幕墙工程供应商	××门窗幕墙股份有限公司 ××装饰工程有限公司 ……
7	保温涂料工程供应商	××装饰工程有限公司 ……
8	采暖工程供应商	××地热工程有限公司 ××安装工程有限公司 ……
9	消防工程合格供应商	××消防股份有限公司 ××消防工程有限公司 ……

3.5.4 招标方式策划

全过程工程咨询单位应分析建设项目的复杂程度、项目所在地自然条件、潜在承包人情况等，并根据法律法规的规定、项目规模、发包范围以及投资人的需求，确定是采用公开招标还是邀请招标。

1. 公开招标

公开招标是指招标人以招标公告方式，邀请不特定的符合公开招标资格条件的法人或者其他组织参加投标，按照法律程序和招标文件公开的评标方法、标准选择中标人的招标方式。依法必须进行货物招标的招标公告，应当在国家指定的报刊或者信息网络上发布。

根据国家发展改革委第 16 号令《必须招标的工程项目规定》的第二条："全部或者部分使用国有资金投资或者国家融资的项目包括：

（1）使用预算资金 200 万元人民币以上，并且该资金占投资额 10% 以上的项目；

（2）使用国有企业事业单位资金，并且该资金占控股或者主导地位的项目。"

2. 邀请招标

邀请招标是指招标人邀请符合资格条件的特定的法人或者其他组织参加投标，按照法律程序和招标文件公开的评标方法、标准选择中标人的招标方式。邀请招标不必发布招标公告或招标资格预审文件，但应该组织必要的资格审查，且投标人不应少于 3 个。

（1）《招标投标法》规定，国家发展改革委确定的重点项目和省、自治区、直辖市人民政府确定的地方重点项目不适宜公开招标的，经国家发展改革委或省、自治区、直辖市人民政府批准，可以进行邀请招标。

（2）《招标投标法实施条例》规定，国有资金投资占控股或者主导地位的依法必须进行招标的项目，应当公开招标；但有下列情形之一的，可以进行邀请招标：

1）技术复杂、有特殊要求或者受自然环境限制，只有少量潜在投标人可供选择。

2）采用公开招标方式的费用占项目合同金额的比例过大。

有本款所列情形，属于规定的需要履行项目审批、核准手续的依法必须进行招标的项目，由项目审批、核准部门在审批、核准项目时作出认定；其他项目由招标人申请有关行政监督部门作出认定。

（3）《工程建设项目勘察设计招标投标办法》规定，依法必须进行勘察设计招标的工程建设项目，在下列情况下可以进行邀请招标：

1）项目的技术性、专业性强，或者环境资源条件特殊，符合条件的潜在投标人数量有限。

2）如采用公开招标，所需费用占工程建设项目总投资比例过大的。

3）建设条件受自然因素限制，如采用公开招标，将影响项目实施时机的。

4）《工程建设项目施工招标投标办法》规定，国家发展改革委确定的重点项目和省、自治区、直辖市人民政府确定的地方重点项目，以及全部使用国有资金投资或者国有资金投资控股或者占主导地位的工程建设项目，应当公开招标；有下列情形之一的，经批准可以进行邀请招标：

①项目技术复杂或有特殊要求，只有少量几家潜在投标人可供选择的。

②受自然地域环境限制的。

③涉及国家安全、国家秘密或者抢险救灾，适宜招标但不适宜公开招标的。

④拟公开招标的费用与项目的价值相比，不值得的。

⑤法律、法规规定不宜公开招标的。

（4）《工程建设项目货物招标投标办法》规定，国家发展改革委确定的重点项目和省、自治区、国务院发展改革部门确定的国家重点建设项目和各省、自治区、直辖市人民政府确定的地方重点建设项目，其货物采购应当公开招标；有下列情形之一的，经批准可以进行邀请招标：

①货物技术复杂或有特殊要求，只有少量几家潜在投标人可供选择的。

②涉及国家安全、国家秘密或者抢险救灾，适宜招标但不宜公开招标的。

③拟公开招标的费用与拟公开招标的节资相比得不偿失的。

④法律、行政法规规定不宜公开招标的。

采用邀请招标方式的，招标人应当向三家以上具备货物供应能力、资信良好的特定的法人或者其他组织发出投标邀请书。

3.5.5 评标管理

特色小镇项目评标办法是招标人在遵守招标投标法律法规的前提下，根据招标采购项目的特点编制的用于评标委员会评价投标人提交的投标文件的规则、方法和程序。评标办法要明确评标工作内容、初步评审的标准、详细评审所采用的方法（经评审的最低投标价法、综合评估法或法律、行政法规规定的其他评标方法）。

特色小镇项目评标办法对投标文件澄清、低于成本价竞标的认定、否决投标的情形、初步评审办法、详细评审细则、中标候选人的推荐等规定要合规合法。

例如《评标委员会和评标方法暂行规定》(七部委〔2001〕12号令)规定,招标文件中没有规定的标准和方法不得作为评标的依据;投标人按照评标委员会的要求对投标文件中含义不明确、同类问题表述不一致或者有明显文字和计算错误的内容所作的澄清、说明或者补正,应以书面方式进行并不得超出投标文件的范围或者改变投标文件的实质性内容;投标人不能合理说明或者不能提供相关证明材料说明其报价明显低于其他投标报价或者在设有标底时明显低于标底的合理性的,由评标委员会认定该投标人以低于成本报价竞标,应当否决其投标;国有资金占控股或者主导地位的项目,招标人应当确定排名第一的中标候选人为中标人等。

特色小镇项目评标办法对初步评审办法、详细评审方法及细则的规定要契合招标项目的特点,评标办法的内容要细致完善,要充分考虑评标过程可能发生的情况及投标文件可能响应招标文件的状况。例如,投标报价金额大小写不一致的处理办法、实质性偏离的认定、备选方案的评审规定、采用综合评估法评分相同情况下排序的规定、划分有多个单项合同的招标项目的授标规定等,均要在评分办法中进行规定,以便评标委员会针对发生的情况依据规定进行处理。

3.5.6 合同策划

合同策划包括合同种类选择和合同条件选择。合同种类基本形式有单价合同、总价合同、成本加酬金合同等。不同种类的合同,其应用条件、权利和责任的分配、支付方式,以及风险分配方式均不相同,应根据建设项目的具体情况选择合同类型。

合同条件的选择。投资人应选择标准招标文件中的合同条款,没有标准招标文件的宜选用合同示范文本的合同条件,结合招投标目标进行调整完善。

1. 法律法规

(1)《中华人民共和国合同法》(主席令第15号);

(2)《中华人民共和国标准施工招标文件》(2007版);

(3)《建设工程施工合同(示范文本)》(GF-2017-0201);

(4)其他相关法律法规、政策文件、标准规范等。

2. 建设项目工程资料

(1)项目决策、设计阶段的成果文件,如可行性研究报告、勘察设计文件、项目概预算、主要的工程量和设备清单;

（2）投资人和全过程工程咨询单位提供的有关技术经济资料；

（3）类似工程的各种技术经济指标和参数以及其他有关的资料；

（4）项目的特征，包含项目的风险、项目的具体情况等；

（5）招标策划书；

（6）其他相关资料。

施工合同是保证工程施工建设顺利进行，保证投资、质量、进度、安全等各项目标顺利实施的统领性文件，施工合同应该体现公平、公正和双方真实意愿反映的特点，施工合同只有制定科学，才能避免出现争议和纠纷，确保建设目标的实现。

3. 合同条款拟订

全过程工程咨询单位须根据项目实际情况，依据《建设工程施工合同（示范文本）》（GF-2017-0201），科学合理拟订项目合同条款。

（1）合同协议书

合同协议书主要包括：工程概况、合同工期、质量标准、签约合同价和合同价格形式、项目经理、合同文件构成、承诺以及补充协议等重要内容，集中约定了合同当事人基本的合同权利义务。

（2）通用合同条款

通用合同条款是合同当事人根据《中华人民共和国建筑法》《中华人民共和国合同法》等法律法规的规定，就工程建设的实施及相关事项，对合同当事人的权利义务作出的原则性约定。

（3）专用合同条款

专用合同条款是根据不同建设工程的特点及具体情况，对通用合同条款原则性约定的细化、完善、补充、修改或另行约定的条款。

（4）补充合同条款

通用合同条款和专用合同条款未有约定的，必要时可在补充合同条款加以约定。

4. 要点分析

（1）承包范围以及合同签约双方的责权利和义务

明确合同的承包范围以及合同签约双方的责权利和义务，才能从总体上控制好工程质量、工程进度和工程造价，合同的承包范围以及合同签约双方的责权利和义务的描述不应采用高度概括的方法，应对承包范围以及合同签约双方的责权利和义务进行详尽的描述。

（2）风险的范围及分担办法

在合同的制定中，合理确定风险的承担范围是非常重要的，风险的范围必须在合同中描述清楚，合理分担风险，避免把一切风险都推给中标人承担的做法。

（3）严重不平衡报价的控制

"不平衡报价"是中标人普遍使用的一种投标策略，其目的是为了"早拿钱"（把前期施工的项目报价高）和"多拿钱"（把预计工程量可能会大幅增加的项目报价高），一定幅度的"不平衡"是正常的，但如果严重的不平衡报价，将严重影响造价的控制。为了控制严重不平衡报价的影响，在合同中应明确对严重不平衡报价的处理办法：

1）投资人有权进行清标并调整的办法。

2）在合同中设定对工程量增加或减少超过工程量清单中提供的数量的一定幅度（如10%）时，超出或减少部分工程量的单价要进行调整的办法。通过这些条款的设置，就能从招标环节杜绝不平衡报价的影响，实现造价的主动控制。

3）进度款的控制支付。进度款的支付条款应清楚支付的条件、依据、比例、时间、程序等。工程款的支付方式包括：预付款的支付与扣回方式、进度款的支付条件、质保金的数量与支付方式及工程款的结算等。

4）工程价款的调整、变更签证的程序及管理。合理设置人工、材料、设备价差的调整方法，明确变更签证价款的结算和支付条件。

5）违约及索赔的处理办法。清晰界定正常变更和索赔，明确违约责任及索赔的处理办法。合理利用工程保险、工程担保等风险控制措施，使风险得到适当转移、有效分散和合理规避，确保有效履约合同，实现投资控制目标。

3.6 特色小镇项目施工阶段

特色小镇项目施工阶段根据前期设计、发承包阶段所确定下来的设计图纸（包括建设规模、建设功能、技术标准、材料设备选型等）、技术要求、招投标文件、施工合同的约定以及其他规定进行项目的建设，并在项目施工阶段对施工图设计进一步深化，以期优质地完成项目建设。为了优质地完成项目建设，全过程工程咨询单位在施工阶段需要对建设项目进行全过程全方位管理。

项目施工阶段涉及的利益相关主体众多，参与单位主要集中在投资人、全过程工程咨询单位、施工承包商及设备、材料供应商等，各参与单位在施工阶段的工作以及工作职责即有：

1. 投资人

确定全过程工程咨询单位、施工承包单位及设备、材料供应商，并签订合同，对项目实施进行监督。

2. 全过程工程咨询单位

对项目实施进行全过程管理、协调，集成各参建单位的关系和管理以确保项目目标的实现。

3. 施工承包商及设备、材料供应商

在项目实施过程中，负责相应项目的协调，按合同要求完成承包任务。

3.6.1 成本管理

特色小镇项目建设成本是指在项目决策阶段和实施阶段为了项目的顺利建设所花费的各项费用的综合。特色小镇项目建设成本管理主要是围绕决策阶段、设计阶段、招标采购阶段、施工阶段和竣工结算阶段来开展成本管理。本书首先开展特色小镇项目全过程成本管理的内容、措施及体系研究，后针对资金使用计划编制、投资费用偏差分析、工程变更及索赔管理等展开专项研究。

1. 成本管理内容

（1）立项决策阶段的成本管理内容

这一阶段建设成本控制的主要目标是确定合理可行的特色小镇优选方案，提高投资估算的精确度，以减少因成本的巨大变动对项目造成的影响程度。

（2）设计阶段的成本管理内容

在此阶段，特色小镇项目的主要工作内容是进行项目初步设计和施工图设计，并编制出相应的概算和施工图预算。因此本阶段特色小镇建设成本控制的主要目标是确保概算和预算准确和可行。

（3）招标采购阶段成本管理内容

在招投标阶段中，首先是选择合适且有能力的施工单位。该阶段建设成本控制的主要目标是将特色小镇项目工程投资控制在合理的范围内。

（4）施工阶段成本管理内容

在施工阶段，由于特色小镇项目施工环境具有复杂性和多样性的特点，施工阶段的项目管理工作相对于其他阶段来说较为复杂和困难。建设成本控制的内容也较多，包括全过程监管，强化质量、安全和工期管理，设计优化、编制资金使用计划、严格管理结算支付程序、严格执行合同、加强风险管理等工作。

（5）竣工结算阶段的成本管理内容

本阶段建设成本控制的主要目标是保证工程竣工决算的准确性和真实性。

2. 成本管理措施

（1）前期决策阶段

在特色小镇项目前期决策阶段，主要的任务是判断该项目是否具备可行性并编制投资估算。在进行投资估算的编制时，应充分考虑各种可能会在特色小镇项目建设期间出现的因素对建设成本带来的影响，如材料价格系数上涨、环保特殊要求、政策变化、行车干扰、临时性工程等因素，尽可能地保证投资估算的精确度以实现对特色小镇项目成本的控制。

（2）设计阶段

1）推行限额设计。

限额设计是按照投资或造价的限额进行满足技术要求的设计，其充分运用了价值工程的思想，即功能最大化而成本最小化。因此，设计人员在进行特色小镇项目施工图设计时，应以项目投资估算为基础，合理安排设计限额，将技术和经济相融合，严密地控制设计概算投资限额。

2）严格合同管理，设置工作奖励机制。

首先应对特色小镇项目合同中的条款进行细化，以加强对每个细节部分的成本控制。同时，委托人可实行设计工作奖励机制，首先预扣设计人员的部分设计费用和质量保证金，若项目后期出现因设计错误或缺失造成的建设成本增加，可根据影响建设成本程度的大小进行一定比例金额的罚款。相反地，若因设计优化给项目带来了一定的节约，则给予设计人员一定的奖励。

3）施工图会审。

全过程工程咨询单位认真审核特色小镇项目施工图纸，对图纸中的问题及各专业工种之间的配合预理等问题提出质量预控方案，并从设计功能及使用效果等方面，审核图纸的科学性和合理性，预防后期发生重大设计变更，导致建设成本的增加。

（3）招标采购阶段

对于建设内容、规模和标准清晰，工艺技术成熟、建设和实施条件可靠，预计实施过程中不发生变更或变更较小，投资估算结果合理且准确性相对较高的特色小镇项目，可以在特色小镇合同中约定采用固定总价的方式。在固定总价的前提下，约定各方应承担的风险和合同调整条件，对符合约定和调整条件的部分，进行增减调整。在招标文件及特色小镇项目合同中，约定建设投资的认定原则和结算办法，设置核心边界条件的控制价。

（4）施工管理阶段

1）落实成本质量责任。

全过程工程咨询机构强化对施工单位的质量管理和检查，监督施工方将技术管理体系、质量保障体系、成本控制体系等落到实处。同时，全程监督各参建方在施工中使用的材料设备质量等。

2）强化材料设备采购成本管理。

材料设备成本控制的重点在于严格控制材料用量，合理安排机械设备的使用时间，减少设备闲置的数量，提高材料使用效率和机械设备利用率。

3）加强合同管理。

特色小镇项目合同中必须明确合同标的物、数量、质量标准、工期、材料使用、安全、文明施工及管理职责、违约责任等其他内容。特色小镇项目合同管理的关键点在于控制工程变更，工程变更对于项目成本管理有着重大的影响，因此，必须加强审批和核实工程变更事项，准确判断工程变更的必要性。还应事先加强控制不合理费用的支出，以预防项目成本失控。同时对设计变更进行严格审核，并对变更进行经济分析对比，严格控制现场经济签证，审核签证的真实性、合理性，规范办理相关签证等。

3. 构建施工阶段全过程成本管理体系

特色小镇项目应树立全生命周期成本控制的意识，由全过程工程咨询机构主导，参与全过程成本管控、工程造价咨询和竣工结/决算的审核认定。由于特色小镇项目施工阶段影响因素比较多，在特色小镇项目全过程成本管理中也是最难、最繁琐、最复杂的阶段。因此，需对施工阶段进行全过程成本管控，特色小镇项目施工阶段的成本管控主要做好以下工作：

（1）重视工程洽商和变更

近年来，我国工程造价咨询行业的专业水平逐渐提高，对委托人的成本管控发挥了不容忽视的作用。在此情境下，特色小镇项目建设的实际成本一般可以在施工单位的中标价中得以体现。但大多数施工单位为了企业和个人经济利益，在施工过程中刻意制造工程洽商和变更的机会点，以此在结算时获取利润或进行索赔。因此，全过程工程咨询机构人员要谨慎签署施工企业提出的工程洽商和变更事项，分析判断变更事项是否必要可行，避免不当变更造成工程造价的增加。

（2）暂估价材料、设备和工程成本控制

暂估价材料、设备和工程成本对于特色小镇项目施工阶段的成本也有着重要的影响。在工程投标前，发包人可通过充分的询价来确定合理的招标控制价。在合同履行中，发包人可全过程参与材料等的采购，以此更好地实现对材料质量和价格上的控制，从而确定暂估价材料的实际价格。

（3）项目决算控制

特色小镇项目决算是特色小镇项目施工阶段成本管控的最后一道环节。主要从以下几方面进行控制：一是保证工程量的准确性，防止不合理的工程报审造价；二是重点对重新组价的综合单价进行审核，主要审核其合理性和科学性；三是重点审核工程变更。工程变更在项目施工过程中是不可避免的，其会使工程量发生变化，从而对项目成本产生一定的影响。因此，要重点审核工程变更的必要性和准确性。

（4）全过程工程咨询机构应动态掌握工程造价变化情况

全过程工程咨询机构应根据签订合同制定特色小镇项目资金使用计划，资金使用计划应与计划工期、预付款支付时间、进度款支付节点、竣工结算支付节点等相符。过程中，全过程工程咨询机构应与特色小镇项目各参与方时刻保持联系与沟通，动态掌握引起项目成本变化的信息情况，提前预测项目建设中可能发生的重大工程变更，将可能对项目成本造成较大影响的情况及时通知委托人。

4. 资金使用计划编制

在特色小镇项目施工过程中，按进度编制的资金使用计划是在项目进度计划的基础上编制的，按时间进度编制的资金使用计划的步骤如下：

（1）编制施工进度计划；

（2）根据单位时间内完成的工程量或投入的人力、物力和财力，计算单位时间（月或旬）的投资，根据合同约定，在时标网络图上按时间编制投资支出计划；

（3）计算工期内各时点的预算支出累计额，绘制时间—投资曲线，时间—投资累计曲线。

5. 投资费用偏差分析

在特色小镇项目施工过程中，做好投资费用偏差分析，把特色小镇项目建设过程中的实际支出额与项目投资控制目标进行比较分析，通过比较找出实际值与目标值的偏差，采取有效的调整措施加以控制，以实现项目投资控制目标。

6. 工程变更管理

特色小镇项目施工过程不可预见因素较多，如材料价格波动和设计变更等，均会造成相应的新增单价、线外工程、统供物资的管理和核算、资金的管理和使用、工程索赔等，都是整个项目投资控制、造价及财务咨询的重点。审查内容通常包括变更理由的充分性、变更程序的正确性、变更的期限、变更资料的完整性四个方面。

3.6.2 质量管理

质量管理策划主要是确定全过程工程咨询单位质量管理的组织机构及各部门职责，把参建该工程项目施工的各方人员有效地组织起来，将实现既定的质量目标作为每个部门、每个人完成本职工作所应达到的目标。质量管理目标实施的保证体系是全过程工程咨询单位贯彻执行国家和各地行政主管部门颁布的质量方面现行法律法规标准、规范、规程和各项质量管理制度实施的组织保证。

1. 质量管理组织机构

质量管理组织机构设置是要明确质量管理部门及人员岗位职责、权限，建立包括各参建单位在内的项目质量管理制度。

2. 各参建单位职责

建立工程项目质量管理职责，是要明确各部门及其人员在工程质量管理中所应承担的任务、职责、权限，做到各尽其职、各负其责，工作有标准。建设项目施工阶段的质量管理牵头单位是全过程工程咨询单位，全过程工程咨询单位按投资人要求，通过对施工阶段中勘察部门、设计部门、监理部门、施工部门、设备材料供应部门的监督、协调、检查、管理，保证施工项目按照国家法律法规及相关技术规范程序实施，达到项目质量管理目标。

（3）增减工程量

增减特色小镇项目工程量主要是指改变施工方案、施工方法，从而达到工程量的增加或减少。

（4）起止时间的改变

全过程工程咨询机构在对特色小镇项目施工进度计划的调整过程中，还需要对进度偏差的影响进行分析，通过实际进度与计划进度的比较，分析偏差对后续工作及总工期的影响，可以确认应调整产生进度偏差的工作和调整偏差值的大小，以便确定采取调整的新措施，获得新的符合实际进度情况和计划目标的新进度计划。

3.7 特色小镇项目竣工阶段

3.7.1 竣工验收

项目的竣工验收是考核和检查建设工程是否符合设计要求和工程质量的关键关节，是资产转入生产的标志。该阶段主要包括验收的程序、验收的依据和条件以及验收组织管理。

3.7.2 竣工结算

项目竣工验收条件具备后，施工单位应按合同约定和工程价款结算的规定，及时编制并向投资人提交项目竣工结算报告及完整的结算资料，投资人组织监理单位、咨询单位进行结算审查，同时，还应完成政府审计工作。

投资人应督促监理单位、施工单位建立健全竣工资料管理制度，注意在施工过程中及时完成各类资料的签署、收集、归档工作，制定竣工资料形成、收集、整理、交接、立卷、归档的管理程序，实行"科学收集、定向移交、统一归口、按时交接"的原则，保证竣工资料完整、准确、体统和规范，便于存取和检索。

3.7.3 竣工决算

项目竣工决算是由投资人编制的项目从筹建到竣工投产全过程的全部实际支出费用的经济文件。竣工决算综合反应项目建设成果和财务情况，是竣工验收报告的主要组成部分，按国家有关规定所有新建、扩建、改建的项目竣工后都要编制竣工决算。

在此基础上，竣工决算包括竣工决算的编制和竣工决算的审核。竣工决算包括竣工决算的编制和竣工决算的审核。竣工决算的编制是以全过程工程咨询单位为主，在监理工程师和施工单位的配合下共同完成的，从项目筹建到竣工投产或使用全过程的全部实际支出费用的经济文件。依据财政部、国家计委以及住房和城乡建设部的有关文件规定，竣工决算是由竣工财务的决算说明书和决算报表、工程竣工图和工程竣工造价对比分析四部分组成。前两部分又称建设项目竣工财务决算，这是竣工决算的核心内容。竣工决算咨询工作最终形成竣工决算成果文件提交给投资人。工程决算的审核是全过程工程咨询单位的责任。在审核过程中，全过程工程咨询单位的责任是提供真实完整的审查资料。工程造价咨询单位的责任是在全过程工程咨询单位提供资料的基础上进行审核，并负有相关审查责任。

3.7.4 竣工移交

项目竣工移交包括竣工档案和项目实体移交两大部分。其中项目档案资料是在整个建设项目从酝酿、决策到建成投产（使用）的全过程中形成的、应当归档保存的文件，包括建设项目的提出、调研、可行性研究、评估、决策、计划、勘测、设计、施工调试、生产准备、竣工试生产（使用）等活动中形成的文字材料、图纸、图表、计算材料、声像材料等形式与载体的文件材料。在项目实施过程中，应注意相关材料的存档工作，验收通过后，及时整理、建档、立卷等，确保竣工档案的按时移交。项目实体移交包括建设项目实体、配套的通用设备和专用设备等，施工单位应履行按时移交工程成品，并建立交接记录，完善交工手续。

3.8 特色小镇项目运营阶段

特色小镇项目运营阶段需要适时对建设项目的决策和实施进行评价和总结，需要对建设项目进行运营管理，通过运营管理，检验其决策是否科学有效。

从运营管理角度看，特色小镇项目需要进行资产管理、运营管理和拆除预案策划，通过运营和监管合同的履行，确保建筑物的全生命周期成本最优；从经验总结角度看，特色小镇项目需要进行项目后评价、项目绩效评价、绿色建筑的运行评价。由于运营阶段涉及服务范围众多，本书从特色小镇项目以下七个方面进行阐述，其余工作内容暂不研究。

运营阶段的主要工作包括：

（1）运营主客体的转变；

（2）运营结构；

（3）运营组织设计；

（4）人力资源管理策划；

（5）设施设备管理；

（6）财务管理；

（7）税务筹划。

全过程工程咨询单位在本阶段主要任务是检验建设项目是否达到优质地完成建设项目的目标。全过程工程咨询单位一方面通过评估，评价建设项目全过程的教训和经验，提炼项目决策要点，为下一个建设项目提供更完善的决策参考依据；另一方面协助运营人，为建设项目提供清晰的影响运营的主要设备材料清单以及该等设备材料的使用要求和使用寿命，协助规划其大中小修方案和费用估算。

以全过程工程咨询"1+N"服务模式，全过程工程咨询单位在项目运营阶段，承担的项目管理咨询工作主要有：进行项目的自评价和运营管理策划；而"N"的内容主要有：项目后评价、项目绩效评价、项目设施管理以及资产管理等。

3.8.1 运营主客体的转变

特色小镇运营理念的转变，源于城市发展理念及开发建设主体的转变。几十年来，政府一直是城镇建设的推动者与核心运营主体，既是所有者，又是经营者，还是管理者和监督者。市场取代政府成为资源配置中的决定力量，这也就决定了城市运营必须在理念上发生转变，同时运营主体、运营客体以及收益模式也要随之转变。

1. 核心运营主体的转变

从政府主导转变为市场主导。这其中又分为 4 种模式：政府主导、政府与企业联动发展、以企业为主导、以非营利的社会组织为主体。

政府主导模式中，一般政府全权负责投资建设运营，或者政府负责投资，委托运营商建设运营。这一模式适合财政力量雄厚，运营能力或把控能力强大的政府。优势是政府拥有绝对的控制权，推动进展快；劣势是政府财政压力大，同时也面临着后期运营的大量投入。

在政府与企业联动发展模式中，政府负责小镇的定位、规划、基础设施和审批服务，并通过市场化方式，引进社会资本投资建设，许诺投资方在一定时间段内拥有经营权，到期后再归还政府。这一模式适合于财政相对有困难的政府，优势是缓解了政府的财政压力，劣势是所有权与经营权的分离，导致参与企业的短视行为，同时回收后对政府来说仍然是一个较大的包袱。

以企业为主导的模式，则是由某一企业或多家企业联合完成投资建设运营，通过政府购买或用户付费获取收益，受政府的管理和监督。这一模式适合于资金及运营能力均强大的企业，优势是减轻政府财政压力，激发市场活跃度，劣势是需要有持续的盈利模式。

而采取以非营利性的社会组织为主体的特色小镇运营比如在国外的一些城市，由市民组建一个管理委员会进行管理，这也是以后特色小镇运营可借鉴的一个模式。

2. 运营客体的转变

从土地为重转变为产业为重。长期以来，土地一直是城市运营中的主要对象，也是政府财政收入的主要来源。但这一模式为城市发展所带来的弊端逐渐凸显。随着国家对地产行业政策的收紧，越来越多的地产商都瞄准了向城市运营商、产业运营商转型。不仅要开发土地，还要开发配套服务设施、旅游项目、产业项目，要进行房产开发，最后进行产业整合和运营整合。因此，新形势下的特色小镇运营客体可以概括为：以产业为主导，以土地为基础，以各种产业项目、旅游项目和房产项目为重点的全方位体系。

3. 收益模式的转变

从土地收益转变为综合收益。以土地为经营客体的模式，决定了政府以土地出让为主要来源的收益模式。而新形势下，多条运营线的展开，已经使得特色小镇的收益除了来自土地一级、二级开发之外，还包括产业项目的运营收益、二级房产的运营收益及服务的运营收益等。这一收益模式已经不再依赖于土地财政，而是一种可自我供血、可长期持续的合理架构。

3.8.2 特色小镇运营结构

特色小镇的运营不管是政府主导还是企业主导，一定要基于市场化运作机制。我国目前缺少专业化的特色小镇运营机构，浙江的梦想小镇、云栖小镇等都是通过政府下派的管委会来统一管理。但是政府在这一过程中，实现了充分的放权，以"服务者"自居，充分调动企业的积极性，不干涉市场行为。

1. 特色小镇的三大运营原则

（1）立足于降低营商成本

小镇内部要为其市场主体与创业企业提供低成本空间，构建出一个降低营商成本的实体经济发展引擎。在降低劳动力、公共服务、消费、信息获取、管理等成本基础上实现要素的聚集。因此不能房地产化，房地产化之后会拉高多方面的成本。尤其是在房屋租金高涨的形势下，对其他各种特色产业只会形成挤出效应，而不会实现聚集效果，特色产业也将难以实现发展。要深化投资便利化、商事仲裁、负面清单管理等改革创新，打造有利于创新创业的营商环境。

（2）立足于营造创新开放的人文环境

特色小镇应是多维度生态系统，要在不断地对外交流与推进拓展中，实现自我的升级更新。这一生态系统的主体——创业者和企业家可以通过企业沙龙等方式，不断地进行理念沟通、管理沟通、经营沟通，从而达到"产业社区"内的思想互通与业务畅通。特色小镇不仅要在硬环境上满足进驻企业及其职业人群的多元需求，而且要在软环境上营造创新创业、奋发奋进的良好氛围。因此要避免走"产业园区模式"的老路，产业园区从运作到管理大多都是封闭的，在这一点上就很难实现。此外，特色小镇内还可以通过"技术"与"艺术"、"生产"与"娱乐"跨界的方式，创造各种用户与产品的互动体验机会，激发各类创新的火花。

（3）立足于长远可持续发展

特色小镇的成功运营应在生态、产业、社会、空间等方面进行可持续开发的探索。针对盲目审批、粗放生产、低效竞争、监管缺位等运营环节出现的种种弊端，必须同时依靠政府与市场"两只手"的作用。充分发挥政府"有形的手"的调控作用，加强对小镇内企业的市场监管和社会管理，开展生态建设和环境保护，引导小镇建设、企业发展走上科学化、规范化、生态化的道路。积极发挥市场调节"无形的手"的作用，让特色小镇内、外企业开展良性的自由竞争。若想借助"政府之手"享有扶持政策和收益，同时不被"市场的手"无情推开，就要做好规划运营、招商和管理的各个环节工作，并要知悉四大关键问题：政府鼓励哪些产业，相关行业的政策落实有哪些；产业的市场前景如何，是否存在产能过剩风险；本地主导产业的发展条件与基础是什么，竞争对手是哪些；如何与当地政府或管委会达成合作关系。此外，在业态管控方面，融入"三生融合"理念，合理布局生产、生活、生态空间，以人为核心，区分各种工作性质与工作氛围，践行绿色发展理念，树立小镇形象品牌。

2. 特色小镇的三级运营结构

（1）政府

在特色小镇的培育过程中，政府的职能定位应适度转型和调整观念，更好地处理管理与服务间的关系。其主要有两点：一是要制定好规则，根据市场规律，明确政府与市场的关系；二是要维护好规则，根据合约上的内容，通过法律的方式来运行。政府不是单单的土地供应，而是要在后期持续地为小镇投入各种资源。首先，地方政府根据当地形势，通过政策疏解，下放权力，切实为企业做好服务，而不是仅仅提出硬性要求。其次，政府要为小镇作好宣传，为企业做好背书。再次，政府要有一定的宽容度，允许实践和探索。

（2）管委会

管委会这类机构的存在，主要是因为目前我们的行政机制和市场机制没有办法完全接轨。小镇管委会隶属于区县一级的政府，所以便能调配县层面的行政资源，提高其所管辖地区的行政服务效率。管委会并没有任何行政审批权限，其主要的职责有两点：一是落实政策，二是提供服务。

（3）平台公司

特色小镇要选择合适的企业担任平台公司的角色，若由一个企业来主导，则最好为某一行业内具有实力的龙头核心企业或终端品牌企业，一般要具备整条产业链的撬动能力。尤其要抓住产业价值链"微笑曲线"的两端高利润环节，即研发设计和品牌营销服务，进行重点配置和服务对接。此外，平台公司通过互联网形成各类服务平台（需求信息、融资服务、政府资源、专家服务、成果信息等），充分聚集和优化配置平台资源，能促进域内企业升级转型，能推动政府的高效治理，能帮助小镇对接外部资源，形成互补的业务关联。

3. 特色小镇的三大运营内容

从运营内容上来看，特色小镇的运营包括特色产业运营、旅游运营及生活服务运营三大体系。

特色产业运营是特色小镇运营的关键。主要作用为：第一，通过全天候的贴身管理服务，实现企业与政府各部门之间的有效对接，从而简化手续，提高效率。比如帮助企业进行注册登记、各项审批、营业执照年检、纳税申报等服务，并帮助企业向政府争取政策等；第二，根据企业以及产业发展的需求，不断优化产业结构，尤其是加大对生产性服务企业、研发企业、产业孵化平台等机构的吸引，构建产业生态体系，促进产业健康发展；第三，通过与各大银行、保险等金融机构建立良好的合作关系，或自身建立 VC 类 /PE 类基金、投资公司等，直接参与企业的投资，或成立担保公司，对接外来资本，为企业融资提供担保服务，从而全方面解决企业融资难的问题；第四，组织行业研讨会、产品展销会、产品设计大赛等活动，以龙头企业为带动，成立产业联盟，通过行业之间的充分交流，不断塑造自身的产业品牌；第五，优化办公环境，加强休闲、娱乐、餐饮、商务等配套设施的服务，为产业人员提供良好的工作氛围。

旅游运营，一般由市场化的运营机构负责，与特色产业运营是两套体系。以杭州的梦想小镇为例，杭州未来科技城（海创园）管委会是杭州梦想小镇产业的管理和运营单位，杭州梦想小镇旅游文化发展有限公司是杭州梦想小镇的景区管理和运营单位。旅游运营主要包括小镇的旅游营销、品牌培育、景区管理、信息服务、安全管理、数据统计等。

生活服务运营，主要包括两块：一是为小镇居民提供休闲、娱乐、商业、餐饮等一般性生活服务，并根据常住人口的特征，提供高端医疗、俱乐部等定制服务；另一方面是对接城镇体系，为产业落户人口及其配偶子女提供职工子女入学、户口迁移、租赁房屋等服务。

4. 特色小镇的五大运营收益

企业建设特色小镇最关键的就是如何实现盈利。

特色小镇的盈利来源主要有两部分：地产增值和产业增值。地产增值是指依附在土地溢价基础上的一种盈利模式，通过建设生产仓储、办公研发、商业居住等房地产物业并以出租、出售方式供入驻企业与镇内人口使用，同时提供物业服务。产业增值是在开展运营服务和享受关联政策基础上实现的产业运营服务收益、配套经营收益、政府补贴、税收奖励和产业投资等五个方面。

（1）产业运营服务收益

小镇整合产业资源，引进各类中介服务机构，向入驻企业提供工商注册、融资信贷、法律咨询、人才外包、资质认证、技术中介、管理咨询、知识产权服务、网络通信服务等全套的产业服务，或通过自主建立公共服务平台，为企业提供针对性的技术服务、市场营销服务、金融信贷服务、理咨询服务等，并适度收取服务佣金，作为平台服务还可以通过BPO（商务流程外包）等形式获取长期、稳定的收益。

（2）配套经营收益

围绕产业，配套餐饮娱乐、酒店住宿、教育医疗、咖啡书吧、会议商务、会展博览、互动体验等生产、生活服务项目，以招商或自持等方式，形成稳定的运营收益。

（3）政府补贴

特色小镇通常要建设若干公共服务平台及配套服务设施，以营造良好的园区环境和产业氛围。为了鼓励园区改善创业环境和提高服务能力，所在区域政府应适当拿出财政资金，按照"专项资金、专款专用"的原则，以项目补贴、贷款贴息等形式给予资金扶持。

（4）奖补及补差

企业通过与政府"一事一议"的谈判，确定各项优惠条件。这在发达地区都有很多创新探索，如企业享受税收增值部分的让度，政府分阶段分比例按照最终实施效果进行返还；或企业享受周边地价增值的分成。

（5）产业投资

如果小镇的产业基础非常突出，作为企业可以围绕其做股权投资。在小镇建立或控股专业性的产业投资机构，如天使、VC或PE等，以此开展项目投资，或者利用小镇内部孵化器对进驻的潜力型企业开展多形式的股权投资，实现企业成长并获取长期收益。

各地特色小镇的开发运营各有侧重，收入来源比重各有不同，总之特色小镇正在由地产收益向综合收益发生着改变。在新形势下，多条运营线的展开，已经使特色小镇的收益除来自土地一级、二级开发外，还包括产业项目运营收益、二级房产的运营收益及城市服务的运营收益等。特色小镇的运营机构要不断寻找新的盈利方式，探索出更多新的路径。

3.8.3 组织设计

特色小镇项目，为了使工程项目建成后正常发挥其功能，在项目寿命期内需要组建公司来策划和管理项目。公司成立后其主要业务是运营该工程项目。为了使公司（项目）能够正常运行，发挥应有的经济效益，必须要有良好的运营机构设置。

组织设计有其内在规律，必须有步骤地进行，才能取得良好的效果。一个完整组织设计程序包括以下几个步骤：

1. 确定组织设计原则

根据企业的战略目标、内外部环境等条件，确定企业进行组织设计的基本思路，规定一些设计的主要原则和主要参数。

2. 公司职能的分析和设计

确定企业需要设置的各项经营职能和管理职能，确定其中的关键性职能，并将这些职能进行层层分解，确定各项具体的管理业务和工作。

3. 设计组织结构的框架——组织设计的主体工作

设计承担上述职能和业务的各个管理层次、部门、岗位及其权利和责任。具体表现为确定企业的组织系统图。

4. 设计组织的联系方式

设计上下管理层次之间、左右管理部门之间的协调方式和控制手段。使组织的各个组成部分联结为一个整体，使整个组织能够步调一致地实现企业管理的整体功能。

5. 管理规范的设计

在确定了组织结构的框架及联系方式的基础上，要进一步确定各项管理业务的工作程序、工作标准及管理人员应采取的管理方法等。

6. 人员的配备和训练

根据组织结构的设计，按照要求的数量和质量配备各个岗位的人员。

7. 运行制度的设计

为了组织结构的正常运行，还需要设计一套良好的运行制度，如奖励制度、考核制度、激励制度等。

8. 反馈与修正

组织设计是个动态过程，在组织运行过程中，各个环节要及时将运行过程中的各种信息反馈到有关部门，以定期或不定期地对原有组织做出修正，不断完善。

组织结构的特征因素（结构内部特征）：

（1）集权化程度；

（2）规范化程度；

（3）标准化程度；

（4）职业化程度；

（5）人员结构。

通过这些特征，可以了解一个组织的基本情况，确定一个组织性质。这些特征因素是对企业组织结构进行评价和比较的基础。

9. 人员配置

公司的组织建设除了要设计适应组织战略的组织结构，还要为组织结构配置适当的人员来完成各项工作，这是公司正常运营的关键。估算实现组织目标、组织设计和岗位设计所必需的人员配置，指导招募及其他人员配置活动，帮助管理者确保满足组织的人才需求。人员配置包括以下几个方面：

（1）认真选择和使用人才招募、选拔、解除雇佣等方法，以及时准确地获取所需人才。

（2）通过有目的地开发、培训、采用先进的鉴别手段等，使人员与工作得到合理匹配。

（3）通过确定职业路线、职业发展规划等，控制企业员工的流动。

3.8.4 人力资源管理

人力资源管理，是指根据企业发展战略的要求，有计划地对人力资源进行合理配置，通过对企业中员工的招聘、培训、使用、考核、激励、调整等一系列过程，调动员工的积极性，发挥员工的潜能，为企业创造价值，确保企业战略目标的实现。人力资源管理是企业的一系列人力资源政策以及相应的管理活动。这些活动主要包括企业人力资源战略的制定，员工的招募与选拔，培训与开发，绩效管理，薪酬管理，员工流动管理，员工关系管理，员工安全与健康管理等。

1. 人力资源管理的特点

人力资源管理是项目的重要资源之一，人力资源管理不同于一般的人事管理，与人事管理相比，人力资源管理具有以下特点：

（1）"以人为本"的主导思想。将人视为有价值的资源，通过长期投资和合理使用，最大限度地释放人的潜能，同时也使企业获得更多的回报；

（2）同时强调个人与集体。重视员工个人价值的实现和个人利益的满足，与责任感和组织目标相结合，使公司与个人共同发展；

（3）敢于在人力资源开发上长期地大量投资，企业人力资源开发具有长期性、计划性和前瞻性；

（4）管理方法上同时强调科学性与艺术性，在强调定量分析和严格的程序设计的同时，又注重定性分析和人性化的管理方法；

（5）领导方式上同时强调权威与民主、注重发挥领导的人格影响力，鼓励群体成员参与管理；

（6）人员培训为终身学习型，并有长远的整体培训计划。在增长员工技能的同时将企业经营理念融入人心；

（7）完善的工作绩效评价系统，把职工能力和成果的定性考查与定量考核相结合。建立明确的定量考核标准，用数据说话，以理服人。考核和晋升同时强调能力与资历，晋升的依据主要以能力考核和工作实绩为主。

2. 员工评价

（1）员工的业绩

对员工业绩评价的一种被广泛采用的考绩方法是业绩评定表，根据所限定的因素来对员工进行考绩。评价所选择的因素有两种典型类型：与工作有关的因素和与个人特征相关的因素，这种方法最大的特点是简单、迅速。

（2）员工的满意度

员工满意度的重要之处在于通过对员工满意度的测量和分析，企业可以了解员工工作状态，反省企业管理状况，及时改进管理，增强企业凝聚力。

3.8.5 设施设备管理

1. 设备管理的概念

设备管理是指依据企业的生产经营目标，通过一系列的技术、经济和组织措施，对设备寿命周期内的所有设备物质运动形态和价值运动形态进行的综合管理工作。

设备管理的主要内容有技术、经济、组织三个方面，三者是不可分割的有机整体。具体包括以下方面：

（1）依据企业经营目标及运营需要制定企业设备规划；

（2）选择和购置所需设备，必要时组织设计和制造；

（3）组织安装和调试即将投入运行的设备；

（4）对投入运行的设备正确、合理地使用；

（5）精心维护保养和及时检修设备，保证设备正常运行；

（6）适时改造和更新设备。

2. 有关设备状况及利用的常用指标

（1）设备利用率：等于设备实际开动时间占设备日历计划开动时间的百分比；

（2）设备完好率：等于经检验合格的设备数在全部设备数中所占的百分比；

（3）设备改造与更新率：一定时期内结合修理进行技术改造的设备数与更新的设备数之和在原有设备总数中所占的百分比；

（4）设备有效利用率：即设备有效工作时间（容许工作时间）在全部时间中所占的比重；

（5）设备的维修效益：即设备的生产量与维修费用比值；

（6）设备的综合效益：即设备寿命周期的输出（生产量）与设备寿命周期费用的比值。

3. 设备管理的基本内容

设备技术性和经济性选择和评价主要考察下列因素：

（1）生产能力。从具体的生产任务及生产的发展要求出发，客观地评价需购设备的性能、生产效率及生产能力等因素，使所购设备的生产能力能得以充分合理地使用。

（2）可靠性。设备在规定条件下和规定时间内完成规定功能的能力。

（3）可维修性。设备易于（便于）维修的特性。在其他因素基本一致的情况下应选择结构合理，易于检查、维护和修理的设备。

（4）互换性。在可能的情况下，新购置的设备在备件供应、维护、操作等方面应与企业现有设备互有关联，尽量相同或相似，以节约人员培训、辅助装备等的费用。

（5）安全性。设备的安全性对企业的生产、人员的安全等方面影响重大，在选择设备时应慎重评价。

（6）配套性。在选择主机设备时，往往要把辅助设备的配套情况及其利用率作为决定性因素来予以考虑。反之亦然。

（7）操作性。过分复杂的操作往往易于造成操作人员的疲劳和失误，以及人员培训费用的增加，所以应选择操作容易简便的设备。

（8）易于安装。在选购设备前，应对设备的安装地点进行考察，对于一些大型设备，还需考察运输路线，以选择合适的、易于安装的设备。

（9）节能性。设备的节能包括两方面的涵义：一是指对原材料消耗的节省；二是指对能源消耗的节省。

4. 设备的选择与评价

（1）对现行组织的影响。选购设备时，应充分考虑其对现行生产组织的影响，需要考虑供货厂家的信誉及交货期；

（2）备件供应。在选购设备时，应充分考虑备件的供应情况，尤其对于进口设备更应如此；

（3）售后服务。选择设备供应厂家时，应考察他们提供安装、调试、人员培训及维修服务的条件，有了良好售后服务条件，设备运行就会有充分保证；

（4）法律及环境保护。选购设备时要遵守国家和地方政府的有关法令和政策，同时要注意与环境的协调性，避免购置与政策和自然环境不相容的设备。

以上主要从技术性来评价，还需要评价设备的经济性，即考察设备的费用（支出）与其所带来的收益。设备费用是指在整个寿命周期内为购置和维持设备运行所花费的全部费用，它主要由固定费用和运转费用两部分构成，在进行设备的费用比较时，需要同时考虑这两部分费用支出。

设备的收益问题，可从设备所生产产品的产量及质量、成本节约等多方面予以综合评估。用于设备经济性评价的方法有很多，如投资回收期法、费用比较法、效益费用比较法、费用效益比较法等。

5. 设备的安装与调试

设备购置或自制完成后，即进入安装与调试阶段，在这一过程中应考虑下列因素：

（1）设备的安装应与生产组织的要求相符合，并满足工艺要求；

（2）方便工件的存放、运输和切屑的清理；

（3）满足空间的要求（如厂房跨度、设备运动部件的极限位置）等；

（4）设备安装、维修及操作安全方面的要求；

（5）动力供应和劳动保护的要求；

（6）设备的调试工作包括清洗、检查、调整和试运转。当设备安装就位后应由设备的使用部门组织、设备管理部门与工艺技术部门协同进行设备的调试工作；

（7）设备的使用。

6. 合理使用设备

一般应从三个方面着手：

（1）提高设备利用程度，即充分利用设备可能的工作时间，不能让设备闲置；提高设备利用强度。设备使用中应严格遵照设备的设计和使用要求，并正确地进行设备维护。不要经常超载工作。

（2）从设备的磨损理论可知，要保证设备能以正常的工作精度运转，就应设法减少或延缓设备的磨损，设备的日常维护和保养是重要的手段。

（3）建立健全相应的规章制度并使之得到遵守执行。应对设备使用操作人员进行思想教育和专业培训，以执行正确使用设备的各项基本要求、规章和相应的设备操作规程。

7. 设备的维护和检查

（1）设备维护是指为了保持设备正常的技术状态、延长使用寿命，按标准进行的检查与润滑、间隙的及时调整及隐患的消除等一系列的日常工作。

（2）设备维护工作按其工作量大小、难易程度和作业范围可划分不同的种类。在我国许多企业实行的是设备三级保养制，即设备的日常保养（日常维护）、一级保养和二级保养。

（3）设备检查指对设备运转情况、技术状况、工作精度、零部件老化程度进行的各种形式的检查。通过检查可以及时发现隐患，有针对性地采取预防措施消除故障，同时根据检查情况制订修理计划，做好修理前的准备，有助于提高修理效率和修理质量。

8. 设备状态监测与诊断

（1）设备状态监测

设备状态监测，是指用人工或专用的仪器工具，按照规定的监测点进行间断或连续的监测，掌握设备异常的征兆和劣化程度。设备状态监测的对象一般以重点设备为主，目前，设备状态监测方法主要有两种：

1）由维修人员凭感官和普通测量仪器，对设备的技术状态进行检查、判断，这是目前在机械设备监测中最普遍采用的一种简易监测方法；

2）利用各种监测仪器，对整体设备或其关键部件进行定期、间断或连续监测以获得技术状态的图像、参数等确切信息，这是一种能精确测定劣化和故障信息的方法。

（2）设备诊断技术

设备诊断技术，指在设备运行中或基本不拆卸的情况下，根据设备的运行技术状态，判断出故障的部位和原因，并预测设备今后的技术状态变化。设备技术状态主要包括设备的强度和性能、设备所受的应力、设备的故障和劣化等内容。设备诊断技术一般包括两部分：

1）对设备的技术状态简便而迅速地做出概括评价，主要由现场作业人员实施的简易诊断技术；

2）当简易诊断难以做出正确判断时由专门人员实施精密诊断技术，它是对经过简易诊断判定为异常的设备作进一步的详细诊断，以确定应采取的措施。它不仅需要简单的测定和分析，还需运用一系列复杂的定量检测和分析技术。

3.8.6 财务管理

1. 财务监控的含义

工程项目的运营需要有强有力的控制，这种控制是全方位、全过程和多层次的，重点涉及产品（服务）生产运营过程的运营时间、运营质量和运营成本控制，以及公司制企业运营过程的财务监控。

财务监控是在现代企业制度下，对公司制企业保持正常运营、健康发展的客观要求，是企业利用内部与外部的财务检查与控制手段，对企业运营从财务上加以控制的企业行为。

财务监控包括内部的监控，也包括外部的监控。它包括企业的自发行为，也包括外部的强加要求，如证券法规定，上市公司必须每年接受具有证券从业资格的会计师事务所的审计，并公布相关报告。

2. 财务监控的内容

企业财务管理是企业管理的中心环节，它包括对企业的融资、投资、成本控制和利润分配等财务活动的管理。因此，财务监控的主要内容也就是对企业融资、投资、成本控制和利润分配等活动的监控。

企业财务监控的核心不仅是监控，还包括服务，两者在某种程度上是互为目的和手段的关系。对企业的财务活动进行监控，是为了确保企业的正常运营，但这不是最终目的，最终它还是服务于企业的终极目标，即企业经营利润最大化，或是企业价值最大化。

3. 财务监控的意义

有利于监督企业的财务行为，确保企业的正常运营。作为企业管理重要组成部分，控制是管理的主要职能。财务监控由于其数字性、直观性已经成为重要的控制手段之一。

加强财务监控有利于消除"内部人控制"现象。在经营者追求企业利润最大化的内在动力不足，而监督、约束不力的情况下，经营者就可能利用手中权力，达到营私的目的，也就是所谓的"内部人控制"现象。

有利于转换国有企业经营机制，建立现代企业制度。财务监控的有效实施可以从内部和外部加强财务约束，从而有利于以法人财产权为核心的现代企业制度的建立。

4. 财务监控与管理的方法

财务监控是企业为了保护其资产的安全完整，保证其经营活动符合国家法律、法规和内部规章制度的要求，提高经营管理效率，防止舞弊，控制风险等目的，在企业内部采取的一系列相互联系、相互制约的制度和措施，是确保企业自身能够持续经营和加强企业内部管理需要的业务监控。财务监控可分为内部监控和外部监控。

（1）内部监控

企业预算管理是企业在科学的生产经营预测和决策的基础上，用数量、金额的形式来反映其来年内供、产、销及财务等方面经营策略、经营成果的一整套生产经营计划。

从企业全局考虑，设定适度的经营目标，科学地测算预算期内将要发生的各项生产经营业务及所需资金及费用，综合平衡形成年度预算。

用预算指导各部门的生产经营活动，保证生产经营的协调进行。

通过对预算执行情况的监控，及时发现并妥善处理生产经营过程中的问题，实现对生产经营的有效控制。

通过决算考核，确认责任部门（或人员）工作业绩，兑现考核政策，奖惩到位。

内部审计控制是在一个企业中对各种经营活动与控制系统的独立评价以确定既定的政策和程序是否贯彻，建立的标准是否遵循，资源的利用是否合理有效，以及单位的目标是否达到。

在现代企业制度下，科学的内部审计机构应该是这样的：董事会下设审计委员会，由非执行董事担任委员，专门负责检查监督工作，向董事会负责。同时在企业的职能部门中专设内部审计机构，执行日常内部审计事务，内部审计机构向审计委员会和公司总经理双层负责。首先，这种内部审计组织模式，能够赋予内部审计最大的独立性。内部审计独立性、权威性的大小，作用发挥的程度，主要取决于领导层次的高低。其次，这种内部审计模式分工明确，既便于内部审计人员开展工作，又便于内部审计机构和人员接受指导和必要的检查。

（2）外部监控

外部监控对企业的外部财务监控方法主要有外部审计（独立审计）以及财务委派制度。

企业的内部控制主要由企业的内部人员完成，由于牵涉到利益的关系，其独立性与公正性必将受到影响。因此，通过外部审计，对企业的运营情况进行监督显得尤为重要。目前，企业的外部审计主要是通过会计师事务所来完成的。

会计师事务所是国家批准成立的依法鼓励承办注册会计师业务的单位，它是注册会计师的工作机构，也是外部审计的主要载体，其最大的特点是独立地和公正地执行监控职能。会计师事务所通过接受委托人的委托，采取一定的审计方法，在其职权范围内独立地行使审计功能，其对企业财务状况的最终结论将直接影响到企业的声誉。

由会计师事务所对企业运营情况进行监督固然是十分有效的，但这种监控仍然是短期与片面的。如何使企业的运营能长期地保持被监控，更为有效的方式是采用企业财务委派制度。即实行两权分离的企业由企业的所有者委任派遣主要财务人员的一种管理制度。财务委派制是和财务任命制相对的，它的主要特点是企业的主要财务人员由所有者委派，经营者不得干涉委派财务人员的工作。财务人员委派制是一种全新的财务管理模式。

5. 项目资源开发与运营

建设项目尤其是大型基础设施建设项目，如城市轨道交通、桥梁、高速公路等，往往由于其建设经营特性，和很多其他资源如土地、广告、景观等具有密切的联系，构成了复杂的建设项目空间资源体系。在进行项目运营管理的同时也须注重对这些资源的开发和利用，通过这些资源的开发经营收益来弥补基础设施建设项目的巨大建设和运营成本。此处即以轨道交通为例，来对项目资源开发与运营管理进行系统探讨。

全过程工程咨询单位应制定和实施项目管理后评价和绩效评价制度，规定相关职责和工作程序，采纳项目相关方的合理评价意见。全过程工程咨询单位对项目运营阶段的评价和管理过程应公开、公平、公正，评价结果应符合规定的要求。对项目的后评价及绩效评价应采取适合工程项目特点的评价方法，过程评价与结果评价相配套，定性评价与定量评价相结合。全过程工程咨询单位根据相关规定对项目在运营阶段进行设施和资产管理工作。

3.8.7 税务筹划

税收具有强制性，企业必须依法纳税，因而税收构成了企业必要的成本。同时税收又不同于一般的营运成本，它是企业无偿的支出，对企业经营成本有直接的影响。

1. 增值税的纳税筹划

（1）采购业务增值税的纳税筹划

采购业务是企业的日常经营活动，而原材料决定产品的成本，在选择原材料时就会有不同身份的供应商。对于一般纳税人购货有三种选择：从一般纳税人处购进；从可请主管税务机关代开专用发票的小规模纳税人处购进货物；从主管税务机关代开专用发票的小规模纳税人处购进货物。如果两者销售价格相同应该从一般纳税人处购进货物，原因在于抵扣的税额大。如果小规模纳税人的售价比一般纳税人低，就需要企业进行计算选择。

（2）销售业务增值税的纳税筹划

一般情况下，收入的确定要根据不同时期进行不同处理，一旦收入确认了，不管收入是否收回，都要进行纳税，减少了企业的净利润。但是选择不同的结算方式，为纳税筹划提供了可能。税法规定采取直接收款方式销售的，按照收到货款或取得货款凭证的当天作为收入确定的时间，分期付款方式销售的按照合同约定的收款日期；分期预收货款方式销售的按照交付货物的时间；采用托收承付和委托银行收款方式销售的，按照发出货物并办妥手续的当天。根据不同的销售结算方式，收入确定的时间不同，从而达到减税或递延纳税的目的。

2. 企业所得税的纳税筹划

（1）销售费用的纳税筹划

税法规定允许扣除项目中，企业已计入当期费用但超过税法规定扣除标准的金额。如业务招待费为发生额的 60% 扣除，但最高不得超过当年销售收入的 5‰、广告费和业务宣传费不超过销售收入的 15% 部分，准予扣除；超过的部分准予结转后纳税年度扣除。

其中业务招待与会议费、差旅费要分别核算。当企业在经营活动中发生与会议费、差旅费相关的业务中要有真实的合法凭证，因为这是可以税前全额据实扣除的。而业务招待费是要按照国家的标准发生额的 60% 扣除，但最高不得超过当年销售收入的 5‰。要严格地核算业务招待费，不能将业务招待费计入会议费和差旅费。

（2）筹资费用的纳税筹划

筹资是通过一定渠道、采取适当方式筹措资金的财务活动，是财务管理的首要环节。企业的筹资方式有多种，最好的筹资办法并不是依靠自己的资金，而可以向银行贷款。虽然货款会加大企业的运营成本，但是货款的利息是可以抵扣应纳所得税的，而且在息税前收益不低于资金成本率的前提下，负债率越高，金额越大，节税效果越显著。一般经营性借款利息是可以直接扣除的，但是有一定的上限。专门性借款利息不能直接扣除，只能随着固定资产折旧，但是没有扣除限额。利用这点可以将经营性借款利息转化为固定资产利息。

3.9 特色小镇项目招商策划

特色小镇项目运营阶段需要适时对建设项目的决策和实施进行评价和总结，需要对建设项目进行运营管理，通过运营管理，检验其决策是否科学有效。

特色小镇的招商和传统理解的商业地产招商不同，不仅牵涉到商业设施的招商，还牵涉到投资、管理、专业服务等的引入，所以可以广泛地理解为特色小镇必要资源的导入。各类资源的导入是推动特色小镇开发建设及落地运营的重要环节，也是支撑其健康持续发展的关键因素。

从特色小镇招商的内容看，特色小镇的招商绝对不同于一般行业的招商，因为牵涉到多产业，又是多层次，所以特色小镇的招商需要全要素开展，即要进行全要素招商，实现"四招商""五引入"。

"四招商"：招投资商、招开发商、招运营商、招服务商；"五引入"：引入资金资本、智库平台、品牌企业、人才团队、IP 项目。

1. 关于"四招商"

（1）招投资商

偌大的特色小镇，需要多层次、多领域、多渠道资金的推动，所以特色小镇的发展方需要在解决一定自有资金的前提下，为项目持续开发运营引入投资商，确保足够的资金支持。

（2）招开发商

项目中牵涉到各种产业、产品、地产类型的开发，发展方自身组建开发团队或者以招商方式引入开发商都是可能的选项。

（3）招运营商

特色小镇中的所有板块都需要后续运营，除了住宅地产对于运营的要求比较简单外，特色小镇里面的农业、工业、生态、文化、旅游、商务、商业板块都需要不同行业的运营商去运营发展，没有足够的专业功力，想取得运营成功绝无可能。对于住宅地产出身、转型特色小镇发展的企业来说，运营竞争力一定是最困难也是最重要的转型课。

（4）招服务商

特色小镇从产业定位、产品定位、规划设计、施工、融资、推广到运售等都需要引入专业服务商为小镇提供专业服务，这样的第三方服务对于产业结构复杂的特色小镇来说是必由之路。专业的事情让专业的团队去做，是最科学、有效的选择。

2. 关于"五引入"

（1）资金资本

特色小镇没有适量的资本做支撑，那无疑是徒劳的。当前，可能会存在一些机会主义的企业趁特色小镇热潮想分一杯羹。如果没有足够带动特色小镇的初始资本，建议不要按照过去房地产的思路先把土地资源拿下来，再去折腾。尤其是与城市有较大距离的小镇，极有可能无法用项目中的房地产部分变现，解决项目持续发展所需要的资金，加上运营项目对资金的持续要求，初始资本不足的特色小镇很容易资金链断裂，胎死腹中。

（2）智库平台

特色小镇的发展牵涉到多产业、多层次的专业需求，这对于任何特色小镇的发展方来说，想建立全产业竞争力的团队纯粹是痴人说梦。一个成功的特色小镇，农业、工业、生态、旅游、文化、商务、商业、房地产分别如何成功发展，需要在多产业建立竞争力的智库平台为小镇智慧服务，而且每个产业还需要在相应产业领域有竞争力的专业运营商提供深度服务，这就是特色小镇生态的复杂性决定的对于智库的需求。我们说特色小镇比大家认为的高深莫测的商业地产还复杂的原因就在这里。

（3）品牌企业

品牌就是 IP，品牌企业就是 IP 价值高于市场水平的企业。品牌价值高的投资商、开发商、运营商、商家、服务机构等，对于特色小镇来说往往是服务保障的基础，也是品牌匹配，其甚至可以起到品牌拉升的效果。显然，品牌越有影响力的企业，尤其有巨大 IP 价值的运营商、商家甚至成为特色小镇成败的关键。

（4）人才团队

当特色小镇的产业及产品定位确定后，发展方人力需求就很清晰了，组合未来小镇运营需要的有竞争力的专业人才团队基本上是贯穿特色小镇全运营周期的工作。未来特色小镇人才市场将是新的人才蓝海，期待中国特色小镇的发展能够有优秀的特色小镇人才市场的卓越发展相伴，这将奏出中国特色小镇最美的发展篇章。

（5）IP 项目

在上述"品牌企业"的内容中，已经提到品牌企业的品牌 IP，这里需要特别强调的是 IP 项目。对于特色小镇来说，IP 项目更加具体，小到农业休闲，大到主题公园，都属于 IP 项目的范畴。这些 IP 项目最好的选项是：项目本身具有很好的市场感染力和爆发力，同时其品牌已经有了广泛的市场穿透力。这样的 IP 项目通常会给特色小镇插上腾飞的翅膀，让特色小镇从诞生之日起就已经具备了卓越的基因。

3. 招商工作的内容

全要素一体化招商，通过投资、开发、运营、服务全产业链的招商模式，才能保证特色小镇建设的切实落地。

招商工作主要包括：

（1）特色小镇项目招商信息的搜集，进行科学的市场调研与目标商户分析，调查与评估意向商家的经营资质、运作模式、资金实力、商业信誉等，所招商家一定符合特色小镇的文化内涵、功能定位、业态需求；

（2）按照引擎项目、重点项目、带动项目、支撑项目等层级确定特色小镇招商项目分类及包装方法；

（3）制订与实施招商工作计划，并准备招商材料，确定招商政策并制定特色小镇项目的《招商项目管理手册》；

（4）进行特色小镇项目的招商宣传；

（5）举办特色小镇全要素招商大会等，负责制定商务谈判策略并组织实施，及时向委托人汇报招商谈判进展并听取指导意见。

3.10 特色小镇项目组织机构设置

3.10.1 特色小镇项目组织策划

项目组织策划是指由某一特定的个人或群体按照一定的工作规则，组织各类相关人员，为实现某一项目目标而进行的，体现一定功利性、社会性、创造性、时效性的活动。

项目管理的组织结构可分为三种基本模式，即线型组织模式、职能型组织模式和矩阵型组织模式。全过程工程咨询组织结构策划就是以这三种基本模式为基础，根据项目实际环境情况分析，应用其中一种基本组织形式或多种基本组织形式组合设计而成。

对于一般项目，确定组织结构的方法为：首先确定项目总体目标，然后将目标分解成为实现该目标所需要完成的各项任务，再根据各项不同的任务，选定合适的组织结构形式。对于项目建设组织来说，应根据项目建设的规模和复杂程度等各种因素，在分析现有的组织结构形式的基础上，设置与具体项目相适应的组织层次。在此基础上，针对项目建立统一的制度、流程和标准，"制度管人、流程管事、有了标准才好做事"。

在接到特色小镇全过程工程咨询项目后，全过程工程咨询机构应根据全过程工程咨询合同约定的服务内容、服务期限，以及项目特点、规模、技术复杂程度、环境等因素，组建项目全过程工程咨询团队（项目部）。全过程工程咨询机构应书面授权委托项目全过程工程咨询的负责人，即项目的总咨询师，并实行总咨询师负责制。总咨询师可根据项目全过程工程咨询服务需要，下设各专业咨询的负责人，协助总咨询师协调、管理本专业咨询工程师工作。

3.10.2 特色小镇项目组织机构设置

本书将以全过程工程咨询机构为视角，将全过程咨询项目组实行五级管理（图3-28）。全过程工程咨询团队人员具体组织模式可分为：第一级为全过程工程咨询机构分管领导；第二级为项目总负责人，即总咨询师；第三级为融资咨询、设计管理、招标采购管理、全过程造价咨询等专业咨询负责人；第四级为各专业主管，即部门内分组；第五级为各专业咨询人员。同时根据本项目实施难度，积聚全过程工程咨询机构资深专业人员和外聘专家，设立技术支持团队，提供专业技术指导和政策咨询。

1. 第一级——项目分管领导

第一级为特色小镇项目分管领导，由全过程工程咨询机构董事长/总经理/总工程师担任，主要职责为：

（1）负责特色小镇项目的总体组织、协调与安排；

（2）负责与政府、财政局和各行政主管部门领导及高管人员的沟通；

（3）负责组织全过程工程咨询总工办审定咨询服务方案及实施细则；

（4）负责重大问题的协调与处理。

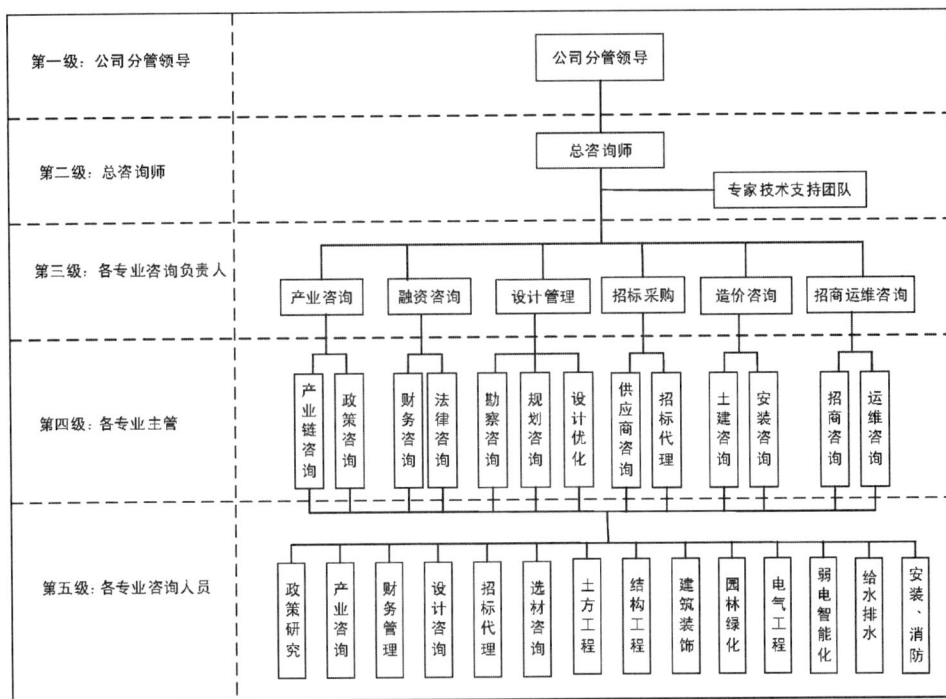

图 3-28　全过程工程咨询机构人员设置

2. 第二级——总咨询师

第二级为总咨询师，由全过程工程咨询机构选派具有注册造价师、注册咨询师、招标师或律师资格，承担综合咨询10年以上，并有特色小镇项目负责人经验的资深人员担任，主要职责为：

（1）由全过程工程咨询机构指派的具有相应资质及工作能力的人员担任，对特色小镇项目全面负责；

（2）负责特色小镇项目中融资咨询、设计管理、招标采购管理、全过程造价咨询各专业间的技术协调、组织管理工作；

（3）识别特色小镇项目风险，编制项目咨询各方案，报全过程工程咨询机构技术经济负责人审定，上报采购人批准后组织实施；

（4）统一特色小镇项目咨询的经济技术分析原则；

（5）动态掌握、协调咨询组工作状况，协调各子项的技术关系及进度，研究解决项目实施过程中出现的问题，签署对外联络函；

（6）负责对咨询团队的工作成果进行检查并提出修改意见；

（7）汇总特色小镇项目咨询团队的各专业咨询意见，编制项目咨询的总目录、总说明、总报告并署名；

（8）直接与委托人及必要的各方联络、协调具体工作实施和管理；

（9）组织编目、归档、整理项目的技术经济资料。

3. 第三级——各专业咨询负责人

融资咨询、设计管理、招标采购管理、全过程造价咨询等专业负责人，由全过程工程咨询选派具有注册造价师、注册咨询师、招标师或律师资格，并负责过相应项目咨询的人员担任，主要职责为：

（1）融资咨询负责人

1）从项目投资人的角度，通过分析研究提出特色小镇项目的融资方案，为投资决策服务，主要工作包括：对特色小镇项目状况作出分析，包括市场分析、风险分析、现金流量测算、盈利测算等，并提供分析报告；

2）提供特色小镇项目融资方案设计（包括融资期限、融资用途及还款方案等）及运作建议，完成融资文件初稿的编制；

3）从项目投资人的角度，优化调整和落实特色小镇项目融资方案，同时可以为贷款银行提供融资方法和融资条件方面的咨询服务，主要工作包括：帮助特色小镇项目投资人根据实际情况优化和落实融资方案，参与融资方或银行融资商务谈判，在专业律师的参与下，完成融资法律文件的细化完善和签约工作；

4）研究融资条件、测算融资成本、分析实际融资条件的变化及其对项目效益的影响，分析融资变化可能产生的风险及对策等。

（2）设计管理负责人

1）按设计管理计划中的设计过程管理计划内容，对设计输入、设计实施、设计输出、设计评审、设计验证、设计更改等设计重要过程的要求及方法予以明确；

2）在特色小镇项目总体构思和项目总体定位的基础上，充分研究分析已批准的项目前期文件和业主建设目标及意图，并以其为依据，策划和编制设计要求文件、设计招标书、设计竞赛文件等；

3）根据项目设计特点，策划项目设计质量、投资、进度目标，编制其控制计划及其实施措施，拟定控制要点等；

4）组织设计方案招标或竞赛（征集），实施设计方案评选，协助确定中选方

全过程工程咨询指南丛书 / 特色小镇建设与开发项目全过程工程咨询实施指南 /

案并送审报批，落实设计方案修改优化。

（3）招标采购管理负责人

特色小镇项目采购是一个技术要求较高的复合性采购代理工作，项目涉及财政、会计、金融、造价控制、工程咨询等专业。因此，全过程工程咨询机构需要组建一支专业较为齐全、具有丰富的采购代理经验的团队，并完善团队内部组织管理，强化运行保障措施。负责项目团队组建，编制采购方案，审定采购计划，全面对采购项目进行目标管理，负责与采购人沟通，组织项目成员按照工作计划和目标开展工作，审定资格预审文件、招标文件、中标候选人公示、中标通知书等。

（4）全过程造价咨询负责人

1）由全过程工程咨询机构指派具有注册造价师证且具有相应工作能力的人员担任，对特色小镇项目的投资控制与管理全面负责；

2）负责特色小镇项目中土建、安装、市政、绿化、给水排水、供配电等专业间的技术协调、组织管理工作，编制全过程造价咨询实施细则，报全过程工程咨询技术经济负责人审定后，上报委托人批准后组织实施；

3）统一特色小镇项目咨询的经济技术分析原则，动态掌握、协调咨询组工作状况，协调各单项工程、单位工程的技术关系及进度，研究解决项目实施过程中出现的问题；

4）负责对咨询团队的工作成果进行检查并提出修改意见，汇总土建、安装、市政、绿化、给水排水、供配电等各专业审核报告，编制项目审核的总目录、总说明及项目审核报告并署名，编目、归档、整理项目的技术经济资料、对外联络函。

4. 第四级——各专业主管

第四级为融资咨询、设计管理、招标采购管理、全过程造价咨询各专业主管，由全过程工程咨询机构选派具有相应资质，并负责过特色小镇项目咨询的人员担任，对本专业的咨询质量负责，主要职责为：

（1）协助特色小镇项目融资咨询、设计管理、招标采购管理、全过程造价咨询负责人完成各项工作，指导、参与各自分管工作实施；

（2）在特色小镇项目融资咨询、设计管理、招标采购管理、全过程造价咨询负责人的领导下，贯彻项目工作方案，编制本专业组的工作细则并组织实施；

（3）负责安排、协调本专业咨询人员的工作，校核咨询人员的工作底稿，解决本项目的技术问题；

（4）动态掌握本咨询专业团队的工作进度，并与特色小镇项目整体进度协调；

（5）负责与委托人、专业负责人及本项目有关各方协调进度、工作部署等；

（6）汇总本专业的工作成果，编制本专业的咨询小结、说明、咨询报告并署名；

（7）按全过程工程咨询机构有关规定编目、整理、归档本专业经济、技术资料。

5. 第五级——各专业咨询人员

第五级为融资咨询、设计管理、招标采购管理、全过程造价咨询人员，由全过程工程咨询选派具有相应资质的人员担任，主要职责为：

（1）依据特色小镇项目实施大纲、工作方案和实施流程要求，执行作业计划，遵守有关业务的标准与原则，对所咨询业务质量和进度负责；选用正确的信息数据、操作方法完成专业模型创建及维护工作；按照实施流程完成各专业、各单位间的协调管理工作；对实施的各项工作进行认真自校，做好咨询质量的自主控制。提交成果完整、准确、清晰。

（2）采购人员负责特色小镇项目招标进度、质量控制，编制采购工作计划，编制资格预审文件、招标文件、中标候选人公示、中标通知书等文书，组织现场踏勘、招标答疑、开标，办理招标公告、备案有关手续等工作。

（3）选用正确的咨询方法、证据、数据、计算方法、计算公式、计算程序，做到内容完整、计算准确、结果真实可靠；对实施的咨询底稿进行认真自检，做好咨询质量的自主控制；咨询成果经校审后，负责按校审意见修改；在完成的咨询成果上署名；按全过程工程咨询有关规定编目、整理、归档工作底稿。

第4章 特色小镇项目全过程风险研究

4.1 特色小镇建设风险分析

1. 特色不特或华而不实的风险

特色小镇"特"在产业，因产而兴、因业而特色，产业是特色小镇发展的动力和可持续发展的基础，特色产业是小城镇建设的核心职能。目前，特色小镇申报创建名单中旅游类最为火热，一些特色小镇大都是盯住了已有旅游集客（集中客人旅游功能）、有一定名气、自然风光、地理禀赋较好的半成熟功能体，然后点缀式植入产业内容，汇聚对消费者具有吸引力的体验内容后，成为因陋就简式的拼凑经济。旅游作为产业发展无可厚非，但扎堆古镇文化、乡愁文化的建设与产业升级出现了本末倒置，把特色小镇建设变成旅游小镇建设，偏离了特色小镇实现旅游化发展之路，政绩特征有余，产业特征不足。尤其是在目前各级管理者政绩显性化与量化的大趋势下，特色小镇的打造似乎成了一种流行性风潮。与此同时，特色小镇同质化现象严重，在产业的规划发展中缺乏鲜明特点。特色产业在小镇，应建设在一个区域或者全国乃至全世界各个知名度高的产业集群，至少在某一方面具有非常大的优势和引领作用，但许多特色小镇的产业优势不明显，空间地理位置、人才等资源无潜力可挖。产业不兴，产业不特，最终将导致小镇建设空心化，发展后续无力，导致昙花一现，产业缺位或产业扎堆都背离产业升级的初衷。

2. 特色小镇人才集聚不足的风险

小镇发展依靠产业，产业振兴需要人才，各类的人才集聚才有小镇的繁荣发展。筑巢引凤是小镇建设的重中之重，需要产业的繁荣发展和制定人才发展规划、政策吸引人才聚集。而在目前特色小镇建设中，经济欠发达地区人才流出不流进，当地人口老龄化严重，小镇建设中缺乏人才引进规划，都将是特色小镇建设中最大的软肋。

3. 特色小镇建设与城市化矛盾

特色小镇是新型城镇化建设的一种尝试和突破，是现代化城市建设的一种有益补充，构架起乡村与城市建设环节中的新平台，而城市化建设是历史大趋势，在政策导向与资金的投入上两者存在矛盾，因此如何处理好特色小镇与城市建设的主次定位平衡，以及城市化与小镇建设的关系是非常重要的。

4. 特色小镇建设投入产出的风险

特色小镇的开发需要大量的资金，就目前而言，特色小镇建设投入大于产出，在融资的过程中，存在政府大包大揽的现象，行政性的干预占主导，市场化手段被忽略，在政策性的手段下，难免会出现资源空耗、债务高筑、项目流产等不良后果。

4.2 特色小镇建设的风险应对建议

1. 特色规划与创新结合

作为产业升级平台，特色小镇不仅要空间特色明显、文化浓郁，更应构建具有强主题性的产业体系。经济转型与产业升级的根本动力来自于企业、行业内生的创新驱动。特色小镇始于改革创新，也必须成于改革创新。作为新生事物，特色小镇创建要摒弃行政化的思维定式、路径依赖和体制束缚，用改革与创新的精神推进规划、建设和运营、探索，大胆试验，走出新路。不论是传统产业（如茶叶、中药、丝绸、黄酒、根雕、瓷器等）还是新兴产业（如节能环保、生物科技、新能源、新材料、信息经济等）都需要创新，旅游产业特征明显的特色小镇更需要创新，应突出特色，打响品牌。2017 年初，住房和城乡建设部明确要求不得推荐以房地产为单一产业的镇，并要求被推荐的小镇需实施并储备一批质量高、带动效应强的产业项目。

2. 特色产业规划应结合国家政策，扶持产业和行业朝阳产业

特色小镇是在建设初期规划"小而精"且符合时代发展潮流的产业，避免面临引入高污染高能耗产业。特色小镇的生命周期与产业的发展息息相关，产业兴、小镇立，产业衰、小镇败。因此，产业规划瞄准前景远大的行业，应综合考虑产业周期预测与小镇规划建设。

3. 工业特色小镇发挥产业集聚效应，吸引人才集聚

产业结构演进的一条基本规律是趋向高度加工化、技术集约化、知识化和服务化。产业集聚是降低成本、产业升级转型的有效手段，也是吸引相同专业人才集聚的好抓手，通过产业集聚与特色小镇建设并举，将有力打响产业品牌，吸引更大的关注度以及流量，形成规模效应。实现人口集聚，必须增强自身的吸引力。而要实现这一点，则必须创造更多的就业机会，增强就业吸纳能力。当小镇具备较强的就业吸纳能力后，不仅可以留住区域内的人口，也能够吸引区域外的人才。特色小镇不能仅立足小镇自身，更应突破传统行政束缚，开发开放式的平台，成为具有引领、带动产业发展作用的小镇。一个特色小镇能带动周边一大批创新转化功能体。应积极推动质量示范区建设和产业供应链管理，发挥特色小镇建设中特色工业产业平台的作用，促进产业的升级、质量提升、品牌的打响。

4. 特色小镇建设应发挥市场主体作用

特色小镇的成败不在于政府是否"给帽子""给政策"，关键在于企业是否有动力、市场是否有热情。因此，特色小镇不能由政府大包大揽，必须坚持企业为主体、市场化运作。首先，特色小镇建设要坚持市场主体作用，吸引民营资本的进入，给予更多的优惠，降低门槛。其次，政府要有所为、有所不为，做好规划编制、生态保护等服务，不干预企业运营。同时做好特色小镇评价机制与动态管理机制，制定建设特色小镇的团体标准，以此标准进行规范、指导、评价特色小镇建设，动态管理、实行能进能出的机制，规避特色小镇建设风险。

特色小镇是新兴的发展模式，建设的政策、理论和经验是在探索中研究和完善，但在时下特色小镇建设热潮的情况下，各个特色小镇建设应因地制宜，结合实际，突出特色产业，加强人文建设、完善生态保护，真正给民生带来福祉。

4.3 项目全生命周期风险识别及措施一览表

如表 4-1 所示。

阶段	风险因素	风险说明	应对措施
决策阶段	项目定位风险	特色小镇项目千篇一律、产品服务大同小异的问题，使得很多景区无法再次吸引游客，造成游客稀少，从而导致巨额亏损，项目投资失败	进行准确的市场定位，一定要小而精，特而强，不断丰富项目的内容和服务，要进行差异化定位，突出特色，根据小镇周边资源，带动相关产业链发展，避免同质化项目的竞争，增加核心竞争力，提升产业品牌
	政府风险	主要包含政府决策问题、政府干预/信用、项目审批延误、气候/地质条件、不可抗力风险、环保风险、法律变更、法律与监管体系不完善、土地获取风险、土地开发风险、多规合一风险和特色文化的独特性风险	政府方面应加快健全特色小镇建设的相关法律法规，加大对相关职能审批部门的监管力度，对待问题做到事前早防范、事发早处理，尽量减少风险损失。私营投资者方面应通过特许协议中的声明和保证、与政府部门建立收益共享机制、争取更高一级政府的支持等方式维护自身的权益
	政策法规变动风险	特色小镇初期往往存在相关法律法规不健全、不协调等问题，导致法律法规频繁变更风险	在项目实施前，要加强对国家政策的研究，包括产业政策、税收政策等，提高警惕，提前采取应对和预防措施。 ①准确把握宏观政策，采取较有利的资金筹措方法 ②尽量缩短建设工期，尽快使项目投入运营
	行业市场风险	包括由于项目周边出现类似项目，从而对该项目形成实质性竞争的风险。由于客观原因导致的市场需求发生变化、市场前景不明朗等风险。由于市场价格发生改变，导致项目损失可能性增加的风险	唯一性改变的风险应由政府承担，市场需求变化和价格风险应由政府和私营投资者共同承担。具体做法是：在特许协议中规定，特许经营期间若出现新的竞争性开发项目，政府原则上不予批准。当市场需求减少或市场价格下降达到临界值水平时，政府部门给予私营投资者一定的补偿。 ①加强特色小镇项目的高端市场和细分市场的开发 ②加强特色小镇的品牌营销力度和方法 ③经营业态多样化，规避和减轻经营风险 ④差异化产品创新，营销方式多样化
	需求变动风险	由于消费者偏好的不确定性，可能导致特色小镇的供给与消费者需求不相匹配的风险	①预防：进行全面细致的市场需求调研，寻找合适的机会进行项目投资 ②后备措施：如果已经选择了投资，可借助国家产业政策加大宣传力度，从而有效扩大市场需求
	自然风险	地质、岩土、地下水、气候等因素，对于项目的建设和未来的发展都有很大的影响	自然风险应采用政府与私营投资者共担的方式。可在特许协议中写明，若出现地质条件、气候和不可抗力的问题，除了延长工期外，政府应给予相应的补偿。另外，双方都可通过购买保险的方式转移风险

阶段	风险因素	风险说明	应对措施
决策阶段	融资风险	具体包括由于利率、汇率或其他因素的变化导致融资成本提高；资金来源不确定、资金筹措困难；融资结构不合理而导致资金筹措困难的风险	①转移：作为社会资本方的策略就是转移和接受，建议社会资本联合体进行融资，利益共享、风险共担 ②接受：社会资本可根据自身的情况选择接受一部分的融资风险，尽可能地扩大资金筹措范围，包括但不限于与民营企业、国有企业或集体经济组织合作开发，抑或通过向国有金融机构等贷款，降低资金筹措风险，更好地服务于项目开发工作
	通货膨胀风险	是指由于物价增长而给投资者造成的风险。一方面，通货膨胀可能刺激旅游业需求，有利于增大投资利润；另一方面，项目物料价格和人工成本的不断上涨，导致初期投资运营成本增加，从而可能出现实际收益不确定风险	①在项目投资的过程中，在外包项目中选择固定单价或全包总价策略，将通胀风险进行转移 ②在 PPP 开发模式下，企业在和政府签订协议时应当注明国内通胀利率的应对策略，这类利率风险在发展中国家是不能避免的，因此在协议中应当规定通货膨胀率的调整方案
	利率风险	主要是指因为利率的变化带给旅游项目市场的影响，从而造成投资者的经济损失	①深入分析市场数据，对经济环境和市场变化进行可靠的分析和预测，将利率变动考虑到施工成本预算中，购买相应的金融产品，以抵消利率变动带来的不利影响 ②企业在与政府、银行签订协议时，应当规定利率控制在某个范围之内，避免项目周期内利率增长过高，导致项目建设的溃败
	税收风险	财税人员、中介服务机构是否专业、负责	①项目财税人员，要重视税务规则的学习，提高识别和应对税收政策风险能力 ②项目管理者需将税务提升到企业层面来考虑，而不仅是财务层面的问题，管理者应该更清晰地认识税务风险在经营风险中的比重，以及需要一个怎么样的态度来面对税务风险 ③合理借用专业中介服务机构的力量，同时积极与当地税务机关进行沟通，及时了解国家最新的税收政策和税务条例，从而降低因为税务政策变动给项目带来的风险
	获利能力风险	项目建造成功能否获利，保持其继续运营的风险	对潜在市场做充分的调查，同时研究同行业的定价策略，在此基础上分析特色小镇的内在价值，以期做出合理的市场定价，以此来提高项目竞争力，提高获利能力

阶段	风险因素	风险说明	应对措施
决策阶段	环境风险	主要指在项目的开发施工过程中对当地环境、旅游景观和生态环境造成的破坏风险，主要包括环境污染风险、景观和生态破坏风险	①推进资源节约：树立节约资源理念，必须推动资源利用方式根本转变，必须推动能源生产和消费革命，必须加强耕地、水、矿产等资源保护，必须大力发展循环经济 ②加强环境保护：首先，加强环保思想宣传，使环保观念深入人心；其次，加大环保投入，比如增加污水处理和土壤处理经费，使废水等进行二次利用；最后，环保工作应以预防为主，比如从使用端降低一次性用品的使用频率和数量，从而减少白色垃圾对环境的污染 ③改善生态环境：主要包括以下几方面，近海生态保护、岸线生态保护、陆地生态保护、生态环境容量控制和加强小镇绿化
	拆迁风险	协调风险、地下管线迁改风险	在决策阶段应该考虑村民对特色小镇建设的接纳程度以及拆迁的补偿，避免违背村民意愿
	本土文化侵蚀	本土文化侵蚀所造成的风险实质性在于小镇开发所打造的文化与目的地文化之间的融合	将本土文化和特色小镇所宣扬的文化进行融合，避免完全覆盖本土文化
	治安风险		①建立科学的社会治安风险预测预警机制 ②分配合理的治安人员，不定时巡逻 ③加强景区安全治理，对于违法乱纪行为严惩不贷，从制度和行为上保障游客人身财产安全
设计阶段	合同条款错漏风险		①认真审查签约对象的主体资格和资信能力 ②要注意合同名称和内容的一致性，合同用词应严格谨慎、不使用含糊不清或模棱两可的话语 ③明确合同双方应该承担的义务以及发生违约时候的责任；注意合同条款的对等性，如果出现合同责任和义务的不对等，则可能会被对方提出合同对等性抗辩 ④充分利用法律领域的专业人员，提高对合同内容审查的专业度，从而尽可能地降低合同风险
	合同谈判风险	谈判技巧和谈判经验是否全面了解	谈判人员需具备一定的沟通能力和专业能力、谈判技巧和谈判经验，并对项目情况具有全面的了解
	设计变更风险	设计变更标准及程序是否齐全且科学	①转移：由于设计牵涉到成本等风险，故建议在设计招标时采取限额设计，和选中的设计单位签订限额设计合同，以转移设计风险 ②后备措施：为防止实施过程中出现不可抗力造成设计风险，建议在项目测算时考虑一定比例的预备费，以防风险不在可控范围之内

阶段	风险因素	风险说明	应对措施
设计阶段	规划设计风险	小镇在建设过程中要考虑对生态环境的保护、建筑设施与小镇特色资源的融合、游客体验等方面，一旦考虑不周，必将对小镇后续的运营产生持久影响，由此造成的损失是不可估量的	项目规划设计时，要结合当地的自然环境，发掘当地传统特色，使项目和当地地域文化融为一体，反映出其地方独特的品位
	设计进度落后风险		提前做好设计进度计划，严格按照进度计划执行
	勘察设计风险	勘察设计单位能力不足、管理人员能力不足风险	要选择具有一定能力和经验的勘察设计单位
	预算超支风险	由于市场变化导致项目建设过程中所需原材料、人力成本，以及其他相关成本上升的情况	提高专业财务人员的预算能力、营运资本管理能力
施工及竣工阶段	基础设施风险	基础设施风险对特色小镇项目的运营会有一定的影响，在设计阶段应该考虑基础设施是否完备，是否能匹配特色小镇的实施	基础设施的选择要匹配特色小镇的文化、风格等特色；全面考察特色小镇基础设施需求
	施工监理风险	施工监督管理质量不严	①选取具有政府背景且资质好、有责任心的监理公司进行施工监理，从而确保良好的施工质量 ②施工过程中注意与监理的沟通协调
	不可抗力风险	自然灾害如地震、雪灾等人为不可控的因素导致的损失风险	由于不可抗力风险发生范围广，发生概率也很难确定，因此在风险分担过程中，政府部门和社会资本方之间要针对自身特点和风险承受能力来界定能够承担的风险范围与大小，明确风险的第一责任人，即风险的主要承担方
	施工设备材料供应风险		①公开招标采购，并严格审查招标单位的资格和商品质量。对相关采购物品进行市场考察，对采购人员进行严格考核和监督 ②与采购商签订采购合同时，要明确规定各种原材料，如钢筋、水泥以及各种旅游设施的强度等级、质量要求等，确保施工材料的质量，同时尽可能选取环保等级高、无污染、无公害的施工材料，从而尽可能减少因施工材料问题对环境造成的破坏，损害施工质量
	市场价格风险	主要材料（钢筋、水泥、沥青、碎石等）等价格变动所带来的风险	

阶段	风险因素	风险说明	应对措施
施工及竣工阶段	施工进度风险	未严格执行工程进度和工作计划表导致工期延误，有可能会导致项目失去了先占性，使市场上其他同类型项目抢占先机，这对项目是一个重大打击	严格执行工程进度和工作计划表
	现场施工质量风险	施工过程中由于原料质量问题或施工操作不规范造成基础设施等的质量问题，从而引发施工质量风险	①转移：建议在选择施工单位时尽量选择做过类似工程、经验丰富的单位，同时在合同设计时要加入质量安全风险的条款以转移项目的风险；同时建议建造过程中购买相关保险 ②预防：为防止出现质量安全事故，在设计和施工时，项目公司要严格把控，对设计方案和过程中的质量安全监控一定要到位，预防出现大的质量安全事故 ③接受：因为质量安全牵涉到方方面面的问题，对于一些不影响工程质量和安全的小问题可以采取接受的方式
	施工技术风险	项目建设过程中由于技术原因，导致旅游设施或其他基础设施无法开展，对项目建设形成一定的束缚，无法满足建设需求和游客需求，从而对项目后期经营造成潜在的风险	为保护当地旅游资源和突出本地旅游特色，项目在开发建设过程中，应利用一些特殊的环境技术和节能技术，有必要时要采用一些科技的手段来保护当地的自然资源和文化资源
	施工安全风险	施工过程中可能出现的安全问题以及由此引发的风险	①严格审查安全施工许可证，建立安全生产责任制，定期对施工安全措施进行检查 ②现场监督 ③做好供货商的选择工作，向信誉良好、供货稳定、质量有保证的供货商采购，以保证所采购的设备、材料质量，满足设计文件所确定的各项技术要求，从而保证整个项目的稳定运行 ④对从事相关危险工作的人员购买意外事故保险
	原材料质量风险		建立全面的工程质量规范、员工守则和相应的管理制度，审批承包商施工方案。建立承包商采购材料业主审批程序，保证工程质量
	财务风险	导致项目资金不能及时回笼，出现坏账等情况	政府进行监管
	索赔风险	注重合同管理	注意项目施工过程中的管理，同时购买相应的保险，减轻索赔带来的损失

阶段	风险因素	风险说明	应对措施
施工及竣工阶段	完工风险		①从项目开始阶段就要控制成本投入，包括项目的设计、招投标以及项目建设周期内资金投入都需要提前按照最初的成本规划执行 ②成立以融资管理为主要目的的小组，专门负责为企业融资寻求企业现金流动态平衡 ③发展和吸引优势战略合作者进行股权融资，进一步优化企业股权结构，降低与政府单独合作的风险 ④加强与其他大项目的合作，或者通过与大公司项目中互换股权减缓企业资金流压力 ⑤针对商业地产应当尽快招商引资吸引其他更多社会资金或者以金融租赁的形式展开合作，将不动产转变为现金流 ⑥大力推动企业和银行的深度融合，从而提供更好的融资方面的方针政策
运营管理阶段	运营财务风险	转移、预防、接受	①转移：建议在 PPP 合同谈判时采取政府付费以减少运营财务风险；同时建议运营采用外包专业公司的做法 ②预防：在建造期就要抓好质量，以防止运营期出现运营成本大幅增加造成运营财务风险；同时在项目测算时考虑运营期的流动资金 ③接受：对于财务风险，除了采取转移和预防策略外，社会资本方还是要提前做好计划，接受一部分的风险
	运营管理风险	项目需要有专业化的运营管理团队，对管理人员的要求较高，若缺乏专门的管理人员则会导致对开发运营过程中的内外影响因素不敏感，风险估计不充分，防范措施使用不当，从而带来项目运营的风险	①树立风险意识，建立风险管理组织，重视开发企业内部风险管理，强化对风险管理理论的研究和学习，加强风险损失资料的搜集和整理分析 ②聘请专业管理咨询公司，对项目产品的日后运营管理提供咨询服务，同时学习和借鉴国内外先进的管理经验，加强专业管理人才的培养 ③聘请专业人士负责合同的起草，经律师或法律工作者审查后再投入使用，合同条款要明确、详尽、合法。签订合同时，要明确双方的责任范围，避免合同歧义、漏洞和陷阱，并加强日常的合同管理 ④建立风险预警系统，以便及时察觉计划的偏离，尽早采取防范措施来避免更大损失的发生 ⑤采用优秀的营销代理，充分利用代理人丰富的营销经验

第5章 特色小镇典型案例

5.1 国外特色小镇典型案例

特色小镇的发展模式是在一定的外部环境及内部因素共同作用下形成的特有的发展方式。本书选取国外具有代表性的、发展较为成功的国内外特色小镇进行案例分析，并对其发展模式进行总结。

5.1.1 古迹保护与商业开发相结合：名人故里小镇——英国斯特拉福德镇

莎士比亚的故乡斯特拉福德位于英国中部的华威郡，这个约3万人的小镇每年要接待约50万名来自世界各地的游客（图5-1）。小镇一方面通过发展旅游业自负盈亏，实现文物古迹的维护与基础设施的更新；另一方面又要避免过度商业化而破坏小镇的宁静和历史厚重感。

图 5-1 英国斯特拉福德镇

英国人说，宁可失去英伦三岛也不能没有莎士比亚。斯特拉福德小镇目前的收入，几乎完全依靠发展"莎士比亚经济"。"莎士比亚诞生地基金会"负责小镇5处与莎士比亚有关房产的管理开发，而小镇的街道景观、住房、庆典等其他方面则由斯特拉福德地区和镇两级议会管理。

如今，莎士比亚主题餐厅、纪念品商店、旅馆等集中在莎士比亚故居附近的几条主要街道上，完全为步行道。全镇的建筑风格相对统一，以莎士比亚生活的英国都铎王朝时期建筑物为主，不少是十七八世纪保留至今的老房子，银行、快餐店、商铺等外立面或是修旧如旧，或是尽量做到与周围建筑风格不冲突。

评析： 斯特拉福德小镇已成为世界名人故居保护与商业开发相结合的典范，其做法既代表了英国特色小镇发展的思路，也与当地实际紧密结合。比如：深挖莎士比亚文化，政府通过整体设计完整呈现莎士比亚的一生；信托基金独立、专业运作，实现古迹开发与保护平衡；注重"粉丝"培育，不断提升名人故里的吸引力。

"英国即乡村，乡村即英国。"这是很多亲历英国的游客最深切的感触。除了那些工业中心和大都市之外，保留着淳朴乡村特色的小城镇星罗棋布。

早在1898年，英国建筑规划大师埃比尼泽·霍华德就率先提出了"小城镇"的概念。在他的设想中，小城镇结合了城市和乡村的优点，兼顾了充足的工作机会和优美的生活环境。

第二次世界大战结束后，英国政府借战后重建的契机发起了"新城运动"，希望以小城镇的开发建设疏解大城市人口过剩、住房紧缺、交通拥堵等问题。这里的"新城"就是小城镇。"新城"建设资金由政府基金统一提供，并通过城市设施租售分期偿还。当然，很多"新城"并不是完全新建的，而是精心挑选出一些旧城镇，将其拓展成工业发展中心、公共交通枢纽和就业中心，政府鼓励民众迁入这类小城镇。

尤为可贵的是，英国的小城镇建设并不是将乡村打造成城市，而是采取"离土不离乡"的发展模式。在英格兰，集镇发展以乡村为依托，重点推动以农业产品为加工对象的乡村工业，为离开土地的农民提供就业机会，同时为农业规模化经营提供保障。另外，英国特别重视综合规划和建设发展，贯彻了霍华德田园小城镇的建设理念，重视保护景观资源，将英国特有的传统景观文化与时俱进地融入小城镇建设中。

5.1.2 工业强镇，吸引高新科技人才：科技创新小镇——德国蒙绍市

蒙绍市位于德国西北部北威州，是处于德国与荷兰边境群山怀抱之中的小城镇（图5-2）。小镇人口约1.5万，森林覆盖率45%，这里至今保留着17世纪的建筑物和完整的城镇风貌，包括水上教堂、修道院及古堡等。这个17世纪著名的老工业区如今已经拥有中小企业200多家，成为德国新兴的科技型、就业型小城镇。

图5-2　德国蒙绍市

人口老龄化、生产加工厂区外移，对德国的就业产生了很大冲击。因此，德国积极支持创办新兴科技型和就业型中小企业。1996年，蒙绍市政府在郊区投资创建HIMO科技创新中心，鼓励和帮助有创新思维、有能力的年轻人创建自己的公司。同时，政府为新兴科技创新产业发展提供生产办公用房、企业创立和管理咨询、展销及培训、后勤服务等扶持。

科技创新中心创立初期以政府投入为主，立足高起点；建设完成后进入企业化运作，地方政府和有关机构给予适当补贴，解决工资和宣传费用问题。该中心积极打造科技型小镇，建筑物采用节能、环保等新技术，并应用了一系列可再生能源装置，如太阳能集热器、光电装置、风力发电装置、雨水收集处理装置等，为用户提供生活热水、电力、部分饮用水、灌溉用水等资源。

评析： 小城镇有大产业，是德国城镇化的魅力所在。一个名不见经传的小城可能孕育着全球最有竞争优势的产业。在德国35万各类企业中，有相当一部分企业分布在乡镇，加上大量中小工商企业和服务业，创造了大量的就业岗位，实

现了超过 90% 的城镇化率。

德国每个小城镇都有特色支柱经济，甚至很多世界 500 强企业都落户在小城镇，这无疑让小城镇具备了吸引年轻人的核心竞争力，解决了 70% 的人口就业。依靠工业强镇，德国走出了一条特色小镇建设之路。

受城市规模和环境容量的限制，德国工业小城镇并非"孤胆英雄"，而是选择了"一镇一业、多镇抱团"的发展模式。几个小镇位置相邻、产业互联，虽然各自拥有的企业规模都不算巨大，但联合在一起，却能够形成区域大产业链，实现更加高效率、低成本的运营。产业小镇的集群发展，与德国政府的规划和培育是分不开的。德国产业政策的重点均以中小城市和小城镇为主，主要包括产业发展重点政策、补贴与税收等财政措施，以及维护市场秩序、促进技术进步、产业体系建设等政策。另外，德国注重加快基础设施建设，完善小城镇功能，为产业发展搭建了良好的发展平台。

5.1.3 立足生态保护，打造工业共生体系：循环经济小镇——丹麦卡伦堡市

卡伦堡市位于丹麦西兰岛西部，仅有 2 万居民。由于有深水不冻港口，很多大型企业陆续落户于此（图 5-3）。这个小镇的主要企业之间通过贸易方式，交换生产过程中的各种副产品或"废料"，作为自己生产中的原料，自发创造出一种"工业共生体系"。正是这种"工业共生体系"的发展，使这个不为人知的小镇成为发展循环经济的世界典范。

图 5-3　丹麦卡伦堡市

丹麦卡伦堡工业园区的主体企业是电厂、炼油厂、制药厂和石膏板生产厂。其中，燃煤电厂位于这个工业生态系统的中心，对热能进行了多级使用，对副产品和"废料"进行了综合利用。电厂向炼油厂和制药厂供应发电过程中产生的蒸汽，使炼油厂和制药厂获得了生产所需的热能。

同时，电厂还通过地下管道向卡伦堡全镇居民供热，由此关闭了镇上 3500 座燃烧油渣的炉子，减少了大量的烟尘排放；低温循环热水用于大棚生产绿色蔬菜，发电厂的部分冷却水被用作养鱼场，实现了热能的多级使用；除尘脱硫的副产品工业石膏，全部供应附近的一家石膏板生产厂作原料。

据了解，卡伦堡 16 个废料交换工程总投资为 6000 万美元，而由此产生的效益每年超过 1000 万美元。

评析：虽然卡伦堡小镇"工业共生体系"是逐渐且自发形成的，但仍离不开两方面的驱动力，即政府的政策机制和企业的经济效益。一方面，政府在制度安排上对污染排放实行强制性的高收费政策，这使得污染物的排放成为一种成本要素。例如：对各种污染废弃物按照数量征收废弃物排放税，而且排放税逐步提高，迫使企业少排放污染物。对于减少污染排放的企业，则给予经济激励。另一方面，卡伦堡地区水资源缺乏，地下水很昂贵。其他企业主动与发电厂签订协议，利用发电厂产生的冷却水和余热，不仅可以节约利用水资源，与缴纳污水排放税相比还可以节约 50% 的成本；而与直接取用新地下水相比，可以节约 75% 的成本。

小城镇的发展往往注重经济因素，导致开发建设缺乏科学规划和管理，生态环境破坏严重。而卡伦堡小镇的例子恰恰证明，这些问题可以从保护生态和建立循环经济体系的角度破题。在资源投入、企业生产、产品消费及其废弃的全过程中，循环、再生和利用物质资源，形成一种低消耗、低排放、高效率的生态型资源循环发展的经济模式。

5.1.4 依托特有资源传承地域文化：旅游疗养小镇——法国依云镇

法国依云镇背靠阿尔卑斯山，面朝莱芒湖，湖对面是瑞士洛桑（图 5-4）。小镇只有 7500 名居民，开支预算却相当于一个 4 万多人的城市，居民生活富足。小镇青山绿水、环境优美，是欧洲人休闲度假的绝佳场所。

图 5-4 法国依云镇

依云镇的地区特色是地理环境和天然矿泉。高山融雪和山地雨水在阿尔卑斯山脉腹地经过长达 15 年的天然过滤和冰川砂层的矿化，形成了依云水。1864 年，依云水开始被大量出售，成为当地第一大产业。

根据依云水对一些疾病的显著疗效，1902 年，闻名法国乃至全世界的依云水治疗中心成立，主要提供依云天然矿泉水 SPA、母婴游泳和产后恢复养生等服务。来自大自然的馈赠使依云镇远近闻名，逐渐成为著名的疗养、旅游小镇。如今，小镇 70% 的财政收入来自与依云水文化息息相关的产业。

评析：依云镇采取的是基于特色资源的小镇发展模式。围绕特有的生态资源或历史文化资源，通过发展特色产品、生态休闲、旅游文化等领域，满足日益增长的生态和文化需求，将资源优势转变为发展动力。

可以说，保持地域文化特色和注重传统文化传承，是法国城镇化进程中的一大特点。除了依云镇，被誉为"香水王国"的格拉斯、"香槟之都"兰斯、"葡萄酒圣地"第戎等，发展模式都具有鲜明的地域传统文化特色。当然，以自然资源为主要发展优势的特色小镇建设，并不意味着要将自身发展局限于对自然资源的依赖。上述法国小镇都是在发展过程中不断延伸上下游产业链，向高端领域衍生发展。

法国城镇化的理念是"镇上的生活比首都好"。小城镇整洁安静、韵味十足，且生活便利程度一点不比大城市差。法国政府在小城镇建设高校、剧院、商场等公共设施，给地方中小企业提供财政支持，甚至为私人建房者免费供地，吸引了越来越多的人到小城镇居住。特别是在医疗资源分布上，法国从不"歧视"小城镇，医保卡全国通用且适用于私人诊所，基本解决了法国小城镇的就医难问题。

至今，法国人口超百万的城市不超过 5 个，人口在 10 万以下的小城镇却密布全国。法国的经验表明，以人为核心的城镇化，是大中小城市和小镇协调发展的必由之路，而非任由市场"摊大饼"。

5.1.5 市场方式运作，产业自然集聚：对冲基金大本营——美国格林威治镇

美国格林威治镇是康涅狄格州西南部的一座城镇，占地面积 174km^2，距离纽约 40km，总人口约 59 万（图 5-5）。这里是 380 多家对冲基金总部所在地，管理的资产总额超过 1500 亿美元，被称为"对冲基金大本营"。作为全球最为成熟的基金小镇，格林威治以对冲基金为核心，真正实现了"产城融合"的目标。

图 5-5 美国格林威治镇

这不仅归功于其旖旎的湖光山色、严格的安保系统、大量的名品商店、众多的停车场和游艇泊位，更得益于康涅狄格州优惠的税收政策、毗邻纽约的区位优势和高速稳定的互联网络等有利因素。

由于毗邻纽约金融市场，对冲基金行政管理人员、技术提供者、大宗经纪商等都相继在此开设业务。据统计，格林威治所在的康涅狄格州，就业人数从 1990 年至今增长了两倍。而在 2 万多个投资类岗位中，近半数来自对冲基金和私人股本公司。

评析：格林威治镇的成功要归功于其按市场方式设立的运行机制，充分利用私募（对冲）基金扎堆的惯性，通过"精而美"的软硬件环境吸引各类投资基金、对冲基金和相关金融机构聚集，快速形成金融产业聚集的特色小镇。

和格林威治小镇一样，美国许多小城镇的繁荣都是人口和企业自然选择与聚集的结果，并非依靠政府力量推动。在经济社会发展规律的支配下，小城镇因逐渐获得了企业、高校或居民的青睐而兴起和壮大。

尽管如此，并不意味着小城镇建设可以随意而为。在美国，小城镇要依据区位特点和产业特色制定总体规划，追求个性化发展。同时，城镇规划要与州、县地区性总体规划和交通规划等相协调，住宅区、商业区、工业区都是分区分块规划建设的，使土地开发利用具有整体性、长远性和综合性。美国小城镇建设资金由联邦政府、地方政府和开发商共同承担：联邦政府负责投资建设连接城镇之间的高速公路；小城镇的供水厂、污水处理厂、垃圾处理厂等由州和小城镇政府负责筹资建设；开发商则负责小城镇社区内的交通、水电、通信等生活配套设施的建设。

5.2 国内特色小镇典型案例

5.2.1 咸阳袁家村的启示

袁家村隶属于陕西咸阳市礼泉县烟霞镇，2000 年前后，还是一个典型的"空心村"，而在 2016 年，袁家村由曾经的"空心村"变身"美丽乡村"，年接待游客达 400 万以上，可计算旅游收入达 3.2 亿元，村民人均收入 7.6 万元（图 5-6）。目前，袁家村被评为国家 AAAA 级旅游景区，获得了中国十大美丽乡村、全国乡村旅游示范村、中国十佳小康村等称号。

1. 找准定位，通过创新振兴乡村

袁家村将旅游定位为关中印象体验地，以关中传统老建筑、老作坊、老物件、农家乐、小吃街和当地农民全员参与为基本特征，同时通过"旅游＋民俗"、创意文化的方式创新发展，开创了艺术长廊、个性化客栈、咖啡酒吧、创意工作室等新业态，集聚了一批文创青年和时尚达人参与投资经营，进一步满足了都市人休闲度假和文化消费的需求，逐步实现了阳光下的袁家村向月光下的袁家村转变。以关中民俗为核心，体现最原始、真实、活化的民居生活，感受村民朴实、

图5-6　咸阳袁家村

热情、自然的乡村服务。距西安市区50km，初步满足了都市居民周末一日游的需求，同时解决了村民就业和增收的问题。

2. 抱团取暖，通过丰富的合作形式共同致富

通过建立小吃合作社，将100多户小吃经营户组织起来，经营户出资入股合作社，不仅可以取得经营收入，在年底还可根据股份取得分红收入，由此打造了紧密的经营户利益共同体；在第二产业方面，对豆腐、酿醋、辣椒等8家原材料加工型作坊进行工厂化改造，提升了生产效益，同时采取股份制合作经营的方式；在村企合作方面，大力拓展乡村旅游业发展空间，依托已经形成的庞大客流量，吸引省内外知名企业设立直销点，如红星软香酥、德懋恭水晶饼、陕十叁和淘宝电子商务等名企名店；在村社合作方面，袁家村以集体房屋、土地等固定资产入股组建各类专业合作社，参与酸奶、辣椒、酿醋、粉条、豆腐、菜籽油、小吃街等合作社的分红，壮大了集体经济实力（图5-7）。

3. 产业反哺，通过前店后厂满足市场需求

袁家村经历了民俗旅游、乡村度假旅游的产业发展阶段，目前实现了由三产带动农副产品加工生产和一产农业种植的产业反哺发展模式。先是将袁家村品牌推向市场并得到认可，再依据市场需求满足供给，提供游客最好的产品。袁家村的大产业中包含了许多小的产业，比如豆腐、面粉、醋等，这些小产业逐步由

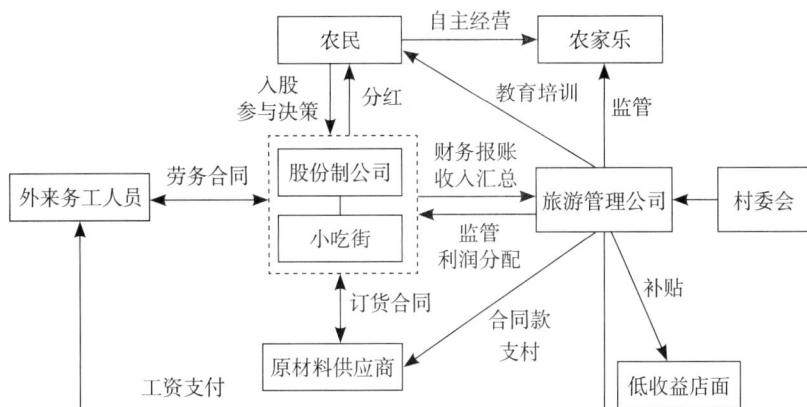

图 5-7　小吃街和股份公司利益分配图

最初的作坊变成了工厂，带动了大旅游，大旅游又促进了大产业的发展，使整个产业链头尾相连。现如今，袁家村最初启动的酸奶项目每年的纯利润已经近千万元。这种发展模式避免了由一产带动二产、三产而出现的产能过剩的问题。与此同时，袁家村采取了前店后厂的发展模式，后厂食品原料加工和销售过程全程向游客开放，游客可参观食品制作过程并参与其中，既让旅客体验关中传统民俗文化，又让消费者消费得安心放心。"后厂"的产业收入与"前店"的旅游收入保障了村民收入的稳定。

4. 严格监管，通过放管结合提质增效

袁家村在发展乡村旅游起步阶段，对所有手工作坊、特色小吃的经营户免收房屋、摊位、场地租赁费用，免去经营者初期资金周转难的困扰。由村委会牵头，成立农家乐协会、手工作坊协会、小吃协会、回民食品协会和酒吧协会等，协会理事成员由商户自己推选，义务为协会服务，对经营户进行规范、监督和管理。为确保食品安全管理，袁家村关中印象体验有限公司对其乡村旅游特色餐饮项目进行封闭式管理运营，公司集中采购食品原料，并统一供应经营户所需食品原料。为避免项目间恶意竞争，袁家村在总体设计上按照"一店一特"的模式，所有经营项目不重样、不重合，确保乡村旅游更具有吸引力和竞争力。为了保证食材的新鲜，村里规定所有的小吃餐饮店铺都设冰箱，为保证情景体验的原汁原味，对餐饮商户灶台的大小、位置和设计风格也都进行了严格把控。

5. 树立品牌，通过进军高端市场抢占市场

现如今，袁家村食品安全形象已走出村子，得到了市场认可，"小吃进城"

项目走进西安市，袁家村通过品牌带市场的方式，致力于将自己生产的农副产品销向全国，2015 年 8 月，袁家村在西安曲江银泰开了第一家西安的实体店，将原汁原味的关中美食带到了古城西安，礼泉特色的烙馍、浆水鱼鱼、搅团、醪糟、乾县的豆腐脑等特色小吃应有尽有，实现了农村产业进城。而后袁家村陆续开设了曲江银泰体验店、塞格国际体验店、咸阳正兴体验店、胡家庙万和城店等品牌店铺。为保证食品新鲜，仅提供方圆 70km 范围内的配送。

5.2.2 杭州云谷小镇的特色塑造

1. 云谷小镇概况

云谷小镇位于杭州市西湖区双桥区块，杭州城西科创大走廊的东端，东邻浙大科技城（浙大紫金港校区和西湖科技园）、南邻未来科技城、西邻杭州西站枢纽（规划），北邻良渚居住组团，是杭州城西科创大走廊上的重要节点（图 5-8）。该区域紧邻杭州主城区，属杭嘉湖水网平原，地势低平、河渠纵横、水网密布，拥有山、水、林、田等丰富的自然景观风貌和典型的江南田园水乡地貌特征，是杭州西湖区仅存的未开发的一处"绝版宝地"。

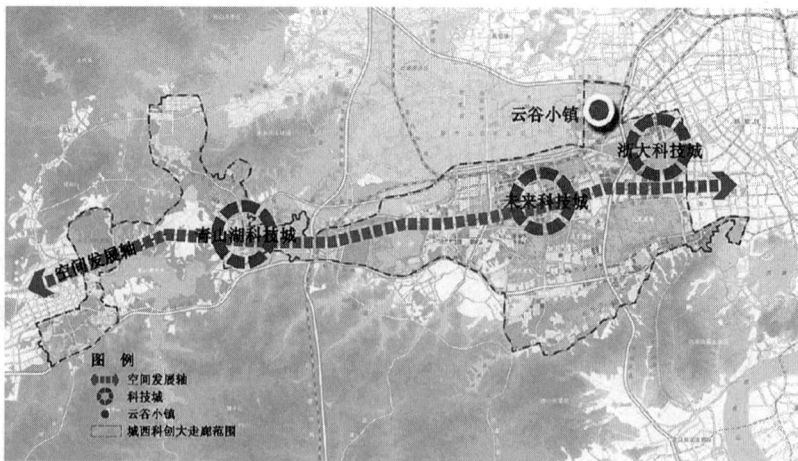

图 5-8　云谷小镇概况

在已批复的《杭州市西北部生态带保护与控制规划》中，对该区域的定位为杭州西北生态带向主城区的延伸过渡地带，宜进行低密度、高产出、优环境的小镇模式开发，并充分利用该区域周边的创新资源条件，打造成为三生融合的新型智慧产业平台。2015 年以来，随着杭州阿里巴巴云计算大数据产业园、杭州云谷国际公学、西湖大学等重要项目的选址入驻，本区域凭借其优越的区位条件、优美的自然环境和优惠的政策支持，已经成为一片吸引创业人才、创新人群、创投资金的发展热土，并于2015年11月成功入选省级特色小镇培育名单。

因此，云谷小镇的发展目标就是要依托杭州城西科创走廊的智慧产业优势、西北生态带的生态环境优势、阿里巴巴等的项目机遇优势，打造以云计算、大数据及其相关应用产业为特色的核心产业板块，成为集前沿尖端技术研究和云计算大数据相关应用产业于一体的生态型、组团化、花园式特色小镇（图5-9）。

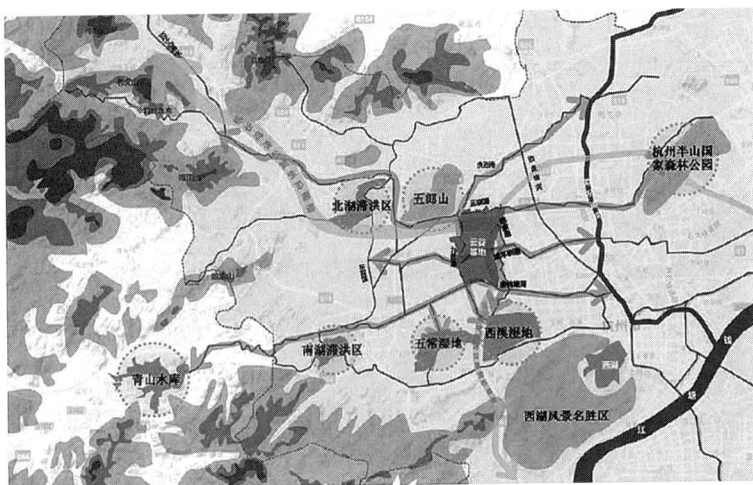

图 5-9　云谷小镇生态联系示意图

2. 产业特色塑造

云谷小镇作为以云计算、大数据核心技术及其相关应用开发为特色的产业区块，产业发展及业态选择是规划面临的首要问题。通过对杭州城西创新产业发展的观测发现，目前城西区块已集聚了阿里巴巴淘宝城、海创园、梦想小镇等众多创新平台与载体，但由于云计算基础设施和相关企业主要分布于杭州转塘区块（云栖小镇），目前城西尚缺少数据分析工具等核心产业环节的支持（表5-1）。而云谷云计算大数据产业园的入驻恰好可以弥补这一空白环节，并作为产业技术创新源推动行业技术应用的蓬勃发展，并进而带动产业大生态圈的发展。

为此，规划在阿里巴巴已有产业发展设想的基础上，提出了云计算、大数据产业大生态圈的概念，即在阿里巴巴的云计算、大数据基础产业环节上，重点发展云计算大数据的平台、研发、应用及增值服务产业。通过云谷与云栖小镇、梦

城西主要创新载体产业发展观测表   表 5-1

小镇名称	产业分类
梦想小镇	互联网创业，发展 APP 应用、移动互联网相关领域
淘宝城	电子商务、网络经济
西溪谷	科技产业、文化创意
西溪谷互联网金融小镇	以互联网金融为主导，联合发展电商、信息软件等产业
紫金众创小镇	依托浙江大学，作为中小企业和师生联合创业基地；高新技术成果转化；创新设计、信息经济、智能装备三大产业技术研发
西溪科技园	发展信息软件、电子商务、股权投资、设计服务产业
云栖小镇	云计算

想小镇、淘宝城等联动发展，共同构成城西云计算、大数据产业网络，参与全球产业竞争。同时，云谷通过在产业网络中集聚开发工具、数据分析工具两个环节的企业，担当城西大数据产业技术源支持，形成"新事物 / 新业态"的发源地。并以此为龙头构建上下游产业链，带动相关中小企业、小微企业和独角兽企业发展。如图 5-10、图 5-11 所示。

    在产业的空间组织和布局方面，由于单纯的功能分区规划已经很难对区域进

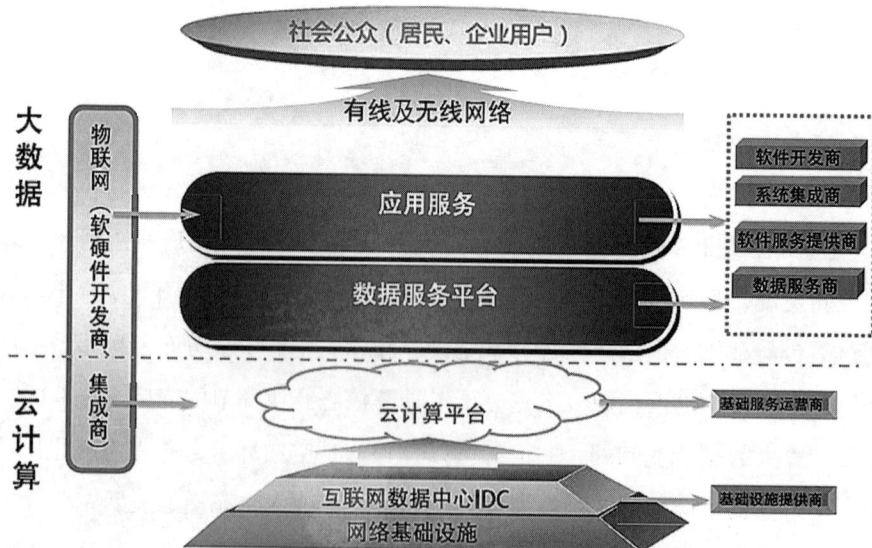

图 5-10 云计算大数据的产业构架图

（资料来源：阿里巴巴《云谷产业发展构想》报告）

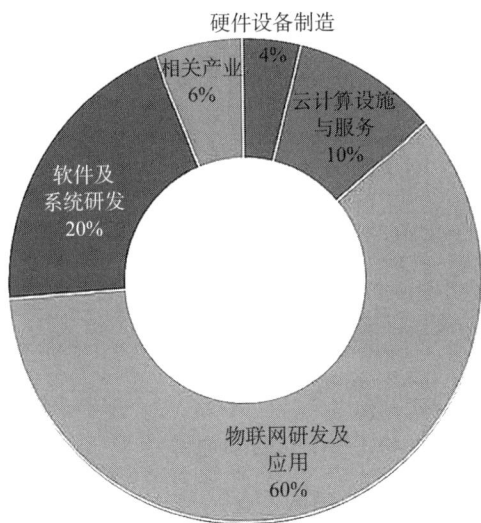

硬件设备制造
4%

相关产业
6%

云计算设施
与服务
10%

软件及
系统研发
20%

物联网研发及
应用
60%

图 5-11　云谷各类产业配比图

行科学把握和合理开发，必须以弹性衍生规划为补充，突出小区块、分领域的详细规划。依据国际发展经验，规划设置了"大学实验室和研究所园区""旗舰企业总部园区""开放式产业集群""创新社区"4种产业空间类型，提供多元选择，支持不同类型的企业或产业发展。

其中，旗舰企业总部倾向于独立设计园区，依据不同的企业文化理念及品牌形象，园区形态个性化特征明显。所以规划设计的参与度低，对于此种类型的产业空间不涉及园区内部空间组织方式及布局设计，在控规方案和城市设计中仅提供地块选址建议。

开放式产业集群和创新社区是规划最能发挥影响的两类产业空间，也是云谷最重要的企业集聚地。两者的差别在于，开放式产业集群的发展关键词为"产业＋生产性服务"，以塑造产业领导力为目标；而创新社区的关键词为"多元功能混合"，不仅是发展产业功能，更强调休闲生活、文化娱乐、教育等多种功能的融合发展。

此外，为了符合大数据产业爆发性的变化特征，云谷亦应预留高价值的地块，以供成功突围的企业新贵落户。这一点，在云谷规划中预留了充分的弹性和余地。

3. 生态特色塑造

云谷所处的区域自然环境优越，山水林田湖构筑起优美的田园风光，是杭州生态环境资源优越的城市边缘区域。其中，方山是基地内唯一的山体，位于基地西侧，高度约80m，山体有大量林地植被覆盖，具有较高的生态价值。基地内水系众多，各个水系相互连通，同时兼具生态廊道和行洪蓄洪功能。规划除通过常规生态敏感性评价外，还借助无人机技术发掘基地隐藏的生态本底特征。在此基础上选取具有重要生态价值的生态斑块和廊道，作为地区发展的基本生态保障，包括区域生态廊道、方山、不小于5hm²的林地斑块、河道水网廊道和斑块（河道水体及其两侧缓冲区）、河道交汇口的湿地斑块及基本农田斑块。

此外，由于本区域地势低洼，需防范洪涝威胁。规划通过GIS分析不同条件下的洪水淹没范围发现，基地内65%的用地都处于20年一遇的洪水淹没风险区域，针对这一基本情况，规划提出开发建设要遵循海绵城市建设理念，通过对自然本底的低影响开发，保证基地内部乃至整个区域的防洪安全。首先，规划建议保留或建设必要的防洪工程设施。其次，规划要求构建生态型的自然蓄洪体系，提升基地内部整体蓄滞洪能力，减少洪涝灾害对整个区域产生的影响。同时，尽量规避对洪水淹没的高风险区域的用地进行开发，优先考虑作为生态湿地及公园绿地，减轻基地内部的防洪压力（图5-12）。

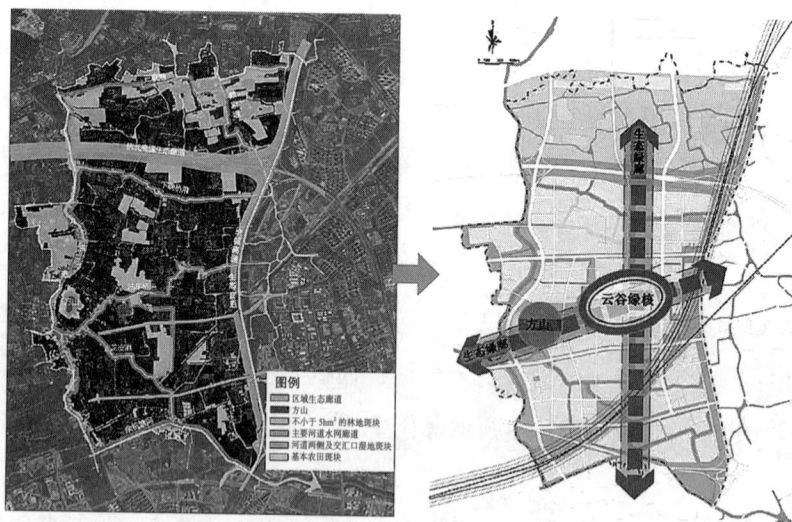

图5-12 云谷小镇生态空间组织示意图

4. 形态特色塑造

云谷位于杭州西北生态带向主城渗透的延伸过渡地带，宜进行低密度、高产出、优环境的小镇模式开发。在云谷城市设计和控制性详细规划中，规划提出保留现有重要的河塘水系、农田景观和丰富植被，以中部的方山和乌龟漾为生态核心，形成组团化的布局结构和田园型城市形态。围绕生态绿心构筑西湖大学高教智慧区（科研高教组团）、阿里巴巴战略合作区（旗舰企业组团）、独角兽产业区（开放式产业集群）及创新社区等多样化的发展组团，并且依托远期预留的轨道交通站点进行 TOD 复合开发，提升小镇功能活力和生活魅力。

在具体形态特色塑造上，规划充分提炼现状在地资产，延山蓄水，通过指状渗透的绿色结构将已有的方山景观资源引入城市，连接基地周边的绿色斑块，并利用现状密布的水网，形成城市向自然，自然向城市，相互渗透、共融发展的空间关系。

在建筑高度和景观视廊控制方面，规划以通向方山的主要水系廊道作为视线引导，创造从基地主要入口与发展核心区眺望方山的直达视觉廊道，营造"望得见山"的基地第一印象。以方山的高度 80m 作为制高点，确保在各个主要视点都能至少望见 20% 的方山山坡，以此控制建筑高度。环绿心的建筑以中低强度为主，建筑互不遮挡，并且增加了与绿心的可视化面积。同时以阶梯式的高度结构与绿心融合过渡。在绿心中严格控制建筑高度以形成核心绿谷的空间形象。

5. 文态特色塑造

云谷小镇的文态塑造着重把握创智文化和田园文化的营造和传承。在云谷中，工作生活一体化的创意办公集群，很大程度上吸引了年轻有创意的初创办公人群，为云谷的创意提供动力。设计将研发创新与生活高度混合，布局在对外联系最便捷的基地外围，将创新人员的经验分享、思想碰撞、生活启发的行为布局在基地的核心，长久可持续地支持云创企业的创新发展。

与常规的产业研发园区不同，云谷带来的是未来的气息，体现为以人的感受为主，以自然生态为底，以开放、共享为精神。小镇保留了绿心周边的绿林和水岸，延续村落的肌理，挖掘江南水乡特色肌理，唤醒水乡记忆。并结合现状水系及方山脚下的小体量坡屋顶建筑充分传承杭州的建筑特色，让每一个小镇居民和游客都能望得见山，看得见水，记得住乡愁。而中部保留的都市农田赋予农业以新的活力，综合教育、展示、DIY 制作、有机食品研究及特色美食体验等功能融入农业，形成综合参与的都市农业新场景。在此基础上将创意活动和办公从室内引向室外，使得创新城市空间与田园气息完美共融，打造全新的与自然相联系的创新空间。

5.2.3 古北水镇

1. 小镇简介

古北水镇是基于北方水文化建造而成的小镇，正在成为北京夜游时尚新地标，吸引越来越多的年轻人及国际友人前来度假休闲，这里也是摄影家和美食爱好者的天堂（图5-13）。

图 5-13　古北水镇

位于北京市密云县古北口镇司马台村的古北水镇，由三个自然村落组成，占地面积近 10km²。2010 年 6 月中青旅与北京密云县签订战略协议，合作开发古北水镇国际旅游综合度假区项目，并于 2014 年 10 月正式对外营业。2015 年全年接待游客 147 万人次，实现营业收入 4.62 亿元，净利润 4701 万元。预计进入成熟运营期后，每年将接待游客 400 万人次，旅游综合年收入将达到 10 亿元。古北水镇距离市中心仅 100 多公里，车程一个多小时，又处于（北）京承（德）黄金旅游干线上。

2. 规划设计思路

从项目定位来说，要将古北水镇打造成集观光游览、休闲度假、商务会展、创意文化等旅游业态为一体，服务与设施一流，参与性和体验性极高的综合性特色休闲旅游度假目的地。

整个水镇规划为"六区三谷"，即老营区、民国街区、水街风情区、卧龙堡民俗文化区、汤河古寨区、民宿餐饮区，与后川禅谷、伊甸谷、云峰翠谷。整个水镇范围内，规划实施大量酒店、民宿、餐饮、温泉、演艺、娱乐等配套服务，总体规划有 43 万 m^2 精美的明清及民国风格的山地合院建筑。其中包含两家五星标准大酒店，六家小型精品酒店，400 余间民宿、餐厅及商铺，10 多个文化展示体验区及完善的配套服务设施，满足客户对观光、休闲、度假和会议的需求。除此之外，后期还规划了高尔夫球场、别墅地产、度假公寓等多种业态和设施，以满足项目的可持续发展。

从设计特点来看，为确保水镇与周边环境的协调性，从外观到内部布局上，都按照现代化社区的标准，对公共场所、活动空间、居住及旅游配套设施进行设计和打造，同时把现代化的设施隐藏不露地融入建筑当中，既展现了北国小镇的历史面貌，又满足了旅游度假者的舒适居住要求，将古典与时尚融为一体。

3. 商业价值

古北水镇以独有的"长城观光、北方水乡"为核心卖点，经过四年独具匠心的打造，在享有北京两千多万潜在旅游消费者的巨大市场外，还通过北京这一国际知名文化旅游平台，间接拥有数千万乃至上亿的潜在世界客源市场，获得成功的预期是有保证的。除了门票外，还包括索道、温泉、餐饮、住宿、娱乐、演艺及展览等，使得项目的收入来源能降低对门票收入的依赖性，同时各项目间能相互促进，提升整体收入规模。运营公司除通过招拍挂形式取得一千多亩地外，原有古镇采用租赁模式运营，降低重资产投入的规模，提高投资回报率。古镇中新建的酒店采用自持模式，其他商业物业自营，将计入利润表的收入规模尽可能做大，便于未来持续融资。

4. 旅游特色

首先，古北水镇享有"北方乌镇"之誉。乌镇是南方的江南水乡，温婉如玉；古北水镇是北国的边塞小镇，沧桑粗犷。所以，古北水镇在小镇特色上完全与乌镇不同，更多体现了独具的北方特色。水对于任何景区而言，都是不可或缺的旅游资源，而古北水镇本无水，原本只有一条流域不大、流量很小的小溪。在建造中，设计者巧妙利用堤坝等设施，打造出一个个首尾相连的水面，贯穿整个小镇，最终形成令人叹为观止的"北方水乡小镇"，水镇之名才得以名副其实。

其次，古镇复旧。一走进小镇，就感觉到小镇历史的久远和深厚的历史文化积淀，建设者大多采用"修旧如旧"的手法，力求再现小镇的历史风貌。有些院落，从斑驳的墙体和大门可以看出，明显是从其他地方整体迁移到此的原样复建。

最后，古北水镇是有文化有故事的北方小镇。通过对以英华书院、杨无敌祠、震远镖局、司马小烧、八旗会馆等为代表的建筑群的重建，最大限度地实现了北方小镇的场景化营造，展示了北国边塞小镇的历史风貌和民俗文化，并与司马台长城有机地融为一体，形成独一无二的自我特色，对游客产生了极大的吸引力。古北水镇还十分重视对地方民俗文化的挖掘，通过造酒、染布、镖局、戏楼、祠堂等情景化活动的再现，让游客更真实地体验和感受古镇生活。

5. 古北水镇开发融资历程

2010年7月，中青旅设立北京古北水镇旅游有限公司，注册资本2.1亿元，由中青旅全资控股，作为古北水镇项目的建设主体，推进项目主体建设。整个古北水镇景区规划面积9km²，其中项目公司购买一千多亩土地，其他采用租赁形式使用土地。在景区规划区域内，如果公司仍有用地需求，当地政府也会提供相应的土地支持，推动景区长远发展。

2011年6月，中青旅为古北水镇旅游公司以出具保函的方式向北京和谐成长投资中心借款1亿元人民币提供担保，借款期限一年。同年8月，古北水镇旅游公司取得国际休闲度假旅游区一期项目旅游用地，总面积717.54亩，成交价格为2.59亿元；11月取得旅游用地359亩，成交价格为1.94亿元。项目取得土地为当地村民宅基地，借助新农村的开发政策，村民获得较高的拆迁补偿收益。另外，在水镇开发前吸收当地人就业，优先培训当地人成为工作人员。水镇开发后，设立1万m²民俗区，对社会公开招标，村民享有优先租赁的权利。

2011年12月，古北水镇旅游公司引入战略投资者乌镇旅游公司和IDG资本，旅游公司注册资本由2.1亿元增至5亿元，增资后中青旅持股42%，乌镇旅游持股18%，IDG资本持股40%。

2012年8月古北水镇旅游公司再次引入战略投资者京能集团进行增资扩股，投资5亿元占股20%。增资后古北水镇旅游公司自有资金达到15亿元，为项目建设提供了充足的资金支持，增强了公司信用，降低了公司财务费用，并提高了项目的抗风险能力。同时，项目的建设运营团队、国有资本、战略投资人持股比例均为 15% ～ 20%，能很好地平衡项目管理团队与资方的利益关系（表 5-2）。

2012 年 8 月增资完成后的股权架构　　　　　　　表 5-2

股东名称	出资额（万元）	出资比例
中青旅	33600	33.60%
乌镇旅游	14400	14.40%
北京和谐成长投资中心	12000	12.00%
IDG 资本	20000	20.00%
京能集团	20000	20.00%
合计	100000	100.00%

旅游公司以项目土地及地上建筑为抵押物，从中国银行北京分行、交通银行北京分行获得合计 15 亿元 10 年期银团贷款，加上旅游公司自有资金，项目建设资金已达到 30 亿元。2013 年 5 月，项目公司各股东方共同对古北水镇公司进行增资，合计增资金额 3.02 亿元，由于中青旅持股比例下降，古北水镇不再纳入财务报表合并范围，变更为联营子公司（表 5-3）。2013 年 10 月，项目一期开业，2014 年元旦开始试运营，水镇大酒店及部分民宿客房开始接待游客，部分游览景点、文化展示体验区、商铺和特色餐饮同步推出。试营业几个月后的清明节，游客量便迎来大爆发，日均客流量达到两万人次。

2013 年 5 月增资完成后的股权架构　　　　　　　表 5-3

股东名称	出资额（万元）	出资比例
中青旅	33600	25.81%
乌镇旅游	20160	15.48%
北京和谐成长投资中心	18400	14.13%
IDG 资本	32000	24.58%
京能集团	26040	20.00%
合计	130200	100.00%

2014 年 7 月古北水镇各股东按持股比例对公司进行增资，共计出资 8 亿元，将注册资本由 13.02 亿元增至 15.32 亿元，为新增项目开发提供资金，降低财务费用。

5.3 特色小镇失败案例剖析

经过近几年的不断探索，我国特色小城镇建设取得了显著成效，主导产业鲜明、类型多样且充满活力。但是特色小镇建设还是一个新鲜事物，尚处于探索阶段。由于部分地区对特色小镇的概念认识不清、相关政策理解不到位、产业定位不准确、急于求成以及市场化严重不足，以致出现了政府大包大揽、盲目扩张、重数量轻质量、"重形轻魂"以及房地产化等不当倾向。其中最主要的也是最棘手的问题在于，许多小城镇产业定位不准确导致特色优势不突出，同时缺乏建设资金和金融支持而导致特色小镇建设后劲不足。

1. 产业问题

在过去的小城镇建设中，大部分地区把切入点放在基础设施建设、房地产开发上，导致本应该重点关注和开发的地域特色、产业特色在千篇一律的小城镇建设中被同质化，甚至消失。此外，有些特色小镇在建设过程中已呈现产业亮点，但是在总体上成效不明显：

一是小城镇特色优势不够突出，产业定位有待进一步明确。很多小城镇，包括一些重点小城镇，未充分依据发展阶段和比较优势选择特色产业并强化高端领域，在发展路径、风貌打造等方面存在同质化现象，导致特色小镇主导产业特色不鲜明、核心竞争力不强、集群集聚发展程度不高。在建设中呈现景观低层次趋同、产业低水平雷同、产品低档次相同，没有形成自己的标志景观、特色产业和名牌产品。部分相邻小城镇未形成错位互补的发展关系，"一镇一业"的发展格局未有效建立。如在我国西部地区的许多少数民族聚居区，街道及铺面建设千篇一律，商铺经营产品、服务方式以及经营模式雷同，更甚者在建设过程中大量拆除古建筑及小村落，摒弃当地的"原汁原味"而呈现完全商业化的运作模式，致使产业不成体系且历史悠久的特色景观和民俗文化荡然无存。

二是特色产业挖掘难以与小镇自然资源禀赋、资本金需求以及市场需求完美契合。特色产业是特色小镇的核心内容，应该根据地区的根植性确定小镇发展的产业方向，同时结合政策优势以及相关外在因素，使特色产业成为内生发展新动力。部分旅游小城镇在着力打造旅游产业和服务业时，严重依赖自然资源禀赋，不注重生态环境保护，对自然资源过度开发，导致生态失衡、环境恶化；不注重对历史文化资源的保护，采取全部拆除重建等方式，使得小城镇失去其发展的载体；有些基金小镇，盲目效仿浙江基金小镇发展和建设模式，但其自身经济基础薄弱，致使很多基金公司在优惠期内仅在小镇注册，并未真正全部投入资金甚至进入小镇"办公"，使得小镇在后续发展中失去内生吸引力，逐利主体因为无利可图而撤出小镇；部分旅游休闲型小镇由于自身承载能力限制以及产业经济水平较低，无法满足市场需求，难以形成纵横联合和集群发展，导致"特色一日游"现象普遍，长期来看缺乏可持续发展因子。

2. 金融支持问题

充足的资本金投入是特色小镇持续健康发展的有力保障，仅依靠国家及政府财政资金支持，难以支撑特色小镇的全面建设和持续发展。特色小镇建设存在诸多融资难题：

一是由于特色小镇建设投入大、周期长、见效慢，而自身财力不足，对于资金的大规模、持续需求加大了融资难度；二是许多特色小镇融资首要目的在于补齐发展短板，着力进行基础设施、生态环境、公共服务设施建设等，由于回报时间长、收益率低，加大了社会资本进入的难度；三是特色小镇本身缺乏有效的资金筹措机制、权威机构和金融专业人才的科学引导以及融资经验，难以综合运用各种融资手段及时筹措到发展所需资金；四是对小城镇建设的资金管理和监督的规定较多，且存在资金运用技术要求高、基层执行难等问题，导致小镇建设资金分散使用，集聚效果不明显，难以实现"集中力量办大事"。

下面以某水乡古镇和某民俗文化村为例，分析其失败的原因。

5.3.1 某水乡古镇

曾经被冠以"××清明上河图""××周庄"头衔的某水乡在开业运营4年后，成为某总部经济城的"空城"，最初招商的50多户商家几近全部关门，这个项目作为某总部经济城最大的配套项目，如今已成为茶余饭后的"笑谈"（图5-14）。

1. 红极一时的某水乡

某水乡位于××市某总部经济城核心区域，占地面积220亩，建筑面积16.1万 m²，经过4年打造和建设后完成。规模堪比周庄古镇，是某总部经济城最大的配套项目。

图 5-14　某水乡古镇

某水乡建设风格融江南水乡和川西民居为一体，既有南派建筑的精致，又有川西建筑的恢弘。引都江堰水入乡，水乡由三个岛组成，三岛之间由不同建筑风格的 21 座拱桥相连，水面上风格各异的游览船航行在其间，形成平原独具风格的旅游景观。按照开发商及项目最初的规划，某水乡是集精品酒店、商务会所、购物、餐饮、休闲、娱乐、旅游为一体的复合业态商业街区。按当时项目设计负责人的说法是"东西合璧，南北相融"。

某水乡于 2013 年 4 月 24 日正式对外开放，在开业前试营业期间（4 月 12～14 日）三天时间吸引了超过 13 万游客参观游览。

2. 惨淡结局并非偶然

（1）交通不便，缺乏文化影响，游客量断崖式下滑

开业时的火爆情景并没有持续多久，据游客的普遍反映，某水乡交通不便，缺乏文化内涵，空有一身"好皮囊"，实则为"一个吃饭打牌泡吧的集合地"。

有媒体报道，早在 2014 年某水乡的游客量开始出现明显的下滑。由于游客量下滑，使得很多商家开始抱怨开发商租金昂贵，也并未兑现当时为保证游客量而进行相关文化活动的承诺。

（2）工业用地变身"旅游地产"，开发商隐瞒土地违法涉嫌诈骗

某水乡是 ×× 市总部经济试验区，也是 ×× 市中心城区规模最大的总部聚

集区。某总部经济城工商注册企业已达 1300 多家，中国二重、中节能集团、中船重工、中铁建工、中原石油等"国字头"企业先后在此落户。该宗地于 2011 年 2 月取得国土使用权证，发证机关为 ×× 市国土资源局，地类用地为工业用地。2012 年 4 月该宗地取得建设用地规划许可证，用地项目名称为非生产性工业科研用房及配套设施、公厕，用地性质为一类工业用地。

而裕某公司所取得的这块工业用地，拔地而起的却是与工业毫不沾边，集旅游、餐饮、娱乐、休闲为一体的某水乡项目。某水乡自建成以来，一直备受业界质疑。裕某公司曾对外解释称"某水乡只是总部城的配套设施建设"。国土资源部关于《工业项目建设用地控制指标》明确规定，工业项目所需行政办公及生活服务设施用地面积不得超过工业项目总用地面积的 7%，且严禁在工业项目用地范围内建造成套住宅、专家楼、宾馆、招待所和培训中心等。

（3）开发商与商家对簿公堂，隐瞒土地违法事实公开化

游客远不如预期，加上高企的租金及运营成本，使得入驻商家无力再续约，最终，某水乡开发商裕某公司把部分商家推上了被告席，诉商家不履行租赁合同，将对租金价格、违约责任等问题告上法庭。

2015 年 6 月，如梦初醒的部分某水乡租户联名上书，称裕某公司隐瞒土地违法事实，欺骗商家签订商铺租赁合同，造成所有租户血本无归，要求有关部门立即查处裕某公司擅自改变土地使用性质的严重违法行为，维护某水乡全体商家的合法权益，赔偿由此造成的巨额经济损失。但是，一次又一次的维权行动都以"无人过问"而失败告终。

（4）开发商纠纷不断，多起官司缠身

一石激起千层浪，由于开发商与入驻商家的纠纷一直没有得到妥善解决，为了减少运营亏损，被卷入纠纷的商户开始闭门停业，游客量更是进一步下滑，景区的运营开始陷入恶性循环。

收不回来的租金，渐行渐远的游客，这样的死循环把上游供应链企业也卷入其中。2015 年至今，作为开发商的裕某实业有限公司被卷入的法律纠纷多达 38 起，案由包含买卖合同纠纷 7 起、合同纠纷 6 起、民事执行 6 起、劳动争议 5 起、房屋买卖合同纠纷 5 起、建筑工程施工合同纠纷 4 起、装饰装修合同纠纷 2 起、人事争议 1 起、广告合同纠纷 1 起。涉及企业包括银行、建筑公司、装饰公司、广告公司等众多企业。

（5）停留在纸上的"清明上河图"

清冷的街道门可罗雀，偶尔只见些许游客来此拍照游玩，景区游船区的水面上，一大片荷叶在寒风中早已枯黄，漂浮在水面的乌篷船散落空置于东部水域，船只早已破烂不堪。斑驳锈蚀的栏杆、闲置破败的乌篷船、关门闭户的店面、清冷的街道、干涸混浊的水域……仿佛无处不在地诉说这里的萧瑟与惨淡。

对外号称投资 20 亿打造的某水乡，早已从短暂的辉煌破落到人们只能从纸上看到的"清明上河图"。

3. 项目失败原因剖析

（1）策划环节

某水乡位于某总部基地核心区，有类似刚需的市场支撑，可惜现在该区域还有待发展。项目主打的是 ×× 市及周边城市的周边游市场，可是现在除了建筑之外，文化上的混乱、业态上的空白，显然低估了 ×× 人的消费需求。

（2）实操环节

操作思路还停留在多年前的旅游景区操作的思路上，没有旅游地产和商业地产的思维；操作团队不懂旅游地产或商业地产，没有搞清楚旅游地产或商业地产的核心，不能给投资商正确的决策提供支持。

定位不清、不准，或者说根本没有定位，却只把目光放在建筑规划上，这是最无知的操盘人，却不知，没有商业、没有灵魂的建筑永远只是一堆钢筋混凝土；动线混乱，业态规划混乱，招商能力差，运营更无从谈起。不论是做商业地产还是旅游地产，一个项目的方向错了，注定永远都是个悲剧。

不论是做商业地产还是旅游地产，最核心的不是区域位置，也不是建筑，而是吸引人的亮点、留住人的核心、让人走了还能不断再来的关键；玩概念的时代已过去，应尊重市场规律、尊重专业。

商业地产、旅游地产快一步会死，慢一步也会死，快半步就会恰到好处，但这半步的把握需要基础、功底，需要丰富的商业地产、旅游地产从业经验；项目没有核心驱动力的主题和特色，东施效颦注定失败。

5.3.2 某民俗文化村

某民俗文化村于 2014 年开始筹划建设，2015 年部分项目开始运营，时任 ×× 县的主要领导多次在各大招商推介会及众多宣传媒体上亮相，吸引周边客

图 5-15　某民俗文化村

商前来投资共赢，共同建设乡村旅游城市（图 5-15）。

时至今日，其停车场没有兴建，该地方已衰败被政府查封，其法人也因另一起诈骗刑事案件被西安警方抓捕。

1. 失败原因

（1）从项目规划设计来看，"民俗村模式"同质化严重，景区设施简陋、没有结合当地文化及习俗，而只跟商业有关，并无特色。

（2）运营方面，该项目是典型的农村开发旅游项目，由当地居民自营，非统一运营，项目缺乏长期的运营资金。

2. 总结

（1）仓促决策，急于求成。负责人急于在任期内做出政绩，对开发项目不进行可行性论证，对项目的选题、定位、规模、经营缺乏周密调查，不考虑当地的具体情况与市场需求。

（2）步人后尘，缺乏个性。单纯模仿，复制克隆，以致主题雷同，题材重复，使游客在大量的赝品景观面前产生审美视觉的疲劳。

（3）内容单调，粗制滥造。产品结构单一，创意差，设计粗，品位低，施工劣，体现不出文化品位和地方特色。

附录 A　特色小镇申报流程及所需材料

特色小镇申报流程及所需材料可参考福州市发布的《福州市特色小镇创建工作细则（暂行）》。

1. 申报条件

（1）产业定位

符合新一代信息技术、海洋高新、金融基金、高端装备制造、生物技术、节能环保、新材料、新能源、旅游、健康、商贸物流、互联网经济、文化创意等支撑我市未来发展的优势产业和新兴产业，以及生态农业、工艺美术等传统特色提升产业。

（2）建设空间

市级特色小镇规划区域面积一般控制在 $1 \sim 3km^2$（旅游类可适当放宽），其中：建设用地面积 $1km^2$ 左右，最大可占规划面积的 50% 左右；市级特色小镇按照 3A 级以上景区标准建设，旅游类按 4A 级以上景区标准建设，并做好 5A 级景区发展规划。

（3）投入资金

原则上 3 年内，新建类市级特色小镇完成固定资产投资 15 亿元以上（不含住宅和商业综合体项目）、改造提升类市级特色小镇完成固定资产投资 8 亿元以上，其中特色产业投资比例不低于 70%。

（4）建设内涵

以集聚特色产业高端要素为核心，着力打造创新创业平台，推进"产、城、人、文"四位一体有机结合，最大限度集聚人才、技术、资本等高端要素，打造生产、生活、生态融合发展的现代化开放型市级特色小镇。

（5）运行方式

坚持政府引导、企业主体、市场化运作。市级特色小镇要明确建设主体，鼓励以社会资本为主、由企业为建设主体推进项目建设。地方政府或高新区管委会做好规划引导、基础设施配套、资源要素保障、文化内涵挖掘、生态环境保护、投资环境改善、统计数据审核上报等工作。

（6）建设进度

原则上3年内。其中，第一年新建类市级特色小镇完成投资不少于3亿元，改造提升类市级特色小镇完成投资不少于2亿元（建设期限为5年的，第一年新建类市级特色小镇投资不少于2亿元，改造提升类市级特色小镇完成投资不少于1.5亿元）。

（7）综合效益

建成后有大量的新增税收、新增就业岗位产生，集聚一大批工商户、中小企业、中高级人才，加快形成新业态，培育具有核心竞争力的特色产业和品牌。

2. 申报材料

（1）规划方案

有符合土地利用总体规划、城乡规划、环境功能区规划的市级特色小镇概念性规划，包括空间布局图、功能布局图、项目示意图、规划范围图和土地利用现状，已经开工的要有实景图。

（2）建设计划

有分年度的投资建设计划，明确每个建设项目的投资主体、投资额、投资计划、用地计划、建设规模、项目建成后产生的效益，以及相应的年度推进计划，以表格形式进行汇总。

（3）业主情况

简明扼要介绍市级特色小镇建设主体的单位名称、实力、资金筹措计划等。可附上已建成运营项目案例。

（4）扶持举措

市级特色小镇所在县（市）区政府或高新区管委会支持申报市级特色小镇创建对象的服务扶持举措或政策意见。

（5）基本情况

如实、完整地填写《福州市特色小镇创建基本情况表》。

3. 申报程序

（1）申报范围

所有符合基本条件的市级特色小镇。

（2）申报时间

由市特色小镇规划建设工作联席会议办公室（以下简称"市特色小镇办"）根据各地特色小镇规划建设情况发文通知，原则上每年于2月、8月分两批集中申报。

（3）申报数量

坚持上不封顶、下不保底，为明确重点、分期推进，每个县（市）区每批申报数量不超过3个。

（4）申报方式

县（市）区或开发区规划的市级特色小镇，由县（市）区政府或高新区管委会择优选出申报对象，行文上报市特色小镇办；高新区规划的市级特色小镇，由高新区管委会向市特色小镇办上报申请材料。如申报对象超过1个，则排序上报。

4. 审核公布

（1）材料汇总

由市特色小镇办对照申报条件，对申报材料完整性进行核查和汇总。

（2）部门初审

按照产业定位，市特色小镇办将申报材料转送市相关产业主管部门进行初审并提出意见。

（3）创建联审

市特色小镇办组织召开创建联审会，邀请市直相关部门代表、有关专家，对通过初审的小镇进行联审，提出市级特色小镇创建对象建议名单，并在此基础上，提出我市创建省级特色小镇推荐对象建议名单。

（4）公布与推荐

召开市特色小镇规划建设工作联席会议，审议市级特色小镇创建对象建议名单和市创建省级特色小镇推荐对象建议名单，报市政府同意后，发文公布市级特色小镇创建名单，并向省推进新型城镇化工作联席会议办公室（以下简称省城镇化办）报送市创建省级特色小镇推荐名单。

附录 B 特色小镇评价标准
——以浙江省特色小镇评定标准为例

1. 特色小镇

具有明确产业定位、文化内涵、旅游业态和一定社区功能的创新创业发展平台，相对独立于城市和乡镇建成区中心，原则上布局在城乡接合部。规划面积一般控制在 $3km^2$ 左右，建设面积一般控制在 $1km^2$ 左右。

2. 评定总则

（1）突出特色个性，注重分类评价。

（2）突出产业核心，注重经济培育。

（3）突出质量示范，注重高端引领。

（4）突出改革创新，注重市场主体。

（5）突出科学操作，注重标准规范。

3. 评定对象

符合以下条件的省级特色小镇创建对象可申请评定：

（1）创建时间 3 年以上；

（2）信息经济、旅游、金融、历史经典 4 类产业特色小镇，完成总投资 30 亿元；环保、健康、时尚、高端装备制造 4 类产业特色小镇，完成总投资 50 亿元；以上投资均不含商品住宅和商业综合体项目投资；

（3）特色产业投资占比达 70% 及以上；

（4）按照《旅游区（点）质量等级的划分与评定》GB/T 17775 的评定要求，旅游产业特色小镇通过 4A 级景区评定，其他产业特色小镇通过 3A 级景区评定或 4A 级景区景观资源评估；

（5）规划建设目标基本完成，在社会上有较大的知名度，在行业内有一定的公认度。

4. 评定程序

（1）自评上报

申请评定对象根据本标准的要求，开展特色小镇自评工作，由所在县（市、区）人民政府向省特色小镇规划建设工作联席会议办公室行文，提交评定申请和所在设区市主管部门的初验报告。

（2）组织评定

省特色小镇规划建设工作联席会议办公室建立特色小镇评定专家库，每次评定时，从专家库中抽取7～9名专家组成专家团，并报相关职能部门备案。其中，规划专家1～2名，相关产业专家2～3名，主管部门专家2～3名，科研机构专家1～2名，旅游行业专家1名，其他专家1～2名。

省特色小镇规划建设工作联席会议办公室委托第三方机构开展申报数据的审核，并组织专家团队开展实地踏勘，综合评分后，形成评定报告。首次评定未通过的特色小镇，一年内可申请一次复评。

5. 评定内容及指标体系

（1）共性指标

由功能"聚而合"、形态"小而美"、体制"新而活"等3个一级指标构成，总分400分。功能"聚而合"为200分，由社区功能、旅游功能、文化功能3个二级指标、6个三级指标构成；形态"小而美"指标为100分，由生态建设、形象魅力2个二级指标、5个三级指标构成；体制"新而活"为100分，由政府引导、企业主体、市场运作3个二级指标、6个三级指标构成。各级指标见附表B-1。

特色小镇评定共性指标　　　　　　　　　　　　　　　　附表 B-1

一级指标	二级指标	三级指标	分值
功能"聚而合"（200分）	社区功能	1. 服务配套	40
	社区功能	2. 智慧化建设	20
	社区功能	3. 人口规模	10
	旅游功能	4. 景区创建	60
		5. 小镇客厅	10
	文化功能	6. 文化挖掘	60

一级指标	二级指标	三级指标	分值
形态"小而美"	生态建设	1. 绿色发展	30
	生态建设	2. 美化洁化	20
	形象魅力	3. 核心区形象	30
	形象魅力	4. 建筑风貌	10
	形象魅力	5. VI 体系	10
体制"新而活"（100分）	政府引导	1. 小镇规划建设目标完成率	15
	政府引导	2. 以"最多跑一次"为核心的系列改革创新举措	20
	企业主体	3. 非政府投资主导	20
	企业主体	4. 企业为龙头	10
	市场运作	5. 投资建设多元化	20
	市场运作	6. 公共服务市场化	15

（2）特色指标

由产业"特而强"和开放性创新特色工作 2 个一级指标构成，总分 600 分。产业"特而强"为 550 分，指标根据信息经济、环保、健康、时尚、旅游、金融、高端装备制造和历史经典等八类特色小镇的产业特征，设置不同分值、不同评定内容的具体指标；开放性创新特色工作为 50 分，不设具体的评定内容，由申请评定的特色小镇自主申报最具特色和亮点的建设成效。各级指标见附表 B-2。

特色小镇评定特色指标　　　　　　　　　　附表 B-2

一级指标	二级指标	三级指标	分值	三级指标	分值
产业"特而强"（550分）	产业专精发展	信息经济产业特色小镇		环保产业特色小镇	
		1. 专业企业入驻	60	1. 专业企业入驻	60
		2. 产业技术领先	60	2. 产业技术领先	50
		3. 创业创新建设	40	3. 智能生产应用	50
		4. 特色产业比重	40	4. 特色产业比重	40
		小计	200	小计	200
		旅游产业特色小镇		金融产业特色小镇	
		1. 旅游产品丰富	100	1. 管理资产规模	100
		2. 旅游市场开发	50	2. 特色产业比重	50
		3. 旅游主题鲜明	35	—	—
		4. 旅游特色商品	15	—	—

一级指标	二级指标	三级指标	分值	三级指标	分值
产业 "特而强" （550分）	产业专精发展	小计	200	小计	150
		健康产业特色小镇		时尚产业特色小镇	
		1．专业企业入驻	60	1．创意创新水平	60
		2．产业技术领先	50	2．专业企业入驻	50
		3．产业模式创新	50	3．时尚行业影响力	50
		4．特色产业比重	40	4．特色产业比重	40
		小计	200	小计	200
		高端装备制造产业特色小镇		历史经典产业特色小镇	
		1．专业企业入驻	60	1．行业影响力	60
		2．产业技术领先	50	2．新技艺研发应用	80
		3．智能制造创新应用	50	3．传承提升发展	60
		4．特色产业比重	40	—	—
		小计	200	小计	200
	高端要素集聚	信息经济产业特色小镇		环保产业特色小镇	
		1．高精人才集聚	50	1．高精人才集聚	50
		2．科研机构支撑	50	2．科研机构支撑	50
		3．科技创新水平	50	3．科技创新水平	50
		小计	150	小计	150
		旅游产业特色小镇		金融产业特色小镇	
		1．旅游设施配套	50	1．高精人才集聚	100
		2．特色人才集聚	50	2．金融机构进驻	100
		3．关联品质企业入驻	50	—	—
		小计	150	小计	200
		健康产业特色小镇		时尚产业特色小镇	
		1．高精人才集聚	50	1．高精人才集聚	60
		2．科研机构支撑	50	2．科研机构支撑	50
		3．科技创新水平	50	3．科技创新水平	40
		小计	150	小计	150
		高端装备制造产业特色小镇		历史经典产业特色小镇	
		1．高精人才集聚	50	1．专业人才集聚	100
		2．科研机构支撑	50	2．知名企业引进	80
		3．科技创新水平	50	—	—
		小计	150	小计	180

一级指标	二级指标	三级指标	分值	三级指标	分值
产业"特而强"（550分）	投入产出效益	信息经济产业特色小镇		环保产业特色小镇	
		1．投入水平	70	1．投入水平	70
		2．产出效益	80	2．产出效益	80
		3．辐射带动	50	3．辐射带动	50
		小计	200	小计	200
		旅游产业特色小镇		金融产业特色小镇	
		1．投入水平	70	1．投入水平	70
		2．产出效益	70	2．产出效益	100
		3．辐射带动	60	3．辐射带动	30
		小计	200	小计	200
		健康产业特色小镇		时尚产业特色小镇	
		1．投入水平	70	1．投入水平	70
		2．产出效益	80	2．产出效益	80
		3．辐射带动	50	3．辐射带动	50
		小计	200	小计	200
		高端装备制造产业特色小镇		历史经典产业特色小镇	
		1．投入水平	70	1．投入水平	70
		2．产出效益	80	2．产出效益	70
		3．辐射带动	50	3．传播推广	30
		小计	200	小计	170
开放性创新特色工作（50分）		由小镇自主上报最具特色和亮点的建设成效			50

6. 评定方法

将共性指标和特色指标的评定得分汇总，800分以上的特色小镇创建对象通过评定。

特色小镇共性指标的评定内容、评分要求及数据来源见附表 B-3。

全过程工程咨询指南丛书　／　特色小镇建设与开发项目全过程工程咨询实施指南　／

一级指标	二级指标	三级指标	评定内容	分值	数据来源
功能"聚而合"	社区功能	1. 服务配套	1. 社区服务：设有社区便民服务窗口，得4分，功能完善、服务充分，酌情加分，最高加3分。 2. 住宿设施：小镇内有可供小镇创业者住宿的场所，得4分；小镇周边1km内有可供小镇创业者住宿的住宅区、宾馆等，加3分。 3. 餐饮设施：小镇内能提供较多类型餐饮服务，得7分，类型较为单一得3分，餐饮设施不足得0分。 4. 购物设施：小镇内有4家以上日用品购买场所得6分，少1家扣1.5分。 5. 教育设施：小镇及周边1km内有幼儿园、小学，1家得3.5分，最高7分。 6. 医疗设施：小镇及15分钟医疗圈内有二乙及以上等级的医院，得6分，二乙以下等级医院酌情扣分	40	小镇提供： ①社区窗口位置图（标注在规划图内），现场照片，办理事项清单、管理服务制度方面的书面材料； ②人才公寓、住宅小区、宾馆酒店等住宿设施布点图（标注在规划图内），现场照片，以及相关企业执照、项目简介等资料； ③餐饮设施的布点图（标注在规划图内），现场照片，以及相关企业执照； ④购物设施的布点图（标注在规划图内），现场照片，以及相关企业执照； ⑤教育设施布点图（标注在规划图内），现场照片，以及相关教育机构主体资格资料； ⑥医疗设施布点图（标注在规划图内），现场照片，以及医院等级资料
		2. 智慧化建设	1. 小镇免费WiFi全覆盖，得5分，随机测试10个点，每少1个免费WiFi覆盖点，扣0.5分，最低0分。 2. 小镇建有官方APP、微信公众号或官方微博且实时动态更新得5分；3天不更新的扣1分，7天不更新扣2.5分，10天不更新扣4分，半个月及以上不更新扣5分。 3. 小镇提供智能门禁、停车、智慧安防等智能化管理方式，每项得2.5分，最高10分	20	小镇提供①免费WiFi点布点图（标注在规划图内），每个WiFi覆盖范围支撑材料； ②官方APP二维码、微信公众号或官方微博； ③智能管理的相关材料和照片
		3. 人口规模	有一定人口规模的居住点，得6分，从业人员在微小波动中增长加2分，逐年增长加4分，负增长不加分	10	小镇提供社区居民点位置图（标注在规划图内），规划区内常住人口和从业人口的相关材料

一级指标	二级指标	三级指标	评定内容	分值	数据来源
功能"聚而合"	旅游功能	4. 景区创建	1. 旅游小镇：通过国家5A景区资源评估得60分，通过省级5A景区资源评估得40分；创成1个4A景区得30分。 2. 其他小镇：创成3A景区或通过4A景区资源评估得60分	60	小镇提供旅游主管部门出具的景区等级认定文件或资源评估报告
形态"小而美"	文化功能	5. 小镇客厅	建有展示特色小镇基本情况，提供创业服务、商务商贸、文化展示、游客集散等综合功能的公共开放场馆，得10分，功能不完备酌情给分	10	小镇提供小镇客厅效果图、现场照片、功能服务证明材料等
		6. 文化挖掘	1. 开展与产业定位有关，具有扩大产业影响力的文化活动，创建期内每次活动得2分，最高40分。 2. 开展各类地域特色文化活动，体现传承创新，彰显小镇当地特色文化，创建期内每次活动得2分，最高20分。 3. 建有开放式文体设施，且布置合理，功能丰富，使用频率较高，得10分；文体设施功能较为一般，得5分；文体设施缺乏，得0分。 三类合计最高60分	60	小镇提供①产业文化活动（文化演出、文化品牌发布、文化活动、文化论坛、文化节庆、传统技艺体验、文化展示、文化品牌推广、文化艺术节或文化旅游节等）相关方案、现场照片、文字说明材料；②地域特色文化活动相关方案、现场照片、文字说明材料；③文体设施的现场照片、文字说明材料
	生态建设	1. 绿色发展	绿色节能建筑、海绵城市技术、新能源汽车充电桩、光伏技术运用、资源循环化利用等低碳绿色发展技术在小镇实际运用，每项6分，最高30分	30	小镇提供各类低碳绿色发展的创新举措的证明材料
		2. 美化洁化	1. 小镇建成区绿化覆盖率≥40%得7分；每降1个百分点，扣0.5分，最低0分。 2. 小镇公园绿地品质较高、休闲步道设置合理，得7分，品质一般的酌情扣分。 3. 小镇公共场所整洁卫生，垃圾不落地，得6分，环境卫生一般得3分，环境卫生不佳的酌情扣分	20	小镇提供所在县级住房和城乡建设部门出具的绿化覆盖率证明材料；以及公园绿地和休闲步道照片等证明材料
	形象魅力	3. 核心区形态	1. 积极开展核心区城市设计和景观设计，1项5分，最高10分。 2. 建成了展现小镇主要功能和风貌的1km²左右核心区，得20分，核心区功能和风貌未完全体现的酌情扣分	30	小镇提供核心区规划图纸、建设现状图纸及相关照片等

一级指标	二级指标	三级指标	评定内容	分值	数据来源
形态"小而美"	形象魅力	4.建筑风貌	小镇整体建筑形态符合产业定位要求，与周边环境相互协调，有小镇品位得10分；小镇整体建筑与周边环境融合度一般，建筑品质一般，得5分，融合度和品质较差的酌情扣分	10	小镇提供小镇建筑风貌照片等
		5.VI体系	建成体现小镇理念、小镇文化、服务内容、小镇规范等内容的特色视觉识别系统（VI系统）且基本覆盖小镇的，得10分；完成小镇特色VI设计，但实际运用较少，得5分；没有完成小镇特色VI设计，但小镇已有初步形象设计运用，得2.5分；小镇尚未启动VI设计和具体实践，得0分	10	小镇提供VI设计文本，以及VI推广运用现场照片
体制"新而活"	政府引导	1.小镇规划建设目标完成率	1.完成小镇规划开发面积目标得5分，开发面积目标完成率每少1个百分点，扣0.1分，不到50%得0分。2.完成小镇投资计划目标得5分，投资计划目标完成率每少1个百分点扣0.1分，不到50%得0分。3.完成小镇规划中计划游客目标得5分，游客目标完成率每少1个百分点扣0.1分，不到50%得0分	15	小镇提供所在国土、建设部门出具的小镇建设现状图、现状开发面积值，以及其他相关图纸数据资料。省特色小镇规划建设工作联席会议办公室提供小镇申请建设规划中的投资目标值、游客数量目标值。特色小镇数据平台提供投资完成额、游客数量
		2.以"最多跑一次"为核心的系列改革创新举措	1."最多跑一次"5分。有专为小镇出台高效审批服务的专项政策，建立服务网络，配置相应人员，建立工作机制，得2.5分，机制不健全的酌情扣分；有"最多跑一次"的举措且方法创新、有实际案例，得2.5分，无举措、无方法创新或无实际案例的酌情扣分。2.区域环评5分。编制完成小镇区域环评方案并通过专家论证，得2分；环评方案获相关部门审批或备案的，得4分；区域环评应用有实际案例发生，得5分。3.区域能评5分。编制完成小镇区域能评方案并通过专家论证，得2分；能评方案获相关部门审批或备案的，得4分；区域能评应用有实际案例发生，得5分。4.资源要素市场化配置等其他改革创新举措5分。小镇开展其他改革创新举措，每项2.5分，最高5分	20	小镇提供：①县级及以上政府出台的政策文件和工作方案，服务网点布局图、工作人员名册、服务网点窗口、服务网站电脑截图、现场照片等资料；提供"最多跑一次"的创新举措且有实际案例；②区域环评方案、专家论证意见、相关部门审批或备案意见、实际发生的案例；③区域能评方案、专家论证意见、相关部门备案或审批意见、实际发生的案例；④其他改革创新资料

一级指标	二级指标	三级指标	评定内容	分值	数据来源
体制"新而活"	企业主体	3. 非政府投资主导	创建期间政府投资占全部投资比重≤20%得20分，每增加1个百分点，扣2分，高于30%不得分	20	特色小镇数据平台提供非国有投资数据
		4. 企业为龙头	小镇以知名龙头骨干企业为主进行规划建设，得10分，缺少知名龙头企业引领的酌情扣分	10	小镇提供相关企业和小镇建设资料
		5. 投资建设多元化	1. 有市场资（基）金培育孵化特色产业，且资（基）金投入产业规模亿元（含）以上的得15分，市场资（基）金投入规模不足亿元的酌情给分。 2. 运用PPP、BOT等投融资模式，推进项目建设，每个项目得2分，其他有投融资模式创新做法酌情给分，最高5分	20	小镇提供 ①市场资（基）金管理机构名单、投入项目和资金清单； ②创新运用投融资模式的项目介绍
		6. 公共服务市场化	1. 引入专业公司提供市场化的孵化平台服务、检测检验服务、公共技术服务、招商引资服务等推动产业发展，每项得4分，最高10分。 2. 引入知名专业化服务商服务小镇建设管理，得5分，引入一般性生活管理供应商，得2.5分，无专业化生活服务供应商得0分	15	小镇提供第三方生产服务供应商、生活服务供应商相关材料

附录 C 特色小镇运营指标要求

——以旅游小镇为例

"旅游小镇分类与评价标准研究"隶属于住房和城乡建设部"城镇化与城乡建设"软科学研究项目，于 2017 年 3 月成功通过验收。该研究课题旨在指导并规范旅游小镇的发展，提高旅游小镇服务质量，促进我国旅游资源开发、整合、利用和环境保护，最大限度发挥旅游小镇的带动作用及示范作用。

根据经验总结及旅游小镇本身的特征，其评价指标的确定需要把握以下几个层面：

（1）满足生活旅游双目标，拥有一定的发展基础；

（2）注重保护原住居民的利益，形成协商机制；

（3）强调业态聚集，发挥经济带动作用；

（4）坚持模式创新，形成发展生态圈；

（5）注意资源环境保护，实现可持续开发。

1. 旅游小镇评价体系

在《旅游小镇分类与评价标准研究》这一课题中，通过对国内外各种类型旅游小镇的研究，按照旅游小镇的成长机理，构建了一套标准体系。依托这个体系对旅游小镇各项指标进行赋值，通过引导形成建设，最后通过评价进行授牌和推动，以此评价体系鼓励、支持、培育、服务于旅游小镇的发展。这一标准体系包含三个层面：基础评价指标、加分指标和游客/居民满意度。其中，基础评价指标 1000 分，加分项指标 100 分，满意度指标 200 分（附图 C-1）。

2. 评价指标体系

（1）基础评价指标

本评价体系分为城镇发展基础、旅游业的综合贡献、旅游产品的聚集程度及

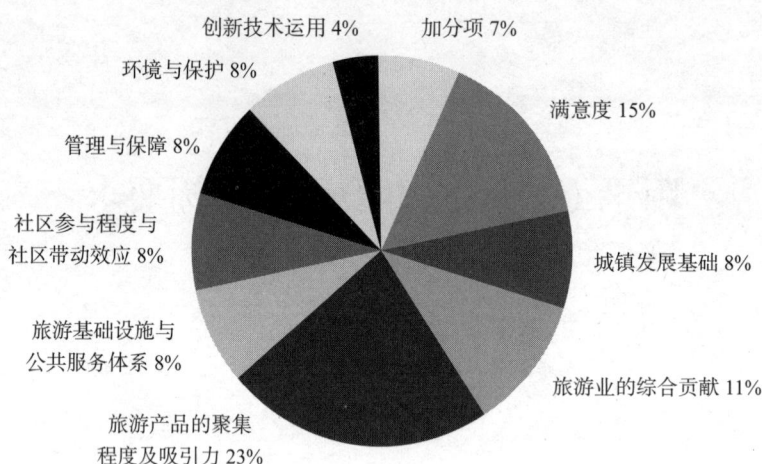

附图 C-1 旅游小镇评价体系

吸引力、旅游基础设施与公共服务体系、社区参与程度与社区带动效应、管理与
保障、环境与保护、创新技术应用八个方面，其中各部分的具体评价指标，详见
附表 C-1。

基础评价指标 附表 C-1

序号	评价项目	项目说明	评价方法	分值（分）
1	城镇发展基础			100
1.1	区位条件	指小镇发展所依托的区位资源	与主城区或县中心的距离、与知名景区（4A级或5A级）的距离"两项不重复计分"，可选最优项进行评价	20
1.2	交通条件	距离重要游客集散地（机场或客运站或汽车客运站）的通达时间（自驾时间）	对应具体情况得分，两项选最优得分	20
1.3	空间结构	能够反映经济界结构、社会结构、自然地理环境的小镇空间的结合形式		15
1.4	城镇风貌	城镇风貌包括城镇的空间尺度、城镇肌理、形态符号、色彩构成、材料特色以及文化的显性形态等内容		25
1.5	基础设施	包括能源、给水排水、交通运输、邮政电信、环境卫生、城市防灾六大设施，设施建设注重人性化	每发现一处无障碍设施缺失，扣1分	12

序号	评价项目	项目说明	评价方法	分值（分）
1.6	公共服务设施	本项的公共服务设施主要指小镇居住区的公共服务设施		8
2	旅游业的综合贡献			150
2.1	旅游业对GDP的贡献			40
2.2	旅游业对当地就业的贡献			30
2.3	旅游对农民增收的贡献			30
2.4	旅游对财政税收的贡献			25
2.5	旅游业对脱贫的贡献			25
3	旅游产品的集聚程度及吸引力			300
3.1	核心吸引物	核心吸引包括物质和非物质两大层面，它是吸引游住的根本原因		60
3.2	旅游产品的集聚	小镇旅游产品的体系完备，能够满足不同游客群体的不同时段的旅游休闲需求		100
3.3	旅游产品的市场吸引力	反应旅游产品市场吸引力的指标主要包括市场辐射范围、旅游规模、过夜游客及游客重游率等		60
3.4	旅游业态发展	旅游小镇的业态包括旅游商品类、餐饮类、休闲娱乐类、宾馆客栈类、演艺类，可重点考评		30
3.5	旅游品牌宣传与知名度	旅游品牌宣传的活动、方案等应体现品牌的内涵，形成从形式到内容的和谐统一，以快速建立小镇品牌形象，扩大知名度		30
3.6	适游情况	包括适合旅游者参观、游览的时间范围与小镇适合的游览群体范围		20
4	旅游基础设施与公共服务体系			100
4.1	旅游内部交通			20
4.2	旅游厕所	厕所的设置应以人性化、多功能化、景观化为原则，满足游客不同的个性化需求		20

附录C 特色小镇运营指标要求——以旅游小镇为例

255

序号	评价项目	项目说明	评价方法	分值（分）
4.3	旅游集散与咨询	旅游集散中心包括旅游、销售、服务、展示、咨询、洽谈、商务等多种旅游消费功能，要充分发挥其对小镇的旅游功能		20
4.4	旅游标识系统	旅游标识系统包括导游全景图、景物介绍牌、道路导向指示牌、警示关怀牌、服务设施名称牌等		20
4.5	停车场	指小镇核心旅游区及旅游景区、景点		20
5	社区参与程度与社区带动效应			100
5.1	社区参与程度	原住居民文化的保护和发展，原住民对旅游开发的参与程度		50
5.2	社区带动效应	原住民参与旅游开发的意愿高，或从事旅游服务		50
6	管理与保障			100
6.1	综合管理	指小镇旅游开发运营等方面管理		30
6.2	旅游安全与救护	旅游安全与救护体系应与小镇总体安全防护体系相对接，形成强有力的旅游安全救护结构支撑		35
6.3	规划	旅游小镇应编制总体规划、旅游专项规划、控制性详细规划等，并通过专家论证，获得审批	缺一项扣10分	20
6.4	保障体系	（1）有人才培养和引进计划；（2）有明确的保护居民利益、支持镇区发展的行动计划及措施体系	第一项7分；第二项8分	15
7	环境与保护			100
7.1	资源保护与可持续开发	资源保护主要包括自然资源与人文资源保护两个方面，可持续开发、资源保护是小镇可持续发展的前提		50
7.2	环境整治	对于城镇地区，空气、水等污染是整治的重点；对于农村地区，环境卫生是整治的重点		50
8	创新技术运用			50
8.1	智慧城市	智慧城市不仅仅是智能科技，还包括人的智慧参与，强调通过价值创造、以人为本实现经济、社会、环境的全面可持续发展		6

序号	评价项目	项目说明	评价方法	分值（分）
8.2	智慧旅游	主要包括智慧旅游管理平台、智慧旅游营销平台、智慧旅游服务平台三大平台的构建与应用		15
8.3	节能新技术	指采取先进的技术手段实现节能、节水、节地、节材和环境保护		12

（2）加分评价指标

加分评价指标包括：国家帮扶及重点发展区域、特殊贡献。详见附表 C-2。

加分评价指标 附表 C-2

序号	评价项目	项目说明	评价方法	子分值（分）	分值（分）
1	国家政策帮扶及重点发展区域				30
1.1	国家政策帮扶及重点发展区域	（1）位于国家级贫困县区划内（2）位于革命老区、民族地区、边疆地区区划内（3）位于国家级经济技术开发区区划内	左列三项不重复计分，该项最高得分不超过30分	30	
1.2	交通条件	（1）位于省级贫困县、贫困乡镇、贫困村区划内（2）位于省级经济技术开发区区划内	左列两项不重复计分，该项最高得分不超过20分	（20）	
1.3	空间结构	位于市级贫困乡镇、贫困村区划内		（10）	
2	特殊贡献				70
2.1	对区域经济的贡献	小镇经济发展具有较大的辐射作用，能够带动周边区域发展	小镇旅游业的发展能够带动周边区域产业共同发展，为区域居民提供更多的就业机会	10	

附录C 特色小镇运营指标要求——以旅游小镇为例

序号	评价项目	项目说明	评价方法	子分值（分）	分值（分）
2.2	开发运营模式	小镇开发管理模式先进、效率高、效果好，具有其他区域推广价值	包括小镇规划、建造、资源导入、产品打造、IP导入、产业融合、投融资等方面；在某一方面模式新颖，具有独创性，符合当地发展实际，具有典范意义的，得满分；模式有新意，对其他小镇具有借鉴价值的，依据程度，酌情打分，各方面不重叠计分，仅计入某一方面的最高分		30
2.3	可持续发展				30

（3）满意度指标

游客及社区居民满意度是对旅游小镇是否满足旅游需求和生活需求双目标的直接体现。

游客满意度主要包括：外部交通、游览线路、城镇风貌、城镇基础设施、观光/休闲/游乐项目、旅游餐饮、旅游住宿、旅游购物、旅游厕所、旅游秩序、安全保障、环境质量、景物或文化保护、城镇居民友好度、WiFi覆盖、智慧旅游、总体印象，共17项，共计100分。

社区居民满意度主要包括：旅游对当地居民收入的影响、旅游对社区居民就业的影响、旅游对社区居民综合素质的影响、旅游对当地居民思想观念的影响、旅游对城镇基础设施建设的改善、旅游对当地知名度的提升、旅游对城镇环境的改善、旅游对卫生状况的改善、旅游对居民日常生活造成的影响、旅游对当地资源及文化的保护、在旅游开发中社区居民的发言权、旅游开发专项培训与指导、旅游带来的外来文化的影响、外来游客的友好度、旅游对当地治安的影响、旅游引发的居民对家乡的自豪感、总体印象，共17项，共计100分。

3. 旅游小镇保障体系

旅游评价体系是为了保障旅游小镇的标准化建设和标准化落实，想要保障旅游小镇有序建设，至少需要以下四个方面的保障措施：

（1）建立等级评定体系

综合国家及国内其他地区特色小镇类评价工作，旅游小镇评价工作采用由申报单位按申报标准自查，符合条件后向相关部门提出申报申请的方式，建议建立"申报—初审—评审—审定—公示—异议处理—颁牌"等级评定体系。完善的评定体系有利于规范旅游小镇等级评价程序，促进旅游小镇健康有序发展。

（2）监督检查和复核

为促进小镇后续的健康持续发展，建议对所评选的旅游小镇进行监督检查和复核。监督检查可采取重点抽查、定期明查和不定期暗访以及社会调查、听取游客意见反馈等方式进行。建议全面复核至少每三年进行一次。

（3）奖罚政策

奖罚政策可以体现在两个方面：第一，在监督检查和复核中，对于不合格的旅游小镇，建议做出降级、退出的决策；对于发展较好的旅游小镇，建议给予升级及评优；第二，在监督检查和复核中，对于不合格的旅游小镇，建议做出退还原土地奖励、资金奖励等的惩罚措施；对于发展较好的旅游小镇，建议实行额外的奖励政策。

（4）政策保障

对于评价合格的旅游小镇，建议可联合各部门及社会组织，给予多方面的政策保障：在寻求国家相关政策支持上，可帮助申请国家级特色小镇、具有重要影响力的旅游目的地、国家级旅游示范基地等，从而享受土地、财政等方面的国家政策支持；在专项资金上，联合政府、协会、社会资金，建立旅游小镇专项奖励资金；在市场运营政策上，搭建旅游小镇商务运营平台，为其提供投资运营、金融信息服务等帮助；在人才政策上，可每年定期邀请专项人才进入小镇进行志愿服务，同时加强人才培养，定期召开人才培训会。